小型建设工程施工项目负责人岗位培训教材

农村公路工程

小型建设工程施工项目负责人岗位培训教材编写委员会　编写

中国建筑工业出版社

图书在版编目（CIP）数据

农村公路工程/小型建设工程施工项目负责人岗位培训教材编写委员会编写. —北京：中国建筑工业出版社，2013.8

小型建设工程施工项目负责人岗位培训教材

ISBN 978-7-112-15569-9

Ⅰ.①农… Ⅱ.②小… Ⅲ.①农村道路-道路工程-工程施工-岗位培训-教材 Ⅳ.①U415

中国版本图书馆CIP数据核字（2013）第143314号

本书是《小型建设工程施工项目负责人岗位培训教材》中的一本，是公路工程专业农村公路建设工程施工项目负责人参加岗位培训的参考教材。全书共分8章，包括农村公路建设概述、农村公路路基施工技术与管理、路基排水及防护工程施工技术与管理、路面施工技术与管理、桥梁涵洞施工技术与管理、农村公路交通安全设施、农村公路建设相关规章和规范性文件、建造师管理相关知识等。本书可供公路工程专业农村公路建设工程施工项目负责人作为岗位培训参考教材，也可供公路工程专业相关技术人员和管理人员参考使用。

* * *

责任编辑：刘　江　岳建光　范业庶
责任设计：张　虹
责任校对：党　蕾　刘梦然

小型建设工程施工项目负责人岗位培训教材
农村公路工程
小型建设工程施工项目负责人岗位培训教材编写委员会　编写

*

中国建筑工业出版社出版、发行（北京西郊百万庄）
各地新华书店、建筑书店经销
北京科地亚盟排版公司制版
河北省零五印刷厂印刷

*

开本：787×1092毫米　1/16　印张：16　字数：390千字
2014年4月第一版　　2014年4月第一次印刷
定价：42.00元
ISBN 978-7-112-15569-9
（24155）

版权所有　翻印必究
如有印装质量问题，可寄本社退换
（邮政编码　100037）

小型建设工程施工项目负责人岗位培训教材

编 写 委 员 会

主　编：缪长江

编　委：（按姓氏笔画排序）

王　莹	王晓峥	王海滨	王雪青
王清训	史汉星	冯桂炟	成　银
刘伊生	刘雪迎	孙继德	李启明
杨卫东	何孝贵	张云富	庞南生
贺　铭	高尔新	唐江华	潘名先

序

为了加强建设工程施工管理，提高工程管理专业人员素质，保证工程质量和施工安全，建设部会同有关部门自2002年以来陆续颁布了《建造师执业资格制度暂行规定》、《注册建造师管理规定》、《注册建造师执业工程规模标准》（试行）、《注册建造师施工管理签章文件目录》（试行）、《注册建造师执业管理办法》（试行）等一系列文件，对从事建设工程项目总承包及施工管理的专业技术人员实行建造师执业资格制度。

《注册建造师执业管理办法》（试行）第五条规定：各专业大、中、小型工程分类标准按《注册建造师执业工程规模标准》（试行）执行；第二十八条规定：小型工程施工项目负责人任职条件和小型工程管理办法由各省、自治区、直辖市人民政府建设行政主管部门会同有关部门根据本地实际情况规定。该文件对小型工程的管理工作做出了总体部署，但目前我国小型建设工程还未形成一个有效、系统的管理体系，尤其是对于小型建设工程施工项目负责人的管理仍是一项空白，为此，本套培训教材编写委员会组织全国具有丰富理论和实践经验的专家、学者以及工程技术人员，编写了《小型建设工程施工项目负责人岗位培训教材》（以下简称《培训教材》），力求能够提高小型建设工程施工项目负责人的素质；缓解"小工程、大事故"的矛盾；帮助地方建立小型工程管理体系；完善和补充建造师执业资格制度体系。

本套《培训教材》共17册，分别为《建设工程施工管理》、《建设工程施工技术》、《建设工程施工成本管理》、《建设工程法规及相关知识》、《房屋建筑工程》、《农村公路工程》、《铁路工程》、《港口与航道工程》、《水利水电工程》、《电力工程》、《矿山工程》、《冶炼工程》、《石油化工工程》、《市政公用工程》、《通信与广电工程》、《机电安装工程》、《装饰装修工程》。其中《建设工程施工成本管理》、《建设工程法规及相关知识》、《建设工程施工管理》、《建设工程施工技术》为综合科目，其余专业分册按照《注册建造师执业工程规模标准》（试行）来划分。本套《培训教材》可供相关专业小型建设工程施工项目负责人作为岗位培训参考教材，也可供相关专业相关技术人员和管理人员参考使用。

对参与本套《培训教材》编写的大专院校、行政管理、行业协会和施工企业的专家和学者，表示衷心感谢。

在《培训教材》的编写过程中，虽经反复推敲核证，仍难免有不妥甚至疏漏之处，恳请广大读者提出宝贵意见。

小型建设工程施工项目负责人岗位培训教材编写委员会
2013年9月

《农村公路工程》
编写小组

主　编：贺　铭

成　员：（按姓氏笔画排序）

马　勇　　刘元一　　何小兵　　张　一

陈增顺　　高　原　　黄　辛　　黄显贵

薛　征

前　言

众所周知，中国是一个人口大国，也是一个农业大国，农村经济发展直接影响中国经济的发展和综合国力。

农村公路是中国公路网的重要组成部分，也是服务农民群众生产生活和农村经济发展的重要基础设施。根据中国《全国农村公路建设规划》，到2020年，中国具备条件的乡（镇）和建制村都要通沥青（水泥）路，农村公路总里程达370万公里。

2010年10月国际道路联盟主办的第二届世界农村公路大会上，国际道路联盟主席卡比拉把"农村公路与社会公平发展成就奖"颁发给了中国交通运输部。

为了提高农村公路建设管理和施工技术水平，确保农村公路建设和施工质量，小型建设工程施工项目负责人岗位培训教材编写委员会组织编写了本书。本书全面介绍了农村公路基本概况、农村公路建设的发展历程及农村公路建设相关规章和规范性文件；系统介绍了农村公路路基、路面、桥梁涵洞、交通安全设施等施工技术与管理知识。

本书由贺铭主编，编写单位及人员：重庆交通大学、贺铭、黄显贵、马勇、何小兵、陈增顺、高原、刘元一；重庆交通科研设计院、薛征、黄辛，青岛路桥建设集团有限公司，张一。具体分工如下：第1章由贺铭、马勇、张一编写；第2章由黄辛、贺铭、张一编写；第3章由薛征、贺铭编写；第4章由黄显贵、贺铭编写；第5章由贺铭、何小兵编写；第6章由贺铭、陈增顺编写；第7章由贺铭、刘元一编写；第8章由贺铭、高原编写。

本书编写参考了大量相关资料，在此对相关资料编写及提供者表示感谢。由于编者水平及经验所限，在编撰过程中难免有疏漏或错误，敬请批评指正。

目 录

第1章 农村公路建设概述 ·· 1
  1.1 农村公路基本概况 ·· 1
    1.1.1 农村公路的定义 ·· 1
    1.1.2 农村公路建设的作用和意义 ······································ 1
    1.1.3 农村公路发展中存在的主要问题 ·································· 3
    1.1.4 农村公路的基本组成 ·· 4
  1.2 农村公路建设与发展 ·· 7
    1.2.1 中国农村公路建设的发展历程 ···································· 7
    1.2.2 "十五"农村公路建设与发展回顾 ································ 8
    1.2.3 "十一五"农村公路建设与发展回顾 ······························ 8
    1.2.4 农村公路建设的发展与展望 ······································ 10

第2章 农村公路路基施工技术与管理 ·· 12
  2.1 农村公路路基概述 ·· 12
    2.1.1 名词术语 ·· 12
    2.1.2 路基的基本要求 ·· 13
    2.1.3 路基的施工特点 ·· 13
    2.1.4 路基的基本施工方法 ·· 14
  2.2 农村公路土方路基施工 ·· 14
    2.2.1 施工工序 ·· 14
    2.2.2 填方路基施工方法及要点 ·· 15
    2.2.3 挖方路基施工方法及要点 ·· 18
    2.2.4 质量控制与检测 ·· 20
    2.2.5 路基压实度的检测与控制 ·· 24
  2.3 农村公路石方路基施工 ·· 25
    2.3.1 石方开挖的方法 ·· 25
    2.3.2 爆破施工的一般方法 ·· 25
    2.3.3 炮位布置 ·· 26
    2.3.4 成孔 ·· 27
    2.3.5 装药及堵塞 ·· 29
    2.3.6 起爆及清方 ·· 30
    2.3.7 质量控制与检测 ·· 32
  2.4 特殊地质条件下的路基施工 ·· 33
    2.4.1 水田地区路基施工要点 ·· 33

2.4.2 沿河地区路基施工要点 ····································· 34
　　2.4.3 泥沼和软土地区路基施工要点 ······························ 34
　　2.4.4 盐渍土地区路基施工要点 ··································· 36
　　2.4.5 黄土地区路基施工要点 ····································· 37
　　2.4.6 岩溶地区路基施工要点 ····································· 39
　　2.4.7 多年冻土地区路基施工要点 ································ 39
　　2.4.8 滑坡地段路基施工要点 ····································· 40
　　2.4.9 崩坍、岩堆地段路基施工要点 ······························ 41
　　2.4.10 季节性施工要点 ·· 41

第3章 路基排水及防护工程施工技术与管理
　3.1 路基排水设施施工 ·· 46
　　3.1.1 路基排水的一般知识 ·· 46
　　3.1.2 路基排水设施施工要求及要点 ······························ 48
　　3.1.3 路基排水设施质量控制及检测 ······························ 50
　3.2 路基防护工程施工 ·· 52
　　3.2.1 路基防护工程一般知识 ····································· 52
　　3.2.2 各类防护工程的特点及适用范围 ···························· 54
　　3.2.3 挡土墙及各类防护工程施工要点 ···························· 59
　　3.2.4 质量控制与检测 ·· 66

第4章 路面施工技术与管理
　4.1 路面施工概述 ··· 71
　　4.1.1 路面及路面的结构层次 ····································· 71
　　4.1.2 路面等级及类型 ·· 72
　　4.1.3 路面施工准备工作 ·· 74
　4.2 路面基层、底基层施工 ··· 76
　　4.2.1 路面基层、底基层施工一般知识 ···························· 76
　　4.2.2 天然砂砾底基层 ·· 78
　　4.2.3 填隙碎石基层 ··· 79
　　4.2.4 手摆块（拳）石基层 ······································· 81
　　4.2.5 水泥稳定土基层 ·· 82
　　4.2.6 石灰稳定土基层 ·· 89
　4.3 水泥混凝土路面施工 ··· 91
　　4.3.1 水泥混凝土路面施工一般知识 ······························ 91
　　4.3.2 水泥混凝土路面施工工艺 ··································· 94
　　4.3.3 质量控制与检测 ·· 100
　4.4 沥青路面施工 ··· 104
　　4.4.1 沥青路面施工一般知识 ····································· 104
　　4.4.2 热拌沥青混合料路面施工 ··································· 106
　　4.4.3 沥青贯入式路面施工 ······································· 111

	4.4.4 沥青表面处治路面施工	112
4.5	砂石路面施工	118
	4.5.1 砂石路面施工一般知识	118
	4.5.2 各类砂石路面施工要点	121
	4.5.3 各类改善土路面施工要点	124
	4.5.4 砂石路面质量控制与检测	126
4.6	砌块路面	126
	4.6.1 砌块路面施工概述	126
	4.6.2 块石路面施工	127
	4.6.3 弹石路面施工	129
	4.6.4 质量检测	131

第5章 桥梁涵洞施工技术与管理 ... 133

5.1	桥涵施工测量	133
	5.1.1 施工测量的任务和要求	133
	5.1.2 桥梁施工测量	134
5.2	桥梁基础施工	136
	5.2.1 桥梁基础的一般知识	136
	5.2.2 明挖扩大基础施工	137
	5.2.3 桩基础施工	139
5.3	简支梁桥施工	143
	5.3.1 简支梁桥的一般知识	143
	5.3.2 施工工序	145
	5.3.3 施工工艺	146
	5.3.4 施工质量控制与检测	150
5.4	石拱桥施工	154
	5.4.1 石拱桥的一般知识	154
	5.4.2 石拱桥施工工序	156
	5.4.3 石拱桥施工工艺	157
	5.4.4 施工质量控制与检测	163
5.5	涵洞施工	168
	5.5.1 涵洞一般知识	168
	5.5.2 涵洞施工工序及要点	169
	5.5.3 其他小型排水构造物简介	172
	5.5.4 质量控制与检测	174

第6章 农村公路交通安全设施 ... 176

6.1	道路状况对农村公路交通安全的影响	176
	6.1.1 道路线形对农村公路交通安全的影响	176
	6.1.2 路面状况对农村公路交通安全的影响	178
	6.1.3 交通环境对农村公路交通安全的影响	179

6.1.4 道路形式对农村公路交通安全的影响 …………………………… 179
　6.2 农村公路交通安全设施相关规定 …………………………………………… 180
　　　6.2.1 农村公路交通安全设施总体要求 …………………………………… 180
　　　6.2.2 安全护栏 ……………………………………………………………… 180
　　　6.2.3 交通标线 ……………………………………………………………… 183
　　　6.2.4 交通标志 ……………………………………………………………… 184
　　　6.2.5 轮廓标 ………………………………………………………………… 185

第7章 农村公路建设相关规章和规范性文件 ……………………………………… 187
　7.1 《县际及农村公路改造工程管理办法》(国家计委、交通部) ……………… 187
　7.2 《农村公路建设标准指导意见》(征求意见稿) ……………………………… 189
　7.3 《农村公路建设资金使用监督管理办法》 …………………………………… 194
　7.4 《农村公路建设质量管理办法(试行)》 ……………………………………… 197
　7.5 《农村公路建设指导意见》 …………………………………………………… 202
　7.6 《农村公路建设暂行技术要求》 ……………………………………………… 204
　7.7 《农村公路改造工程管理办法》 ……………………………………………… 205
　7.8 《农村公路管理养护体制改革方案》 ………………………………………… 207
　7.9 《农村公路建设管理办法》 …………………………………………………… 210
　7.10 《中央车购税投资补助农村公路建设计划管理暂行办法》 ……………… 213
　7.11 《2007年农村公路工作若干意见》(交通运输部) ………………………… 216
　7.12 《2008年农村公路工作若干意见》(交通运输部) ………………………… 219
　7.13 《农村公路养护管理暂行办法》(交通运输部) …………………………… 221
　7.14 《关于做好2010年农村公路工作的若干意见》 …………………………… 224
　7.15 《公路安全保护条例》 ………………………………………………………… 227
　7.16 《关于"十二五"农村公路建设的指导意见》(交通运输部文件交公路发
　　　 [2011] 723号) ………………………………………………………………… 235

第8章 建造师管理相关知识 ………………………………………………………… 241
　8.1 建造师执业工程规模标准 …………………………………………………… 241
　　　8.1.1 建造师执业工程规模 ………………………………………………… 241
　　　8.1.2 建造师执业范围 ……………………………………………………… 241
　　　8.1.3 建造师执业工程规模标准解读 ……………………………………… 241
　8.2 建造师签章文件 ……………………………………………………………… 242
　　　8.2.1 注册建造师施工管理文件签章的意义 ……………………………… 242
　　　8.2.2 公路工程注册建造师签章文件组成 ………………………………… 243
　　　8.2.3 公路工程注册建造师签章文件使用说明 …………………………… 244

第1章　农村公路建设概述

1.1　农村公路基本概况

1.1.1　农村公路的定义

农村公路是公路网的重要组成部分，是保障农村社会经济发展最重要的基础设施之一。

农村公路包括县道、乡道和村道三个层次。

县道是指具有全县（旗、县级市）政治、经济意义，连接县城和县内主要乡（镇）、主要商品生产和集散地的公路以及不属于国、省道的县际间的公路。

乡道是指主要为乡（镇）村经济、文化、行政服务的公路，以及不属于县道以上公路的乡（镇）与乡（镇）之间及乡（镇）与外部联络的公路。

农村公路主要供机动车辆行驶并达到一定技术标准。县道一般采用三、四级公路标准；乡道采用四级公路或等外路标准。按照《公路法》的要求，新建公路应当符合部颁标准要求，原有不符合最低技术等级要求的等外公路，应当采取措施、逐步改造为符合技术等级要求的公路。鉴于目前一些贫困山区中连接乡（镇）与行政村、行政村与行政村之间的乡村公路交通量小，且路上行驶车辆也多为拖拉机、农用车等体积、载重相对较小的机动车，所以，对这些公路的路面宽度、路线纵坡、曲线半径适当放宽要求，暂时采用等外路也是可行的。

1.1.2　农村公路建设的作用和意义

（1）农村公路建设是推进社会主义新农村建设的重要内容。

建设社会主义新农村是党中央、国务院根据我国经济社会发展的阶段特点，为解决"三农"问题而明确提出的重大战略举措。农村公路建设是推进社会主义新农村建设的重要内容。

党的十六届五中全会、2005年年底的中央经济工作会议和中央农村工作会议都对建设社会主义新农村作出了战略部署。按照"生产发展、生活宽裕、乡风文明、村容整洁、管理民主"的要求，通过综合建设，最终目标是把农村建设成为经济繁荣、设施完善、环境优美、文明和谐的社会主义新农村。农村公路是农村经济发展、农业结构调整、农民持续增收的重要基础条件。

曾先后是国家级贫困县和省级贫困县的山西夏县，近年来把改善道路交通条件作为优化投资环境、加快经济发展的突破口。路通、车通促进了农业结构调整，直接促进了农村生产发展。该县南大里乡成为华北地区的万亩辣椒基地，全乡仅日光温室面积就增加了

3700余亩，年人均纯收入增加1000元，农民"生活宽裕"。在路通、车通的基础上，该县开始实施通电、通自来水、通有线电视、通电话，建学校、文化体育设施、图书室等工程。这些举措明显改善了农村的生产生活条件和整体面貌，有效促进了"乡风文明"和"村容整洁"。

(2) 农村公路建设是增加农民收入的有效途径。

我国广大农村地区经济社会发展相对落后，一个十分重要的原因就是交通落后，信息闭塞。加快农村公路建设不仅可以打破农村地区的自然封闭状态，有效地促进农村的资源开发，使广大农村蕴藏的土地、矿产、森林、水电以及旅游等资源潜力转变为现实生产力，而且还可以畅通与扩大农村的信息和商品流通渠道，使农村的自然物产和农副产品进入流通领域，从而增加农民收入，提高农民生活水平。

重庆垫江县永平乡罐石村修通农村公路后，村里来了三位投资者投入10多万元发展产业，承包土地种植了500亩蜜本南瓜，今年还要增加1000亩。此外，村里还有果树2000多亩，光800亩观溪蜜柚年收入就达150多万元，村里人均收入达到了2500元。

浙江绍兴市新昌山区儒岙镇，大力发展农村公路后又大力发展农村客运，34辆公交中巴车跑上了全镇26个村。交通方便了，当地建起了名茶基地6800亩，高山蔬菜基地2200亩，两项产值达到了2500多万元，仅此一项就可使人均增加收入近2000元。

地处沂蒙山区的山东省临沂市沂水县院东头乡，借助农村公路发展"农家乐"，农民收入大幅度增加，村村通公路的当年农村合作社存款净增1200万元，乡财税收入增加110万元。

"要想富、先修路"，这是农民群众多年总结出的一条经验。实践已经证明并将继续证明，加快农村公路建设，改善农村交通条件的确是增加农民收入、帮助农民群众脱贫致富奔小康的有效途径。

(3) 农村公路建设改变了农村消费结构。

扩大内需，是我国经济发展的长期战略方针和基本立足点，也是保持经济平稳较快增长的持久动力。而我国有9亿农民、2.5亿多农户，是我国最大的具有消费活力的群体，农村市场对我国工业和整个经济的发展至关重要，增加农村需求是扩大内需的根本措施。加快社会主义新农村建设，改善农村的流通环境，不断提高农民的购买力，能为扩大国内需求开辟广阔的市场。

目前，我国农村交通还比较落后，"买难"和"卖难"问题仍然突出，制约了农民的生产和消费。实践表明，大力加强农村公路建设，改善和提高农村交通条件，可以有效地开拓农村市场，刺激农民消费，从而达到扩大内需、拉动国民经济增长的目的。

(4) 农村公路建设建立了农村现代生活方式。

农村公路是公路网的基础，是农村地区最主要甚至是一些地区的唯一运输方式，是关系到农民群众的生产、生活，关系到农村经济社会发展，关系到全面建设小康社会和构建和谐社会的重要基础设施。

加快农村公路建设，是全面落实科学发展观的必然要求，也是建设社会主义新农村的重要内容；是改善农村生产和生活条件，发展农村经济、解决"三农"问题的前提，也是增加农民收入的有效途径；是扩大内需、拉动经济发展的重要举措，也是促进经济社会全面协调可持续发展的重要条件；是构建便捷、通畅、高效、安全的交通运输体系的重要组成部分，也是实现交通又快又好发展的重要基础。

农村公路发展了，可以改善农村运输条件和投资环境，促进农村"生产发展"；可以增加农民收入，扩大农民就业，促进农民"生活宽裕"；可以加快农村信息传播和对外交流，改变传统的生产生活方式和思想观念，激发农民自力更生、奋发图强的进取精神，促进"乡风文明"；可以加快农村城镇化进程，改善村容村貌，促进"村容整洁"。

整洁通畅的农村公路拉近了城乡之间的时空距离，城乡交流日益频繁，城市文明向乡村延伸，农民群众接受现代文明，很多地方在农村公路修通后，组织开展了改水、改电、改房、改厕、垃圾污水处理等工程，改善了农村居住环境，也促使传统乡村生活向现代城市生活转变。

(5) 农村公路建设推动了农村产业结构调整。

便利的农村交通条件，拉近了城乡间的距离，加快不同地区间的信息交流和物资交流，促进了传统农业向高效生态农业、绿色旅游农业、商品加工业的转变，有效推动了农村经济产业结构调整。

浙江省金华市婺城区在农村交通条件改善后，大力培育花卉苗木、有机稻米、畜禽养殖、奶牛乳品、果品蔬菜、茶叶、笋竹两用林和水产养殖八大农业特色优势产业，先后建成了"中国茶花之乡"、"中国桂花之乡"、"中国南方奶牛与乳制品之乡"，特色农村经济的发展，改变了传统农业产业结构，拓宽农民致富增收的新路子。

(6) 农村公路是我国交通运输体系的重要组成部分。

我国对交通运输体系的要求是便捷、通畅、高效、安全，建立城乡协调、结构合理、质量稳固、功能完善的公路网络和运输服务体系，适应经济社会发展的需要，最终实现交通运输现代化是我们长期坚持、努力奋斗的目标。实现这一目标难点在农村，从根本上提升我国公路运输整体水平，缩小与发达国家之间的差距，关键也在农村。

我国农村路网和运输服务体系起点较低，随着高速公路网及国省干线公路网的扩展，高速公路、国省干线公路规模效益的发挥，有赖于农村公路协调配置形成有机的整体。农村公路不仅是干线公路集疏运的基础网络，也是其他运输方式集疏运的基础网络，是便捷、通畅、高效、安全的交通运输体系的重要组成部分。

1.1.3 农村公路发展中存在的主要问题

(1) 农村公路发展仍不能满足农民群众的出行需求。

经过近几年的加快建设，我国农村公路有了突飞猛进的发展，但整体而言，农村公路发展仍处于初级阶段，地区发展很不平衡，东部地区网络化需求强盛，中西部部分地区农民群众基本出行问题还没有得到根本解决，农村地区公路交通服务水平还比较低。

(2) 管理养护工作仍未落实到位。

尽管近年来各地农村公路管理养护体制改革取得了突破性进展，农村公路养护管理工作得到很大加强，但还有十几个省的部分农村公路处于"失养"状态，有的即使列养了，养护保障水平也比较低，一些地方的养护机构和人员不健全，养护资金不到位的问题仍然存在，离"有路必养、养必到位"的目标还有较大差距。

(3) 农村公路安全保障水平仍有待提高。

由于建设资金不足，部分农村公路上的交通安全设施、防护工程不齐全的问题比较突出,农村公路上还有9万多座危桥需要改造,有的路段缺桥少涵的问题仍然存在,渡口改造和渡改桥工作进展较慢,这些都直接影响了农村公路的安全运行。

(4) 农村客运发展和公共服务水平仍有待提升。

当前,农村客运发展总体滞后,仍有少数乡镇和12%的建制村还未通班车,有的地区客运站场设施比较落后,加上农村客流少、路况差、成本高、缺乏政策支持等因素的影响,一些企业处于亏损或保本经营,缺乏发展后劲和动力,服务水平也满足不了农民群众的出行需求。

1.1.4 农村公路的基本组成

农村公路由线形和结构工程两部分组成。

1. 线形组成

道路的路线是一条以中线为代表的三维空间曲线。线形就是指道路中线的空间的几何形状和尺寸。

在道路线形设计中,为了便于确定道路中线的位置、形状、尺寸,我们是从路线平面、路线纵断面和空间线形三个方面来研究路线的,如图1-1所示。

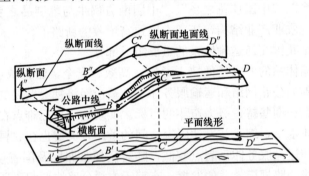

图1-1 公路的线形组成

道路中线在水平面上的投影称为中线平面,反映路线在平面上的形状、位置及尺寸的图形称为路线平面图。用一曲面沿道路中线竖直剖切展开的平面称为路线纵断面,反映道路中线在纵断面上的形状、位置及尺寸的图形称为路线纵断面图。

2. 结构工程

公路的结构工程主要包括:路基、路面、桥涵、隧道、路线交叉、交通工程及沿线设施等。

(1) 路基

路基是按照路线位置和一定技术要求修筑的作为路面基础的带状构造物,一般由土、石按照一定结构尺寸要求所构成,承受由路面传递下来的行车荷载。路基使道路连续,构成车辆及行人的通行部分。

1) 路基横断面组成

用一法向切面通过道路中线各点沿法线方向剖切路基得到的图形称为路基横断面。路基横断面由行车道、中间带、路肩、边沟、边坡、截水沟、碎落台、护坡道等部分组成,如图1-2所示。

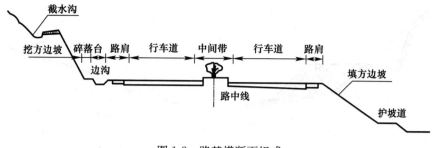

图 1-2 路基横断面组成

2) 路基横断面形式

路基横断面形式通常有路堤、路堑、半填半挖路基三种基本形式，如图 1-3 所示。

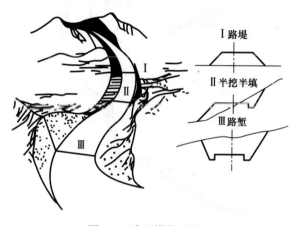

图 1-3 路基横断面形式

路堤是指路基顶高于原地面时，在原地面上填筑构成的路基。路堑则指路基顶面低于地面时，将原地面下挖而构成的路基。在一个横断面内，部分为路堤、部分为路堑的路基，则称半填半挖路基。路基结构必须稳定、坚实并符合规定的尺寸，以承受汽车和自然因素的作用。

3) 路基排水设施

路基排水设施是为保持路基稳定而设置的地面和地下排水设施。道路排水系统按其排水方向可有纵向排水系统和横向排水系统。

纵向排水设施常见的有：边沟、截水沟、排水沟等；横向排水设施常见的有：路拱、桥涵、透水路堤、过水路面、渡槽等。

排水系统按其排水位置不同又分为地面排水和地下排水两部分。地面排水是用于排除危害路基的雨水、积水及外来水等地面水。在地下水位较高地段还应设置地下排水系统。盲沟是常见的地下排水结构物。

4) 路基防护工程

路基防护工程指在横坡较陡的山坡上或沿河一侧路基边坡受水流冲刷威胁的路段，为保证路基稳定和加固路基边坡修建的构造物，见图 1-4。

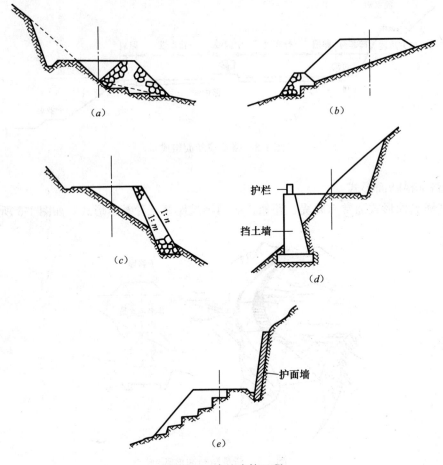

图 1-4 路基防护工程
(a) 填石路基;(b) 护脚;(c) 砌石护坡;(d) 挡土墙;(e) 护面墙

(2) 路面

路面是在路基表面用各种材料分层铺筑的结构物,以供车辆在其上以一定速度安全、舒适地行驶。其主要作用是加固行车部分,使之具有一定的强度、平整度和粗糙度。

(3) 桥涵

道路在跨越河流、沟谷和其他障碍物时所使用的构筑物称为桥涵。当桥涵的单孔跨径大于或等于 5m、多孔跨径总长大于或等于 8m 时称为桥梁,反之则称为涵洞。

(4) 隧道

公路穿过山岭、置于地层内的结构物称为隧道。隧道在公路上能缩短里程,避免翻越山岭,保障行车的快速便捷,是山区公路常采用的特殊构造物之一。

明挖岩(土)体后修筑棚式或拱式洞身再覆土建成的隧道称为明洞,明洞常用于地质不良或土层较薄的地段。

(5) 沿线设施

为了保证行车安全、舒适和增加路容美观,公路除设置基本结构物和特殊结构物外,还需设置各种沿线设施,沿线设施是公路沿线交通安全、管理、服务、环境等设施的总称。

1.2 农村公路建设与发展

1.2.1 中国农村公路建设的发展历程

众所周知，中国是一个人口大国，也是一个农业大国，2010年农村人口仍占总人口的53.4%。农村地区发展得好不好，农民生活富裕不富裕，直接影响中国经济的发展和综合国力。农村公路是中国公路网的重要组成部分，也是服务农民群众生产生活和农村经济发展的重要基础设施。中国交通运输部作为农村公路的行业主管部门，把加快农村公路建设作为交通工作的一项重要工作，给予了高度重视。

新中国成立以来，特别是改革开放以来，中国政府一直把农业、农村、农民问题作为关系国家事业发展全局的大事，大力加快农业基础设施建设，不断推进城乡一体化进程，增加农民收入，促进农村和谐稳定。

从大的发展阶段看，中国农村公路的发展经历了几个大的历史阶段：

第一阶段是从新中国成立到改革开放初期，这一阶段是农村公路的普及阶段。在1978年，全国农村公路里程只有58.6万公里，公路等级很低，大量乡镇和村庄都不通公路，农村公路建设的主要任务是重点解决"通"的问题。

第二阶段是从1979年到2002年间，这一阶段是普及与提高相结合的阶段，伴随着改革开放的发展和全面建设小康社会的推进，我们加大了农村公路建设投入力度，农村公路得到了较快发展。2002年，交通部针对西部地区12个省市和中部4个少数民族聚集地实施了西部通县油路工程，通过该项工程的建设，使西部所有的县（除西藏外）都修通了油路或水泥路，有力地促进了县域经济的发展。到2002年底，全国农村公路达到133.7万公里，等级公路占总里程的74.4%。

第三阶段是2003年以后，这一阶段是大投入、大发展阶段，根据国务院提出的建设社会主义新农村的部署，交通运输部提出了"修好农村路，服务城镇化，让农民兄弟走上油路和水泥路"的工作目标，对投资结构进行重大调整，实施了"东部地区通村、中部地区通乡、西部地区通县"工程，启动"农村渡口改造"和"农村客运站点"建设，各级政府都加大了农村公路资金投入，全国农村公路建设步入了一个快速发展的新时期。同时，为规范、有序、快速推进农村公路建设，2005年国务院通过了《全国农村公路建设规划》，提出了中长期农村公路发展目标。从2006年开始，中国进入实施"十一五"发展规划阶段，我们组织实施了"五年千亿元"工程。据统计，从2006年到2009年四年时间，全社会投入农村公路建设7528亿元，其中中央政府投入农村公路建设补助资金1661亿元，新改建农村公路156万公里，有2200多个乡（镇）、近10万个建制村新通了公路，有7900多个乡（镇）、约14.5万个建制村新通沥青（水泥）路。到2009年底，中国农村公路通车总里程已达到336.9万公里，有99.6%的乡（镇）、95.77%的建制村通了公路，有92.46%的乡（镇）、77.60%的建制村通了沥青（水泥）路。

农村公路加快建设伊始，交通运输部相继制定了《农村公路建设指导意见》、《农村公路建设管理办法》、《农村公路建设质量管理办法》等一系列规章和规范性文件，规范建设行为，明确质量要求。2008年开始，开展了为期三年的"建设质量年"活动，进一步完善了质量管理制度，健全了质量保证体系，实现了农村公路由速度规模型向质量效益型转变，全国农村公路建设质量得到有效保证。

1.2.2 "十五"农村公路建设与发展回顾

五年完成农村公路建设投资4178亿元，是"九五"的3倍。2003年以来，启动了新中国成立以来规模最大的农村公路建设，新改建农村沥青（水泥）路30多万公里，农村沥青（水泥）路总里程发展到63万公里，比新中国成立以来53年翻了一番。

2003年，交通部继续加大农村公路建设投资力度，提出"修好农村路，服务城镇化，让农民兄弟走上油路和水泥路"的建设目标，启动了县际及农村公路改造工程，下达了农村公路"通达工程"建设计划，全年完成投资817亿元，建成农村公路10.2万公里。

2004年，为落实中央一号文件精神，在实施县际及农村公路改造工程的基础上，实施了商品粮基地、农村渡口、乡镇客运站等的建设。全年完成投资1240亿元，建成农村公路25万公里。

2005年在全国交通工作会议上，交通部提出"加快让农民兄弟走上沥青路和水泥路的步伐，以实际行动支持'三农'工作"，继续加强国家商品粮基地公路、农村客运站点和农村渡口的建设，同时实施了革命圣地公路、扶贫公路、红色旅游公路建设，全年完成投资1237亿元，建成农村公路26.8万公里。

"十五"以来，圆满完成了西部地区通县油路建设任务，建成2.6万公里，惠及17个西部和中部省市区、133个地州市、1100个县市区，西部地区基本实现县县通油路。粮食主产区、革命老区、红色旅游公路建设得到加强。有278个乡镇和3.6万个建制村实现通公路，全国乡镇、建制村通公路率分别达到99.8%和94.5%，10个省实现乡乡通油路，3个省基本实现村村通油路。农村客运同步发展，新建农村等级客运站3232个，停靠站点10.2万个，新增农村客车1.23万辆，乡镇客车通达率达98%，建制村通车率达81%。

"十五"农村公路建设投资力度之大、增长里程之快、经济社会效益之好前所未有，成为交通发展的一大亮点。

1.2.3 "十一五"农村公路建设与发展回顾

2005年，国务院通过了《全国农村公路建设规划》，提出了中长期农村公路发展目标。从2006年开始，中国进入实施"十一五"发展规划阶段，交通运输部组织实施了"五年千亿元"工程，中国农村公路建设步入了历史上最大规模的快速发展新时期。

2010年公路水路交通运输行业发展统计公报（农村公路部分）指出："十一五"农村交通条件进一步改善，"十一五"农村公路建设目标全部实现。全国农村公路（含县道、乡道、村道）里程达350.66万公里，比上年末增加13.75万公里，其中县道、乡道、村道比上年末分别增加3.46万公里、3.53万公里和6.77万公里，五年新增农村公路59.13万公里。全国通公路的乡（镇）占全国乡（镇）总数的99.97%，通公路的建制村占全国建制村总数的99.21%，比上年末分别提高0.37个和3.44个百分点，比"十五"末分别提高6.33个和22.30个百分点。通硬化路面的乡（镇）占全国乡（镇）总数的96.64%，通硬化路面的建制村占全国建制村总数的81.70%，比上年末分别提高4.18个和4.10个百分点，比"十五"末分别提高16.24个和28.81个百分点。

"十一五"是我国农村公路发展史上完成投资最多、建设速度最快、发展质量最好、发展成效最大的一个时期。

（1）投资力度不断加大。

五年来，中央对农村公路建设投入资金达1978亿元，年均递增30%，其中车购税用于农村公路建设1623亿元，约占车购税交通专项资金总量的34.3%，中央预算资金和国债资金投入355亿元。中央投资极大地带动了地方对农村公路建设的投入，五年间全社会共计完成投资9500亿元，新改建农村公路186.8万公里，其中新增农村公路52.7万公里，全国农村公路总里程达到345万公里。

（2）建设管理不断加强。

五年来，交通运输部每年都把农村公路工作作为年度交通运输工作的第一件大事来抓，组织召开电视电话会议和现场会、经验交流会，安排部署农村公路重点工作。交通运输部先后与27个省、自治区和重庆市人民政府签署了《关于落实中央1号文件农村公路建设任务的意见》，明确了部省建设责任，细化了目标任务。各地也通过层层签订责任状，有效落实了农村公路建设主体责任。交通运输部先后制定出台了《农村公路建设管理办法》等部门规章和规范性文件，加强了对各地的政策引导。湖北、山东、河南三省出台了《农村公路条例》，为推动农村公路科学发展提供了有力的法规保障。交通运输部组织开展了为期三年的农村公路建设质量年活动，通过狠抓"管理、技术和监管"三个关键环节，基本实现了农村公路主要抽检指标"一年提高一个百分点"的目标，农村公路工程实体质量有了大幅提高。交通运输部先后确定了三批29家单位作为示范工程单位，通过示范引导，探索总结了农村公路建管养运发展经验，起到了典型引路、以点促面的效果。

（3）管养改革不断深化。

五年来，在国家发改委、财政部等有关部委的支持下，交通运输部及各级交通运输主管部门认真执行国办2005年49号文件，深入推进农村公路管养体制改革。2008年3月，全国31个省区市相继出台了农村公路管理养护体制改革实施方案，明确了符合当地特点的相关管理养护政策和措施。交通运输部先后提出了抓好管理体制"三落实"和运行机制"三结合"，重点做到认识、责任、考核"三个到位"。山东省总结推广了"枣庄模式"，建立了农村公路管理养护长效机制。陕西省将日常养护资金纳入地方公共财政预算，稳定了养护资金渠道。吉林省开展了养护管理年活动，有效提升了农村公路管养水平。目前，各地农村公路管理养护体制和运行机制基本建立，养护资金筹措渠道进一步明确，日常养护管理工作得到初步落实。

（4）客运服务不断拓展。

按照推进城乡交通一体化的发展思路，把发展农村客运作为改善农村民生的重要举措，交通运输部实行了多种扶持政策，大力培育农村客运市场，提高农村客运班车通达率，努力让农民群众享受到安全、便捷、经济、优质的客运服务。五年来，中央车购税资金补助25亿元用于农村客运场站建设。到2010年底，全国农村客运车辆达38万辆，农村客运线路达9万余条，日均发班120万个班次，全国乡镇、建制村通客运班车率分别达到98%和90%，极大方便了农民群众出行。

农村公路的快速发展，促进了农民增收，改变了农村消费结构，推进了产业结构调整，提高了农民生活质量，增强了基层民主，加快了城乡一体化进程，为促进社会主义新农村建设、推动农村经济社会全面协调发展做出了重要贡献。

1.2.4 农村公路建设的发展与展望

2010年10月国际道路联盟主办的第二届世界农村公路大会上，国际道路联盟主席卡比拉把"农村公路与社会公平发展成就奖"颁发给了中国交通运输部。中国政府大力发展农村公路，减少农村贫困人口，提高农民生活质量，政府得到农民尊重的做法，在与会的30多个国家的300多位来宾和专家学者中，引起巨大反响。

"十二五"农村公路发展目标是：继续加快推进农村公路建设，农村公路网络化水平得到明显提高，通行条件得到明显改善，安全保障措施得到明显加强。到2015年，农村公路总里程达到390万公里；农村公路管理养护体制改革落实到位，基本实现"有路必养"。完成县、乡道中桥以上危桥改造。进一步改善农村公路安全技术状况。大力发展农村客货运输，实现所有乡镇和92%的建制村通班车，支持发展农村配送物流。

"十二五"农村公路的发展，无论是发展理念，还是发展重点，都将发生新的变化。我国农村公路建设进入了一个新的发展阶段。

(1) 发展理念的变化

中央确定，"十二五"期我国将以科学发展为主题，以加快转变经济发展方式为主线，不断提高发展的全面性、协调性、可持续性。按照这个指导原则，我国农村公路要由过去以"量"的增长为主，向以"质"的提高为主、"量""质"并重转变。因此，必须更加注重以人为本，充分体现广大农民群众的意愿；更加注重可持续发展，认真落实生态保护、安全便捷的要求；更加注重统筹兼顾，努力推进建管养运协调发展；更加注重民生和公平正义，实现基本公共交通运输服务均等化。

(2) 发展阶段的变化

前一个时期，农村公路建设重点是围绕解决农民基本出行的问题，由于资金等因素制约，缺桥少涵的情况还比较多，附属设施也不完全配套。随着农业生产经营专业化、规模化、集约化水平的不断提高，构筑结构合理、功能完善的农村公路网络，提供安全、便捷、畅通的农村交通保障条件，成为新时期农村公路发展的方向。农村公路发展要由过去以建设为主向"巩固、提高、完善"方向转变；由提供基本出行条件向保障安全便捷出行、提升整体服务能力转变；由"树状"路网向"网络型"路网转变。

(3) 发展任务的变化

截至去年底，全国仍有1200个乡镇、12万个建制村不通沥青（水泥）路，其中90%集中在西部地区和边远贫困地区。在这些地区，建设的重点是乡镇、建制村通沥青（水泥）路。东中部省份和西部省份一些中心城市的郊区县，已基本实现了乡镇和建制村通沥青（水泥）路的目标，建设重点要逐步向县乡道改造、连通工程建设等方面转移。不同地区或同一地区不同区域的差异性需求，是新时期农村公路发展的一个特征，需要因地制宜，分类指导。

(4) 发展内涵的变化

中央关于新时期统筹城乡发展，建立健全基本公共服务体系的要求对农村公路发展赋予了新内涵。农村公路不仅要进一步延伸，覆盖更多的人群，还需要与城市道路相衔接，为城乡人员往来和物资流通创造安全、便捷的条件。农村客运也不再是简单地为农村地区"通车"，而是要有利于推动城乡客运一体化和城乡公共交通服务均等化。

根据中国《全国农村公路建设规划》，到2020年，中国具备条件的乡（镇）和建制村都要通沥青（水泥）路，农村公路总里程达370万公里。

第 2 章 农村公路路基施工技术与管理

2.1 农村公路路基概述

2.1.1 名词术语

1. 公路路基

公路路基是路面的基础，是公路工程的重要组成部分。路基承受由路面传来的交通荷载，是路面的支承结构物，它必须具有足够的强度、稳定性和耐久性。

根据地形的不同，公路路基一般采用路堤和路堑两种形式。当路基顶面高于天然地面时，路基以填筑的方式构成，这种路基称为路堤。路堤通常由路床、边坡、边沟组成。而当路基顶面低于天然地面时，路基则以开挖的方式构成，这种路基称为路堑。路堑通常由路床、边沟、边坡、截水沟组成。

根据填筑材料的不同，路基又分为土方路基和石方路基。

2. 路基土石方工程

路基土石方工程是指路基施工中，开挖和填筑土石方的工程。公路路基是按线形位置和断面几何尺寸要求，在原地面经过开挖或填筑形成的带状结构物。路基主要由土、石修筑而成，对整个工程投资有重要影响。路基工程主要内容是土石方的开挖与填筑，故称为路基土石方工程。路基土石方工程是路基单位工程中的主要分部工程，包括土方路基、石方路基、软土地基和土工合成材料处治层等分项工程。

3. 路床

路床是指依据路基填挖规定的路面底面以下一定范围内的路基上部，对其土质、压实度等方面的要求高于其他部分的路基。填方路基按距路面底面的距离，由上而下分为上路床、下路床，其中 0~30cm 为上路床，30~80cm 为下路床。路床是路面的基础，承受路面传来的荷载，路面直接铺筑在路床上。

4. 陡坡路基

陡坡路基是指修建于地面横坡陡于 1∶2.5（土质）或 1∶2.0（岩质且不易风化）的山坡上的路基。陡坡路基除应保证路堤边坡的稳定外，还要预防路堤沿地面陡坡下滑。

5. 路基边坡

为保证路基的稳定性，在路基两侧做成具有一定坡度的坡面，称为路基边坡。路基边坡的最高点为坡顶，挖方路基为边坡与原地面相连接处，填方路基为路肩外缘；路基边坡的最低点为坡脚，填方路基为边坡与原地面相连接处，挖方路基为边坡底。常见的路基边坡形式有：直线形、折线形和台阶形。

6. 路基高度

路基高度是指路基的填筑高度或路基的开挖深度。它是路基设计高程与原地面高程的差值。路基高度有中心高度和边坡高度之分。前者指路中心线处的设计高程与原地面高程的差值;后者指填方坡脚或挖方坡顶与路基边缘的相对高差。路基的填挖高度,是在路线纵断面设计时综合考虑路线纵坡要求、路基稳定性和工程经济等因素确定的。边坡高度是确定边坡坡度的主要影响因素。

7. 压实度

压实度是指工地实测干密度与室内标准击实试验所得最大干密度的比值,也称压实系数。而沥青面层压实度是指工地实测密度与标准密度的比值。压实度是路基和路面压实施工的重要指标,用于控制和评价压实质量。压实度可采用灌砂法、环刀法、钻芯法以及核子密度湿度仪法测定。

8. 最佳含水量

最佳含水量是指在标准击实曲线上,与最大干密度相对应的含水量。最佳含水量是指导路基、路面基层施工的依据,可由室内击实试验获得,但由于重型击实试验的击实功大,因此得到的最佳含水量较小。一般路基、路面基层施工中,要求在接近最佳含水量的条件下进行压实,其压实效果比较好,且容易压实。如路基土和路面基层材料含水量与最佳含水量相差较大时,应采取相应措施增大或减小含水量。

2.1.2 路基的基本要求

由于路基的重要作用以及容易发生破坏的原因,除要求路基断面尺寸符合设计外,还应满足下列基本要求:

1. 具有足够的整体稳定性

路基是直接在地面上填筑或挖去一部分地面建成的。路基修建后,改变了原地面的天然平衡状态。在工程地质不良地区,修建路基则可能加剧原地面的不平衡状态,从而发生各种路基的破坏现象。因此,为防止路基结构在行车荷载及自然因素作用下,不致发生过大的变形或破坏,必须因地制宜地采取一定的措施来保证路基整体结构的稳定性。

2. 具有足够的强度

路基的强度是指在行车荷载作用下,路基抵抗变形的能力。因为行车荷载及路基路面的自重,同时给予路基下层和地基一定的压力。这些压力都可能使路基产生一定的变形,直接损坏路面的使用品质。因此,为保证路基在外力作用下,不致产生超过容许范围的变形,要求路基应具有足够的强度。

3. 具有足够的水温稳定性

路基在地面水和地下水的作用下,其强度将显著地降低。特别是在季节性冰冻地区,由于水温状况的变化,路基将发生周期性冻融作用,形成冻胀与翻浆,使路基强度急剧下降。因此,对于路基,不仅要求有足够的强度,而且还应保证在最不利的水温状况下,强度不致显著降低,这要求路基应具有一定的水温稳定性。

2.1.3 路基的施工特点

1. 路基工程大,对其他工程影响大

路基土石方工程量大,沿线分布不均匀,不仅与路基工程相关的设施,如路基排水、防护与加固等相互制约，而且与公路工程的其他项目，如桥涵、隧道、路面及附属设施等相互干扰。路基工程的项目较多，如土方、石方及圬工砌体等，在设计、施工方法与技术操作方面各不相同，且耗费劳动力多，工程投资大。实践证明，路基稳定与否，对保持路面工程质量影响甚大，并关系到公路的正常投入使用。因此，做好路基工程设计、施工与养护，不容忽视。

2. 路基工程对工期影响大

路基工程对施工期限的影响较大，土石方相对集中，受季节性气候影响或条件比较复杂的路段，往往是公路施工期限的关键。

3. 挖方路基施工的特点

挖方路基施工就是按设计要求进行挖掘，并将挖掘出来的土方运到路堤地段作填料，或者运往弃土地点。挖方路基施工有以下几个特点：

（1）挖方路基施工是路基工程中的一个重点。在山岭重丘地区修建公路，挖方路堑常常是控制工程进度的关键。公路建成通车后，挖方路堑地段又是养路部门养护的重点。

（2）挖方路基更易发生变形和破坏。由于挖方路堑是由天然地层构成的，天然地层在生成和演变的长期过程中，一般具有复杂的地质结构。处于地壳表层的挖方路基边坡施工中受到自然和人为因素（包括水文、水文地质、地面水、气候、地貌、设计与施工方案等）的影响，比路堤边坡更容易发生变形和破坏。实践证明，路基出现的病害大多发生在路堑挖方地段上，如滑坡、崩坍、落石、路基翻浆等。

（3）路基大断面的开挖施工，破坏了原有的山体平衡。若施工方案选择不合理，如边坡太陡，废方堆弃太近，草皮栽种、护面铺砌及挡墙施工不及时，排水不良等都会引起路堑边坡失稳、滑坍，严重时甚至影响整个工程进度，这是挖方路基施工中经常出现的问题。

2.1.4 路基的基本施工方法

1. 人工施工

人工施工是施工人员使用手工工具操作，其效率低，劳动强度大，进度慢。

2. 爆破法施工

爆破施工是一般公路、特别是山区公路施工不可缺少的施工方法。

3. 机械化施工

机械施工是路基施工最主要的方法，使用配套机械，可极大地减轻劳动强度和提高劳动生产率，显著地加快施工进度，提高工程质量，降低工程造价，保证施工安全。

2.2 农村公路土方路基施工

2.2.1 施工工序

1. 施工测量

路基开工前应做好施工测量及放线工作。应全面恢复中线并固定路线主要控制桩，根据恢复的路线中桩钉出路基边线的具体位置桩，施工过程中应保护所有标志桩，特别是一些原始控制桩。

2. 场地清理

路基范围内原地面表层的种植土、草皮等应清除，清除深度一般不小于15cm。在路基施工区域内的树桩和树根都应从原地面之下不少于50cm深的地方挖除，去除后所留的空隙应用合适的材料填充。

3. 填前压实

在场地清理完成后，应及时恢复路基中线和边线，对路基范围内存在的不平之处应该先予以整平，然后进行碾压到规范要求的压实度。在零填路段，必要时应先将土翻松、打碎、整平、压实。当地面横坡为1:5～1:2.5时，原地面应挖成台阶，台阶宽度不小于1m，然后再进行填前压实；地面横坡陡于1:2.5时应做特殊处理，防止路堤沿基底滑动。

4. 布土摊铺

布土时应根据每层土的用量，确定卸车的间距，布土完成后用平地机或推土机进行均匀摊铺，在劳动力富裕的地区也可人工摊铺，摊铺时应根据土质及压实机械的不同，现场确定摊铺厚度，一般每层土的最大摊铺厚度不应大于50cm，土中杂草应捡除。

5. 整平

路基施工一般用推土机或平地机进行整平，整平方法是由路中心开始向道路两侧推进。在整平时应注意路基的纵坡和横坡，尤其是在雨期施工时，横坡应该适当加大以利路基排水，一般情况路基横坡要求2%，为利于排水可加大到2%～4%。

6. 碾压

在压实前应实测路基用土的含水量，当含水量接近最佳含水量时进行碾压效果最好，当含水量过大时可翻松晾晒或掺灰处理，以降低含水量。在碾压时应采取先静压后振动压实的方式，具体要求是：先边后中、先低后高。压路机碾压轮应重叠轮宽的1/3～1/2；采用振动压路机碾压时，第一遍应静压，然后先慢后快，由弱振至强振。

2.2.2 填方路基施工方法及要点

1. 填筑方案

路基基本填筑方案有：分层填筑、竖向填筑和混合填筑。

（1）分层填筑

1）横向水平分层填筑方案

填筑时按照横断面全宽划分水平层次，逐层向上填筑，如原地面不平，在地基表面经过处治后，从最低处分层填起，每填一层经过压实达到标准后再填下一层，依此循环进行直至达到设计高程。

2）纵向分层填筑方案

用推土机从路堑取土填筑距离较短的路堤，依纵坡方向分层填筑、压实，直至达到设计高程。

（2）竖向填筑

在深谷陡坡、高填方的坑塘地段，无法自下而上分层填筑路堤，只能从路堤的一端或两端按横断面全部高度逐步推进填筑。

(3) 混合填筑

在深谷陡坡、高填方的坑塘地段可采用上层水平分层填筑、下层竖向填筑的混合填筑方案。

2. 施工要点

(1) 路堤基底处理

路堤基底是指土石填料与原地面的接触部分。为使两者结合紧密，防止路堤沿基底发生滑动，或路堤填筑后产生过大的沉陷变形，则可根据基底的土质、水文、坡度和植被情况及填土高度采取相应的处理措施。

1) 对于密实稳定的土质基底，当地面横坡缓于1：10，且路堤高度超过0.5m时，基底可不作处理；路堤高低于0.5m时，应将原地面草皮清除；地面横坡为1：0～1：5时，需铲除原地面草皮、杂物、积水和淤泥后再行填筑；当地面横坡为1：5～1：2.5时，在清除草皮杂物后，还应将坡面挖成台阶，其宽度不小于1m，高度为0.2～0.3m，台阶顶面做成内倾2%～4%的斜坡；当地面横坡陡于1：2.5时，则应挖成锯齿形；若为砂质土斜坡，则不宜挖台阶，只要把土壤翻松即可。

2) 对于覆盖层不厚的倾斜岩石基底，当地面横坡为1：5～1：2.5时，需挖除覆盖层，并将基岩挖成台阶。当横坡陡于1：2.5时，应进行个别设计，特殊处理，如设置护脚或护墙。

3) 路线经过耕地或松土，地面横坡小于1：5时，若松土厚度不大，需将原地面夯压密实再填土；再分层填筑夯实。对于水田、塘堰，需先将基底处理后再行填筑。

凡有地下泉眼，要用浆砌片石三面砌筑暗沟或用反滤层密封盲沟将水引出堤外。

(2) 填料选择

由于沿线土石的性质和状态不同，故路基的稳定性亦有很大差异。为保证路堤的强度和稳定性，需尽可能选择当地稳定性良好的土石作填料。

石块、碎石土、卵石土、砾石土、中砂和粗砂等，具有透水性好，摩擦系数大，不易压缩，强度受水的影响小等优点，应优先选用。

粉质低液限砂土、低液限黏土、中液限黏土以及高液限黏土，经压实后能获得足够的强度和稳定性，是比较理想的路堤填筑材料，但须注意其溶盐含量不应超出规定的数值。

粉质低液限黏土、粉土和粉质中液限黏土等粉性土，水稳定性差，不宜用作路堤填料，在季节性冰冻地区更应如此。

超高液限黏土透水性差，施工困难，影响工程质量，用作填筑路基不够理想。

黄土属于粉质中液限黏土，具有大孔性结构，不宜用于填土。

(3) 压实

为保证路基的强度和稳定性，使路面有一个必要的稳固基础，在填筑路堤前，应将原地面进行压实；在填筑路堤时，应将填土分层压实；挖方路段也应进行压实。除有特别规定外，一般路基上的压实度，应随填土深度的变化而不同。

路基填土充分压实，是保证路基强度和稳定性最为重要的工序，为保证路基压实度达到设计要求，应注意以下要点：

1) 压实机具应先轻后重，以便能适应逐渐增长的土基强度。

2) 碾压速度宜先慢后快，以免松土被机械推走。

3）压实一般应先两侧后中间，以便形成路拱。在弯道部分设有超高时，由低的一侧边缘向高的一侧边缘碾压，以便形成单向超高横坡。碾压时，相邻两次的轮迹应重叠三分之一左右，使各点都得到压实，避免土基产生不均匀沉陷。

4）经常注意并检验土的含水量，并根据需要采取相应措施，以保证压实质量。

5）路基填筑须采用水平分层填筑的方法，自下而上逐层填筑。一般情况下，每层松土厚为50cm。

6）人工夯实。由于地形因素限制，不能用压路机压实时，可用人工夯实或打夯机夯实，人工夯实的工具为木夯和石夯，含水量与压实度的检测方法与压路机压实方法相同。

(4) 特殊情况下路基的处理

1）加宽旧路时的处理

① 所用填土宜与旧路相同或选用透水性较好的土；

② 清除地基上的杂草，并沿旧路边坡挖成向内倾斜的台阶，其宽度不小于1m。

2）受地下水影响的处理

当路堤稳定受到地下水位影响时，应在路堤底部填以水稳性优良、不易风化的砂、砂砾、碎石等材料或用无机结构类（生石灰粉、水泥等材料）进行加固处理，使基底形成水稳性好的厚约30cm的稳定层，并采用土工织物设置隔离层的方法处理。其方法与技术要求如下：

① 土工织物用于排除地下水工程时应符合下述规定：

在承压地下水或地下水很多的地方修筑路基时，用土工织物在原地面与路基交界处设排水隔离层，也可以在路基内部设排水隔离层，把地下水引入边沟。

用于排水的隔离层应符合下述技术要求：

a. 隔离层的合成纤维土工织物，其最小抗拉强度不应小于50Pa；

b. 土工织物铺在地面上，用木桩或石块固定就位，其搭接长度纵向和横向宜为20cm；

c. 在土工织物上的建筑材料要求选用矿渣、碎石或砾石，其最大粒径为30mm，通过20mm筛孔的材料不得大于10%，通过0.074mm筛孔的材料其塑性指数不得超过6%；铺筑材料应采用重型机械压实，其最小厚度为50cm；

d. 排水隔离层顶面须高出地下水位30cm以上，施工时应使下层土扰动最小。

② 为了改善渗沟的排水功能并提高其耐久性，管式渗沟可用土工织物包裹带渗水孔的渗管。洞式渗沟可用土工织物铺在盖板上，以阻止砂土流入渗沟。

③ 渗沟或渗沟的排水层、反滤层填充料可用土工织物包裹起来与沟外砂土隔离，使其增加使用年限和增强排水效果。

3）水稻田及塘湖地段的处理

水稻田、湖塘等地段，应视具体情况采取排水、清淤、晾晒、换填、掺灰及其他加固措施进行处理。掺灰剂量，依当地情况试验确定。一般黏质土采用石灰、粉煤灰处理，粗粒土可采用水泥处理。

当为软土地基时，应按特殊路基施工方法处理基底。

4）桥涵回填处理

为了保证桥涵及其他构造物的稳定和使用要求，必须认真细微地进行填筑施工，桥涵及其他构造物处（主要指桥台背、锥坡、挡土墙墙背等）的工序要点如下：

① 必须坚持在隐蔽工程经监理工程师或质量员检查验收认可以后，才能进行回填土施工。

② 桥涵及其他构造物处的填料，除设计文件另有规定外，应采用砂类土或渗水性土。当采用非透水性土时，应在土中增加石灰、水泥等外掺剂，以改良其性质后使用。

③ 台背填土顺路线方向长度要求：顶部为距翼墙尾端不小于台高加 2m；底部距基础内缘小于 2m；拱桥台背填土长度不应小于台高的 3～4 倍，涵洞填土长度每侧不应小于 2 倍孔径长度。

④ 做好压实工作。结构物处的填土应分层填筑，每层松铺厚度不宜超过 15cm，结构物处的压实度要求从填方基底或涵洞顶部至路床顶面均达到 94%。

⑤ 在回填压实施工中，应做到对称回填压实，并保持结构物完好无损。压路机压不到的地方，应使用小型机动夯具夯实以达到规定要求的密实度。

⑥ 施工中注意安排桥台背后填土与锥坡填土同时进行，以取得更佳效果。

⑦ 涵洞缺口填土，应在两侧对称均匀分层回填压实。如使用机械回填，则涵台胸腔部分及检查井周围应先用小型压实机具压实后，方可用大机械进行大面积回填。

⑧ 涵洞顶面填土压实厚度大于 50cm 后，方可允许重型机械和汽车通过。

⑨ 挡土墙填料宜选用砂石土或砂类土。墙趾部分的基坑，应注意及时回填，并做成向外倾斜的横坡。填土过程中，应采取相应的措施，防止水的浸害。回填结束后，挡土墙顶部应及时封闭。

(5) 填方机械作业要点

1) 应根据土地地形、路基横断面形状和土方调配图等，合理地规定机械运行路线。土方集中工点，应根据全面、详细的机械运行作业图施工。

2) 两侧取土且填高在 3m 以内的路堤，可用推土机从两侧分层推填，并配合平地机分层整平。土的含水量不够时，用洒水车洒水，并用压路机碾压。

(6) 填方集中地区路堤的施工要点

填方集中地区路堤施可按以下方法进行：

1) 取土场运距在 1km 范围内时，可用铲运机运送，辅以推土机开道，翻松硬土，平整取土段，清除障碍和助推等。

2) 取土场运距超过 1km 范围时，可用松土机械翻松，用挖掘机或装载机配合自卸汽车运输，用平地机平整填土，配合洒水车压路机碾压。

3) 挖掘机、装载机与自卸车配合运输时，要合理布置取土场地的汽车运输路线并设置必要醒目的标志。汽车配备数量，应根据运距的远近和车型确定，其原则是满足挖装设备能力的需要。

(7) 整个施工期间，必须保证排水畅通。

2.2.3 挖方路基施工方法及要点

1. 施工方案

土方路堑开挖，从工艺上看较为简单，但从施工技术上、使用和养护上看却是较为复杂。因此，施工中需要根据地形情况，对施工方法、开挖方案、弃土、排水等方面进行全面规划，预防由于施工不当而影响工程质量，妨碍农业生产，甚至发生人身安全和行车事故。

路堑土方的开挖方案如下：

（1）全断面开挖法。就是从路堑的一端或两端按横断面的全宽全高，逐渐向前开挖，一般应向两侧出土。此法工作面小，适用于较短的路堑。

（2）分层开挖法。短而深的路堑，可在不同高度上分层开挖，每层应有单独的运土出路和临时排水设施，做到纵向拉开，多层、多线、多头出土可布置较多的劳动力，加快施工进度。

（3）纵向分段开挖法。若路堑过长，运距过远，采用分层横挖法仍不能满足施工期限要求时，如系傍山路堑一侧堑壁不厚，可适当地选择一个或几个地方将堑壁挖穿（俗称马口），把长堑分成几段开挖。

（4）纵向分层开挖法。沿路线全宽，以深度不大的纵向分层开挖，，用于推土机或铲运机施工，适用于傍山开挖半路堑。

（5）通道纵挖法。该法是先沿路堑纵向挖一通道，然后开挖两旁，这是重点土方工程快速施工的有效方法。

（6）混合式开挖法。该法将横挖法、通道纵挖法混合使用，即先顺路堑挖通通道然后沿横向坡面挖掘，以增加开挖坡面，每一开挖坡面应能容纳一个作业组或一台机械。在较大的挖土地段还可沿横向再挖沟，以装置传动设备或.运土车辆运送泥土。

2. 施工要点

（1）施工中排水的布置。路堑施工中不论采用何种开挖法，均应保证开挖过程中及竣工后能顺利排水。施工时一般均应先挖截水沟，并设法引走一切可能影响边坡稳定的地面水和地下水。施工中要在路堑的路线方向保持一定的纵坡。路堑有设计纵坡时，下坡的坡段可以直接挖到底，上坡的坡段必须先挖成向外的斜坡，最后再挖去剩下的土方。当路堑是水平段时，两端都要挖成向外的斜坡，最后挖去余下的土方。

（2）已开挖的适用于种植草皮和其他用途的表土，应储存于指定地点，以便取用。

（3）根据试验结果，对开挖出的适用于填筑的材料应使用于路基填筑，且各类材料不应混杂。不适用于填筑的材料，应按相关规定妥善处理。

（4）严禁掏洞取土。土方开挖不论开挖工程量和开挖深度大小，均应自上而下进行，不得乱挖超挖。在不影响边坡稳定的情况下采用爆破施工时，应经过设计审批；路堑开挖中，如遇土质变化需修改施工方案及边坡坡度时，应及时报批。

（5）路堑路床的表层下为有机土、难以晾干压实的土、CBR值达不到规定要求的土或不宜做路床的土，均应清除，换填符合要求的土。

（6）路堑施工遇到地下水时，应按下述规定处理：

1）挖方地段遇有地下含水层时，应根据现场实际情况，采取有效的排水措施予以处理。

2）当路堑路床顶部以下位于含水量较多的土层时，应换填透水性良好的材料，换填深度应满足设计要求，并整平凹槽底面，设置渗沟，将地下水引出路外，再分层回填压实。

（7）认真妥善处理弃土

1）在开挖路堑弃土地段前，应提出弃土的施工方案，报有关单位批准后实施（该方案包括弃土方式、调运方案、弃土位置、弃土形式、坡脚加固处理方案、排水系统的布置及计划安排等），方案改变时，应报批准单位复查。

2) 路基弃土应堆放齐整，不得任意倾倒，并采取必要的排水、防护和绿化措施，山坡上弃土应注意避免破坏或掩埋路基下侧的林木、农田、自然形成的天然排水通道及其他工程设施，沿河弃土应避免堵塞河道或引起水流冲毁农田、房屋。

3) 弃土堆的边坡不应陡于1：1.5，顶面向外应设不小于2%的横坡，其高度不宜大于3m；路堑旁的弃土堆，其内侧坡脚与路堑顶之间的距离，对于干燥硬土不应小于3m，对于软湿土，不应小于路堑深度加5m。

4) 在山坡上侧的弃土堆应连续而不中断，并在弃土前设截水沟，山坡下侧的弃土堆应每隔50~100m设不小于1m的缺口排水，弃土堆坡脚应进行防护加固。

5) 严禁在岩溶漏斗处、暗河口处、贴近桥墩台处弃土。

6) 尽可能与当地农田建设和自然环境相结合，利用弃土改地造田。

7) 路侧弃土堆一般可设在附近低地或路堑处原地面下坡的一侧，当地面横坡缓于1：5时，可设在路堑两侧，但要注意，弃土不得堵塞天然形成的排水沟渠。

2.2.4 质量控制与检测

1. 质量控制

（1）填料质量控制

路堤填料应严格选择，对基质量进行控制，选料应符合以下规定：

1) 路堤填料，不得使用淤泥、沼泽土、冻土、有机土、含草皮土、生活垃圾、树根和含有腐殖质的土。采用盐渍土、黄土、膨胀土填筑路堤时，应遵照特殊路基填筑的规定。

2) 液限大于50%、塑性指数大于26的土，以及含水量超过规定的土，不得直接填料，其他工业废渣在使用前应进行有害物质的含量试验，避免有害物质超标，污染环境。

3) 捣碎后的种植土，可用于路堤边坡表层。

4) 路基填方材料，应有一定的强度。二级及二级以下的公路路基填方材料，宜按表2-1的规定选用。

路基填方材料最小强度和最大粒径表　　　　表2-1

项目分类（路面底标高以下深度）		填料最小强度（CBR）(MPa)		填料最大粒径（cm）
		二级公路	三、四级公路	
路堤	上路床（0~30cm）	6.0	5.0	10
	下路床（30~80cm）	4.0	3.0	10
	上路堤（80~150cm）	3.0	3.0	15
	下路堤（>150cm）	2.0	2.0	15
零填及挖方路基	（0~30cm）	6.0	5.0	10

注：1. 表列强度按《公路土工试验规程》JTJ 051规定的浸水96h的CBR试验方法测定。
　　2. 三、四级公路铺筑沥青混凝土和水泥混凝土路面时，应采用二级公路的规定。
　　3. 表中上、下路堤填料最大粒径150mm的规定不适用于填石路堤和土石路堤。

(2) 填筑方式控制

在整个路堤宽度范围内，沿纵向水平分层填筑，每层厚度视土类、运输方式和压实机械的选用情况而定，同时区分土的透水性大小，选择合适的填筑方式。

(3) 压实质量控制

1) 严格控制压实度，满足压实度控制指标。
2) 当采用机械压实时，应按表 2-2 选用适宜的压实机械。
3) 各种压实机械适宜的厚度与次数如表 2-3 所规定。

各种土质适宜的碾压机械 表 2-2

机械名称＼土的类别	细粒土	砂类土	砾石土	巨粒土	备注
6～8t 两轮光轮压路机	适用	适用	适用	适用	用于预压整平
12～18t 三轮光轮压路机	适用	适用	适用	可用	最常使用
25～50t 轮路机	适用	适用	适用	适用	最常使用
羊足碾	适用	可用	不适用	不适用	粉、粘土质砂可用
振动压路机	可用	适用	适用	适用	最常使用
凸块式振动压路机	适用	适用	适用	适用	最宜使用于含水量较高的细粒土
手扶式振动压路机	适用	适用	适用	不适用	用于狭窄地点
振动平板夯	可用	适用	适用	可用或不适用	用于狭窄地点，机械质量 800kg 的可用于巨粒土
手扶式振动夯	适用	适用	适用	可用	用于狭窄地点
夯锤（板）	适用	适用	适用	适用	夯击影响深度最大
推土机、铲运机	适用	适用	适用	适用	仅用于摊平土层和预压

各种压实机具每层填土厚度及碾压次数表 表 2-3

压实机具名称	每层填土厚度（疏松时）(m)	每点经过压实（或夯实）次数				合理采用压实机具的条件
		无塑性土壤		塑性土壤		
		最佳含水量时	低于最佳含水量时	最佳含水量时	低于最佳含水量时	—
拖式光面路碾（5t）以内	0.10～0.15 0.20～0.30	6 4	9 6	9 8	15 12	碾压段不小于 100m 以压实塑性土
6～8t 两轮光轮压路机	0.20～0.30					碾压段不小于 100m 应有光轮压路机配合
12～18t 三轮光轮压路机		通过试验路段碾压试验确定。若控制压实遍数超过 10 遍，应考虑减少填土层厚				
25～50t 三轮光轮压路机						
羊足碾	0.3					使用，碾压段不小于 100m
30～40t 振动压路机						碾压段不小于 100m
凸块式振动压路机						
手扶式振动压路机	0.10～0.15	6	9	9	15	工作面狭窄时
推土机、铲运机	0.20～0.30					仅用于摊平土层和预压
重摩托路碾	0.20～0.30	4	6	8	12	碾压段不小于 100m 用以压实塑性土，通常用于路堤最上层及路槽度

续表

压实机具名称	每层填土厚度（疏松时）(m)	每点经过压实（或夯实）次数				合理采用压实机具的条件
		无塑性土壤		塑性土壤		
		最佳含水量时	低于最佳含水量时	最佳含水量时	低于最佳含水量时	—
300kg重的机械夯，1000kg重的机械夯	0.30～0.50 0.35～0.65	3 3	4 4	4 4	6 6	工作面受限制及构造物较大处的填土
1000kg重夯机板	举高1m 0.60～0.70	4	5	5	7	工作面受限制时用于无塑性及石质土壤
	举高2m 0.70～0.90	3	4	3	5	

注：1. 夯板最好用于松散土、砾石及石质土壤的压实。
2. 颗粒不同的松砂，可采用洒水夯实或振动机压实。
3. 颗粒大小一致的砂，可用夯夯实。
4. 用汽车、铲运机等填筑路堤时，表内数值可酌情减低。

4）人工夯实厚度及遍数要求，如表2-4所示。
5）严格控制含水量，具体步骤如下：
① 通过试验确定不同种类填土的最大干密度和最佳含水量。

路堤填土采集土样，通过试验求得各类土样的最大干密度和最佳含水量，用于指导以后的路基压实施工。

人工夯实填土厚及打夯遍数表　　　　表2-4

夯的类型	举夯高度(cm)	夯打上层厚度(cm)	达到最佳密实度所必需的打夯遍数			
			黏土	黏土	黏土	黏土
120kg石夯（底面积30cm×30cm）	50	30	4	3	2	2
50kg石夯（5人抬夯）	70	30	—	—	—	—
40kg石夯（4人抬夯）	70	25	—	4	—	—
30kg石夯（底面积40cm×40cm）	60～90	30	—	—	3	—

② 现场控制填土含水量。

填土含水量是一个影响压实效果的关键指标，在压实前应实测路基用土的含水量，当含水量在最佳含水量的±2%以内时进行碾压效果最好。

（4）工地试验监测控制

在路基施工过程中应加强工地试验监测，按规定取样抽测，主要的监测项目有：压实度、最大干密度、含水量、平整度、边坡坡度等。

2. 质量检测

（1）外观鉴定

1）路基表面平整，边线直顺。
2）路基边坡坡面平顺稳定，不得亏坡，曲线圆滑。
3）取土坑、弃土堆、护坡道、碎落台的位置适当、外形整齐、美观，防止水土流失。

（2）检测项目及标准

检测项目及标准，见表2-5所示。

土方路基实测项目 表 2-5

项次	检查项目			规定值或允许偏差		检查方法和频率
				二级公路	三、四级公路	
1	压实度 (%)	零填及挖方（mm）	0～300	—	94	密度法；每200m每压实层测4处
			0～800	≥95	—	
		填方 (mm)	0～800	≥95	≥94	
			800～1500	≥94	≥93	
			>1500	≥92	≥90	
2	弯沉（0.01mm）			不大于设计计算值		—
3	纵断高程（mm）			+10，-20		水准仪：每200m测4断面
4	中线偏位（mm）			100		经纬仪：每200m测4点，弯道加HY、YH两点
5	宽度（mm）			符合设计要求		米尺：每200m测4处
6	平整度（mm）			20		3m直尺：每200m测2处 ×10尺
7	横坡（%）			±0.5		水准仪：每200m测4个断面
8	边坡			符合设计要求		尺量：每200m测4处

注：1. 压实度检查深度从路床顶面算起。
2. 采用核子密度仪检验压实度时应进行标定试验，确认其可靠性。
3. 表列压实度以重型击实试验法为准，评定路段内的压实度平均值下置信界限不得小于规定标准，单个测定值不得小于极值（表列规定值减5个百分点）；按不小于表列规定值减2个百分点的测点数量占总检查点数的百分率计算合格率。
4. 特殊干旱、特殊潮湿地区或过湿土路基，可按交通部颁发的路基设计、施工规范所规定的压实度标准评定。
5. 三、四级公路铺筑沥青混凝土或水泥混凝土路面时，其路基压实度采用二级公路标准。

3. 路基土方施工质量控制要点

为便于施工质量控制，将路基土方施工各环节质量控制要点归纳如下，供施工参考。

(1) 填前清理：

路基施工先放界，清除表土至边界；
填穴整平再压实，路堤稳定不沉陷。

(2) 填料选择：

路基填料要选好，稳定土质认真找；
土质不适要改良，粒强强度更重要。

(3) 填筑分层：

路堤填筑要分层，填层厚度严控制；
30cm分一层，结合工艺调整好。

(4) 台背回填：

台背回填选好料，层薄充分压实到；
回填范围考虑到，填筑压实车不跳。

(5) 掌握含水量：

最佳含水压实好，机械压实功效高；
翻晒洒水调含水，过湿掺灰很重要。

(6) 压实工艺：

先轻后重慢速滚，先稳后振再成型；
由低到高分段压，轮迹重叠保平顺。

(7) 压实检测：

确保压实靠检验，灌砂、环刀、核密仪；

土质路床测弯沉，压实弯沉双指标。

2.2.5 路基压实度的检测与控制

压实度是路基施工中控制工程质量的重要指标。是指路基经压实实际达到的干密度与土的最大干密度的比值。

1. 压实度的现场检测方法

压实度的现场检测方法主要有灌砂法、环刀法、核子密度仪法等。下面重点介绍灌砂法。

灌砂法测压实度所用的检测工具有灌砂筒、基板、挖洞及从洞中取料的合适工具、标准砂、天平、台秤、盛砂的容器、含水量检测工具等。

灌沙法的检测步骤：

(1) 首先要在试验地点选一块平坦表面，其面积不得小于基板面积，并将其清扫干净。将基板放在此平坦表面上，沿基板中孔凿洞，洞的直径 100mm，在凿洞过程中应注意不使凿出的试样丢失，并随时将凿松的材料取出，放在已知质量的塑料袋内，密封。试洞的深度应等于碾压层厚度。凿洞毕，称此袋中全部试样质量，准确至 1 克。减去已知塑料袋的质量后即为试样的总质量。

(2) 然后从挖出的全部试样中取有代表性的样品，放入铝盒，用酒精燃烧法测其含水量。

(3) 最后将灌砂筒直接安放在挖好的试洞上，这时灌砂筒内应放满砂，使灌砂筒的下口对准试洞。打开灌砂筒开关，让砂流入试洞内。直到灌砂筒内的砂不再下流时，关闭开关，取走灌砂筒，称量筒内剩余砂的质量，准确至 1g。

试洞内砂的质量＝砂至满筒时的质量－灌砂完成后筒内剩余砂的质量－锥体的质量。

挖出土的总质量除以试洞内砂的质量再乘以标准砂的密度可计算路基土的湿密度。干密度＝湿密度/(1＋0.01×含水量)

压实度＝土的干密度/土的最大干密度×100％

2. 压实度的现场控制

在路基施工过程中，为控制好路基压实质量，提高现场压实机械的工作效率，需要重点做好四方面工作：

(1) 通过试验准确确定不同种类填土的最大干密度和最佳含水量。

(2) 现场控制填土的含水量。实际施工中，填土的含水量是一个影响压实效果的关键指标，路基施工中当含水量过大时应翻松晾晒或掺灰处理，降低含水量；当含水量过低时，应翻松并洒水闷料，以达到较佳的含水量。

(3) 分层填筑、分层碾压。施工前，要先确定填土分层的压实厚度。最大压实厚度一般不超过 20cm。

(4) 加强现场检测控制。填筑路基时，每层碾压完成后应及时对压实度、平整度、中线高程、路基宽度等指标进行质量检测，各项指标符合要求后方能允许填筑上一层填土。

2.3 农村公路石方路基施工

2.3.1 石方开挖的方法

对岩石进行开挖的方法有爆破法、松土法及破碎法三种。

1. 爆破法

爆破法开挖是利用炸药爆炸时所释放出的巨大能量，使其周围介质受到破坏或移位。其特点是施工进度快，并可减轻繁重的体力劳动，提高劳动生产率，降低施工成本。但爆破法开挖是一种带有危险性的作业，对山体等周围介质破坏性比较大，对周围环境也有影响，应注意控制使用。爆破法是目前我国农村公路石方施工采用的主要方法。

2. 松土法

松土法开挖是充分利用岩体的各种裂缝和结构面，选用推土机作为牵引动力，牵引松土器将岩体翻松，再用推土机或装载机与自卸汽车配合将翻松的岩体搬运到指定地点。

松土法主要适用于砂岩、节理发育的石灰岩、叶岩、泥岩和砾岩等沉积岩，以及风化严重、节理发育的其他软质、脆质岩石。

松土法开挖避免了爆破作业的危险性，而且有利于挖方边坡的稳定和附近建筑的施工安全。当有机械条件，且岩石比较松软时，采用松土法不仅能提高施工效率，避免了爆破作业的危险性，而且有利于挖方边坡的稳定和减少对工地周围的影响及干扰。

3. 破碎法

破碎法是用破碎机凿碎岩块，开挖石方的方法。凿子装在推土机或挖掘机上，利用活塞的冲击作用，使凿子产生冲击力，因此，其破碎岩块的能力决定于活塞的大小。破碎法宜用于岩体裂缝较多，岩块体积较小，抗压强度较低的岩石。破碎法的工作效率不高，不宜作为开挖岩石的主要方法，仅用于不能使用爆破法或松土法施工的局部场合。

开挖石方应根据岩石的类别、风化程度和节理发育程度等确定开挖方式。对于软石和强风化岩石，能用机械直接开挖的均应采用机械开挖或人工开挖。凡不能使用机械或人工直接开挖的石方，则应采用爆破法开挖。

2.3.2 爆破施工的一般方法

农村公路石方爆破施工中的常见方法可有裸露爆破法、孔眼爆破法、药壶爆破法、小洞室爆破法等。

影响爆破方法选择的因素很多，包括石方的集中程度，路堑开挖深度，地质、地形条件，公路路基横断面形状及施工机械，其中施工机械往往是决定性因素。为帮助施工单位选择爆破方法，将常见的各类爆破方法及特点加以介绍。

1. 裸露爆破法

此法主要用于炸除孤石或大块石的二次破碎，以及对树根、水下岩石的爆破。操作时，药包宜放在岩石的凹槽或裂隙部位，药包上覆盖以草皮或湿泥沙，其厚度应大于药包的高度。

2. 浅孔爆破法

浅孔爆破是指炮孔孔径小于50mm，炮孔深度小于5m的爆破。浅孔爆破所使用的机械主要是掌上型或气腿式轻型凿岩机，操作技术简单，使用方便，易于调整炮位，也可采用人工打眼的办法获得炮孔，对于不同的爆破对象和工程要求均易于满足。

浅孔爆破的特点主要是：由于装药量小，围岩的破坏范围小，可以有效地控制爆破岩石的移动方向和块度，因此，在露天和地下石方开挖工程中如小台阶开挖爆破、大块石解小、沟渠及公路桥涵基础石方开挖、清刷石方边坡、5m内深孔预裂、光面爆破及石方深孔控制爆破钻孔平台的平整和清理、城镇拆除控制爆破等多项爆破领域中有着广泛的应用。其主要缺点在于劳动生产效率低，作业频繁，相应地给爆破安全管理工作造成一定困难。

3. 深孔爆破法

深孔是指孔径大于50mm以上，深度超过5m的炮孔，深孔梯段爆破指朝向自由面，以一排或数排垂直或倾斜炮孔进行的爆破。深孔爆破按开挖形式分，有拉槽深孔爆破和梯段深孔爆破，前者爆破只有向上一个临空面，多用于拉槽路堑开挖中，后者有两个临空面，爆破效果较好，而且适合于机械化挖运，是石方开挖机械化施工中较好的爆破形式。

深孔爆破的特点如下：

（1）采用机械钻孔，爆堆采用挖运机械施工，实现施工综合机械化，它是石方开挖施工中的主要爆破方法。

（2）深孔爆破对边坡和基础的影响比洞室爆破小得多，它配合光面爆破和预裂爆破，能按要求一次形成设计边坡，壁面平整，边坡稳定，可减少边坡开挖工程量和后处理工作。

（3）与洞室爆破或单自由面深孔爆破相比，爆破同样方量，深孔梯段爆破所需药量少，特别是二次解炮工作量减少，容易控制爆破岩块块度，提高爆破效率，能全面改善爆破质量和爆破技术经济指针。

通常浅孔和深孔爆破法统称孔眼爆破法（或孔眼法），是农村公路施工最常用的方法。

4. 药壶爆破法

药壶炮爆破是炮孔底部，用小药量多次爆破，使底部一定范围内的岩石在炸药能量不断作用下连续产生粉碎性破坏，被粉碎的石渣、石屑与爆轰气体顺着炮孔方向同时排出，使孔底形成一定的容药空腔（俗称"扩壶"或"烘膛"），成为药壶后再进行最终装药爆破的方法。

药壶爆破法的主要特点是采用药壶装药增大了炮孔的装药量，增加了一次爆破方量，减少了钻眼工作量，提高了爆破效果。但"扩壶"工作要求较高的技术水准和经验。

药壶爆破适用条件是由于在坚硬岩石中扩壶困难，在节理裂隙发育的软岩中容易损坏炮孔，难以形成"药壶"，所以这种爆破方法主要用于中硬较稳定的岩石中。

2.3.3 炮位布置

1. 布孔要求及经验

（1）炮位布置应充分考虑岩石的产状、类别、节理发育程度、溶蚀情况等，炮孔药室宜避开岩洞和大的裂隙。

(2) 避免在两种岩石硬度相差很大的交界面处设置炮孔药室。

(3) 非群炮的单炮或数炮施爆，炮孔宜选在抵抗线最小，临空面较多，且与各临空面大致距离相等的位置，同时应为下次布设炮孔创造更多的临空面。

(4) 群炮炮眼间距宜根据地形、岩石类别、炮型等确定，并根据炮眼间距、岩石类别、地形、炮眼深度计算确定每个炮眼的装药量和炸药种类。

(5) 非群炮的单炮或数炮施爆，炮眼方向宜与岩石临空面大致平行，一般按岩石外形、节理、裂隙等情况，分别选择正炮眼、斜炮眼、平炮眼或吊眼等。根据上述要求，农村公路施工总结出选择炮位的经验，并编成顺口溜，摘录如下，仅供参考。

牛抓鼻子马抓鬃，放炮要打三面空；
槽槽需从两边打，梁梁首先打当中；
整岩先从外面打，边空先从里面攻；
反掌石岩打吊眼，直立石岩斜着穿；
孤石必须掏四边，炮眼定要打中间；
深大眼孔少装药，耗药量少炸石多。

2. 结合路基断面形式布孔

路基石方开挖布孔时，应结合路基断面形式进行布孔，布孔的要点如下：

(1) 在半挖半填的斜坡地形，且挖深不大时，采用一字排炮。对于自然坡度较缓的地形，应先用钢钎切脚，改造地形后再采用一字排炮，一次基本形成路基断面。

(2) 路线横切小山包时，采用钢钎炮三面切脚，改造地形后，再在中间用药壶爆破，或深孔爆破。

(3) 遇路基较宽、阶梯较高的地形，采用上下互相配合的小炮群或分台阶多层一字排炮开挖。

(4) 对拉沟路堑，可采用两头开挖时，可以用竖眼揭盖、平眼搜底的梅花炮。

(5) 采用机械化清方时，如遇坚石，可采用眼深 2m 以上的钢钎炮，组合成 30～40 个的多排多层炮群，或采用深孔炮。在坚硬岩石中，为使岩石破碎的程度满足清方的要求，除调整炮群、设计参数外，还可以用间隔药包。遇软石或节理发育的次坚石，可采用松动爆破开挖。

3. 炮位平面布设方式

布孔方式有单排布孔及多排布孔两种。多排布孔又分方形、矩形及三角形（或称梅花形）三种。从能量均匀分布的观点看，以等边三角形布孔最为理想，农村公路宜采用三角形布孔，而方形或矩形布孔多用于挖沟爆破。

2.3.4 成孔

1. 人工打孔

人工打孔分为单人打孔、双人打孔和多人冲孔等方法。适合打孔量不大，缺乏钻孔设备或施工现场狭窄及炮孔深度不大的情况下使用。人工冲钎打孔适用于松软岩石；锤钎打孔适用于中等硬度以下岩石。

(1) 打孔工具

钢钎、冲钎一般用直径为 22～25mm 的实心钢，长度为 2.5～3.2m，端部根据岩石性质使用不同形式的刃口，常用刃口形式有扁圆形、折线形、十字形、凹形等，对较软岩石多用扁圆形刃口，钎头两边比钢钎直径宽 4～6mm；对坚硬岩石宜用折线形刃口，钎头两边比钢钎直径宽 2～3mm；有裂缝的岩石就用十字形刃口；较费钢钎和易使钢钎卷刃的岩石宜用凹形刃口。锤击法打孔，钢钎长度可根据需打孔的深度采用不同的长度，分组长度一般为 0.6～0.8m、1～1.5m、2～2.5m、3m，短钢钎用宽刃口，长钢钎用窄刃口，以保证孔壁圆直不卡钎。

(2) 操作方法

1) 冲击法由单人、双人或多人操作。单人操作为双手握钢钎往复用力提起下冲，做到提钎动作均匀，落钎重，并经常转动和灌水，以减少阻力，防止卡钎；如双人、多人冲钎，动作应做到协调一致。

2) 锤击法由单人、双人或三人操作。单人打孔，一手扶钎，一手抢锤；双人或三人打孔，一人扶钎，一或二人打锤。打锤要稳、准，落锤要直。每打一锤，提钎一次，并转动 30°～40°角，使孔圆顺，每打一段时间，应用掏勺掏出石粉石渣；打湿孔，每打 70～80 锤掏一次渣，每次注入水量应恰好使粉渣成为糨糊状，以便于掏出。

(3) 注意事项

1) 打锤人应站在掌钎人的侧面，脚要立稳，严禁打对面锤，扶钎要直，冲钎要注意保持钢钎的方向。

2) 开始打锤及中途换钢钎，应先轻打 10～20 锤，使钢钎温度稍升高后再猛扣，避免钎头脆裂。

3) 必须按炮孔布置位置、方向及深度进行打孔，打到要求深度后，要将孔内石粉杂质掏挖干净，用稻草或塞子将孔口塞好，避免泥块等掺入，严禁在已爆破后的残孔中继续钻孔。

4) 操作场地的障碍物及冰雪应清除干净。

5) 应经常对工具进行检查，不合要求的，及时更换。

2. 机械钻孔

机械钻孔具有劳动强度低、速度快、工效高，操作安全等特点。适用于工作量大，具有机具、场地条件及各种炮孔深度和硬度的岩石凿孔。机械钻孔由经过专门培养的技术工人操作。

3. 炮眼尺寸

(1) 炮眼深度

炮眼深度主要根据岩石的坚硬程度确定，公式如下：

$$L = C \cdot H$$

式中　L——炮眼深度（m）；

　　　H——爆破岩石厚度，即阶梯高度（m）；

　　　C——系数，由岩石种类查表 2-6 确定。

C 值表　　　　表 2-6

岩石种类	坚石	次坚石	软石
系数 C	1.0～1.15	0.85～0.95	0.7～0.9

(2) 炮眼孔径

根据经验可由孔深 L 确定查表 2-7。

孔径与孔深关系表　　　　表 2-7

孔径 d（mm）	32～35	35～40	40～50
孔深 L（mm）	2.5 以下	2.5～3.5	3.5～5.0

2.3.5 装药及堵塞

装药及堵塞是路基石方爆破的重要工序，要特别注意作业安全，每一工序都应严格按照安全规程进行操作，装炮人员必须由经技术培训，持有上岗证的有经验的炮工担任。

1. 雷管安装

当采用火雷管起爆时，应将导火索与火雷管按照要求结合在一起，叫雷管安装。此项工作必须在专门的加工房进行，安装步骤如下：

（1）清除杂物

安装前应检查雷管口内是否有杂物，发现杂物应在插入导火索前，用指甲轻轻弹出。

（2）切割导火索

用锋利的小刀按所需的长度从导火索卷中截取导火索，插入火雷管一端一定要切平，点火的一端可切成斜面，以便增大点火时接触面积。导火索的长度应保证操作人员有充分的时间撤离安全地点，最短不得小于 1.2m。

（3）插入雷管

将导火索段平整的一端轻轻插入火雷管内，与雷管的加强帽接触为止。不要把导火索斜面的一端插入管内。

（4）夹紧雷管

用专门的雷管钳夹紧雷管口，使导火索段固接在火雷管中。夹时不要用力过猛，以免夹破导火索。夹的长度不得大于 5mm，避免夹到雷管中的起爆炸药。如果是纸壳雷管可以采用胶布或细绳来固定导火索。

（5）检查雷管

安装完成的雷管应严格检查，不得有不合格情况，对于超过 5m 的深孔不准使用导火索起爆。

2. 药量确定

爆破一定量的岩石，需要相应数量的炸药，炸药量不足时，不能达到预期的爆破效果，用量过多时，又造成经济上和安全上的不良后果。用药量的多少，要根据炸药的品种、岩石的紧硬程度和缝隙情况以及临空面的多少、爆破方法、预计爆破岩石体积和现场施工经验等因素来确定。

爆破装药量多少与爆破体积、岩石硬软程度和单位岩石体积的消耗量有关。对于浅孔眼单位体积一般为：$0.4～0.7kg/m^3$；对于深孔眼一般为 $0.25～0.6kg/m^3$。岩石越硬，则装药量就越大。在农村公路施工中，通常用炮眼装药深度来控制装药量，一般炮眼装药深度为炮眼深度的 1/3～1/2，对于松动爆破装药高度可降到炮眼深度的 1/4～1/3。

为提高爆破效果，可选用空心炮（炮眼底部设一段不装药的空心炮孔）、石子炮（底部或中部装一部分石子）或木棍炮（用直径为炮孔直径 1/3，长 6～10cm 的木棍装在炮眼底部或中部）进行爆破。

3. 装药操作

装药是一项要求细致而具有危险性的工作，应由专业熟练的专职炮工担任。具体装药时必须遵守以下规定：

（1）装药前应对炮前进行验收和清理；对刚打成的炮眼应待其冷却后装药，湿炮眼应擦干后才能装药。

（2）严禁烟火和明火照明；无关人员应撤离现场。

（3）应用木质炮棍装药，严禁使用金属器皿装药；深孔装药出现堵塞时，在未装入雷管、起爆药柱前，可采用铜和木制长杆处理。

（4）雷管位置装在装药全长 1/3～2/3 处，要特别注意导火索（或电线）从炮眼内引出时不要牵得太紧，以防雷管与导火索脱落，并用木棍分段轻压捣实。堵塞时不得破坏起爆的线路。

（5）炮眼堵塞。炮眼的堵塞材料，一般为干细砂土、砂、黏土等。最好用一分黏土、三分粗砂，在最佳含水量下混合而成的堵塞材料。

在炸药装好后，先用砂灌入捣实，再用堵塞料堵满炮眼并捣实，在捣实时应注意防止弄断导火索和不要用力过猛，以防雷管受到振动引起爆炸。炮眼堵塞完毕后，洞口不要留有石块，以防爆破时飞石伤人。炮眼堵塞部分的深度，应大于最小抵抗线长度，否则可能产生冲天炮。

2.3.6 起爆及清方

起爆过程中，必须高度重视安全工作，反复宣传安全工作和安全知识，做到人人皆知。把炮眼堵塞好后，要规定统一时间点放，严禁随装随放。

1. 爆破警戒

（1）爆破工作必须有专人指挥。确定的危险区边界应有明显的标志，警戒区四周必须派设警戒人员。警戒区内的人、畜必须撤离，施工机具应妥善安置。预告、起爆、解除警戒等信号应有明确的规定。

（2）爆破时，个别飞散物对人员的安全距离不得小于表 2-8 的规定。

个别飞散物对人员的安全距离　　　　　表 2-8

爆破类型及方法	个别飞散物的最小安全距离（m）
1. 破碎大块岩石	
裸露药包爆破法	400
浅眼爆破法	300
2. 浅眼爆破	200（复杂地质条件下或未形成台阶工作面时不小于 300）
3. 浅眼药壶爆破	300
4. 蛇穴爆破	300
5. 深孔爆破	按设计，但不小于 200
6. 深孔药壶爆破	按设计，但不小于 300
7. 洞室爆破	按设计，但不小于 300

注：沿山坡爆破时，下坡方向的安全距离应比表内数值增大 50%。

2. 引爆

（1）导火索引爆

1）安全措施检查落实后，才能发出第二次信号，正式点炮。点炮人按事先考虑的顺序，迅速敏捷地进行点放。为了安全，点炮人手头应另外准备一根导火索，其长度与所点第一炮的导火索长度相等，在点第一炮时，点着自己手头这根导火索，如果炮未点完，手头这根导火索将燃尽，应迅速躲避到安全地点。

2）与此同时，点炮人应听炮声记住炮数，看是否与点放的炮数相等，以检查所点的炮是否都已爆炸。如数不等，至少等 30min 后，才能进入爆炸区处理瞎炮。即使数字相符，也要等 5min 后才能解除警戒，以防万一。

3）导火索起爆应采用一次点火法点火，其长度应保证点完导火索后人员能撤至安全地点，但不得短于 1.2m。不得在同次爆破中使用不同燃速的导火索。

4）露天爆破，一人连续点火的导火索根数不得超过 10 根，严禁使用明火点燃，严禁脚踩和挤压已点燃的导火索。

5）多人同时点炮时，每人点炮数应大致相等。必须先点燃信号管，信号管响后无论导火索点完与否，人员必须立即撤离。

6）爆破数应与装炮数相符。

7）雷雨季节应采用非电起爆法。

（2）电起爆安全事项

1）在同一爆破网络上必须使用同厂、同型号的电雷管，其电阻值差不得超过规定值（应控制在 ±0.2Ω 以内）。

2）必须严格检查主线、区域线、端线、电源开关和插座等的断通与绝缘情况，在联入网络前其各自的两端应短路。

3）爆破网络的连接必须在全部炮孔装填完毕，无关人员全部撤至安全地点后进行；连接应由工作面向起爆站依次进行，两线的接点应错开 10cm，接点必须牢固，绝缘良好。

4）用动力或照明电源起爆时，起爆开关必须放在上锁的专用起爆箱内，起爆开关箱和起爆器的钥匙在整个爆破作业时间里，必须由爆破工作的负责人严加保管，不得交给他人。

5）装好炸药包后，必须撤除工作面的一切电源；雷雨季节应采用非电起爆法。

3. 瞎炮处理

爆破后如有瞎炮，应由原炮工人员参加处理，采取措施安全排除，对于孔眼炮，可在距瞎炮的最近距离不小于 0.6m 处另行打眼爆破；当炮眼或装药不深时，也可用裸露爆破引爆。具体处理瞎炮的程序，应按国家现行的《爆破安全规程》GB 6722 的有关规定办理。

4. 清方及刷坡

当石方爆破后即可进行清方工作，清方包括：石方清除、边坡刷坡及边沟清理三项工作。清方要根据施工要求和石料利用情况分别处理，并应与路基填方配合处理，对于可采取块片石的石方清理，应与备料采集工作相互配合。清方可有人工清方和机械清方两种方式。石方边坡和边沟清理应严格按照设计图纸进行，掌握好边坡坡度，应逐层消除边坡危岩，个别侵入边坡内的突出石方应用小炮或用钎钻清刷，力求安全、整齐、美观。超挖边沟应用干砌或浆砌片石补齐。

撬动岩石必须由上而下逐层撬（打）落，严禁上下双重作业，不得将下面撬空使岩石上部自然坍落。撬棍的高度不宜超过人的肩膀，不得将棍端紧抵腹部，也不得把撬棍放在肩上施力。

总结农村道路石方施工的安全经验，编成顺口溜可供参考：

掌钎打锤好战友，做好安全很重要，不能东张和西望，精力集中第一条。
装炮本是单人活，不能围观来说笑，雷管数字要牢记，填塞切勿用力捣。
放炮警戒不可少，万一出事不得了，放炮事先派警戒，工人行人远处跑。
多处放炮要统一，不能个人先着急，信号不到不能点，听从指挥是关键。

2.3.7 质量控制与检测

1. 质量控制

石方路基施工质量主要是对石方爆破的控制，因此质量控制主要是对炮位选择、装药量限制、开挖尺寸等进行控制，其要点如下：

（1）施工中要把握好布孔、打眼深度、装药量、堵塞、起爆等关键工序。加强各工序的管理，要有专人进行检查，层层把好质量关。

（2）挖方边坡应顺直、大面平整，在刷坡过程中每下挖2～3m进行检测一次，确保设计坡度，当边坡偏陡时应及时纠正。当发生超炸，并影响边坡稳定时应及时补砌处理。

（3）接近路床底时，应注意控制好设计高程，宜采用密集的小排炮施工，眼底高一般低于设计高10～15cm，装药时宜在孔底留5～10cm孔眼，按松动爆破装药量。

（4）石方路基施工过程中，应实时处理裂隙水，采取有效的排水措施，不得影响路基边坡的稳定。

2. 质量检测

质量检测是控制施工质量的重要手段，检测工作应贯穿于施工全过程中，实时检测，发现问题实时纠正。

（1）石方路基检测项目及要求

石方路基检测项目及要求，详见表2-9。

石方路基检测项目　　　　　　　表2-9

项次	检查项目		规定值或容许偏差	检查方法和频率
1	压实		层厚和碾压遍数符合要求	查施工记录
2	纵断高程（mm）		+10，-30	水准仪：每200m测4断面
3	中线偏位（mm）		100	经纬仪：每200m测4点，弯道加HY、YH两点
4	宽度（mm）		符合设计要求	米尺：每200m测4处
5	平整度（mm）		30	3m直尺：每200m测4断面
6	横坡（%）		±0.5	水准仪：每200m测4断面
7	边坡	坡度	符合设计要求	每200m抽测4处
8		平顺度	符合设计要求	

（2）边坡检测

1）坡度尺法

边坡应符合设计坡度的要求，为此应在施工过程中，在一个工作平台（约3～4m）进行边坡坡度检测，以指导边坡进行修整。边坡坡度检测常用坡度尺法，坡度尺有三角尺和活动坡度尺两种。

2) 皮尺法

路堑下挖过程中，生产上还可采用"皮尺法"控制挖修坡面。

可先按横断面设计尺寸计算出 AA_1、AA_2、…、AA_n 应开挖的宽度，然后实测出不同高度处已开挖的宽度 l_1、l_2、…、l_n。

则施工尚需开挖宽度为：l_1-AA_1，l_2-AA_2，…l_n-AA_n 即可检查路基边坡开挖是否符合设计宽度要求。

(3) 高程检测（水平仪法）

在路基开挖施工过程中，高程的检测可以使用水平仪，具体做法是在路基中桩或者附近选择一个已知高程的控制点 A（或水准点），将水平仪架在任意点上，在施工路基断面上直立塔尺，通过测得读数可以计算出待测点的高程。

可用下面公式计算：

待测点的高程＝水平点的高程＋水平仪高度－塔尺的读数

如果由于地形及视线原因，可以通过多次换算将已知高程的控制点转换到待测点上。

(4) 尺寸检测

土基石方工程完成后应用皮尺对路基各部分进行检测，主要检测尺寸有：路基宽度、边沟宽度、边沟深度、碎落台宽度、平台宽度等。检测尺寸均应符合设计要求，并应在容许偏差以内。

2.4 特殊地质条件下的路基施工

2.4.1 水田地区路基施工要点

(1) 经过水田地区的路基施工前，应做好排水、排淤等工作。

1) 在水田内填筑路堤，必须先在距坡脚至少有 3m 处开挖有足够深度的排水沟，排除路基范围内的积水，再清除基底杂草和淤泥。在坡脚外筑起 50cm 高的田埂，以阻挡路基填土掉入沟中，排水沟应有 0.55%～1% 的最小纵坡。

2) 当地下水位高，路基又不可能提高到最小填土高度时，必须设置砂砾垫层、隔层或盲沟，以隔绝毛细水上升至路基。

3) 跨越水田的路基，应设有足够的灌溉涵管，以适应农田灌溉的要求。

(2) 路堤填土，不应用含有腐殖质的淤泥，宜使用透水性良好的土，如必须使用当地淤泥，应晒干、打碎、分层填筑，碾压密实。严禁挖取田间耕土，如需要远运取土时，应考虑取土后平整造田。

(3) 跨经水田的路堑，必须在坡顶上筑起拦水的田埂，田埂需认真夯实，以防止田间积水渗入路堑，田埂距路堑坡顶的距离依土质情况而不同，一般按下列原则办理：

1) 无弃土堆时，截水沟边缘至路堑顶的距离，一般不小于 5m，若土质良好，路堑边坡不高或沟内进行加固者，也可不小于 2m，湿陷性黄土路堑，截水沟至路堑顶的距离一般不小于 10m，并应加固防渗。

2) 有弃土堆时，截水沟应设于弃土堆上方，弃土堆坡脚与截水沟边缘间应留不小于

1m的距离。弃土堆顶部设2%倾向截水沟的横坡。

3）截水沟挖出的土，可在路堑与截水沟之间填筑土台，台顶应有2%倾向截水沟的坡度，土台坡脚离路堑外缘不应小于1m。

2.4.2 沿河地区路基施工要点

1. 河滩、海滩路堤

（1）在河滩和滨河修筑路堤时，应注意基底有无松软土层，路堤的浸水部分，一般用非黏质土填筑。

（2）路堤浸水部分的边坡坡度，应考虑浸水后的稳定性。一般较普通边坡放缓一级。峡谷地段，宜采用石质填料或建挡土墙或设置护道做冲刷防护处理。

（3）路堤边坡应考虑防护工程，防护高度为设计水位加波浪侵袭高度和壅水高度后，再加0.5m；在水流坡度较大、河滩宽阔的情况下，还应考虑弯段桥前水面横坡形成的附加高度。

（4）路堤施工期间应注意防洪，防洪工程宜在洪水期前完工。

2. 水库路堤

（1）道路通过水库的路堤，首先应查明库堤的稳定程度和是否符合公路的使用要求。如符合要求，应经当地水利部门同意后，尽量利用原有库堤，若原来库堤宽度不足时，应在水库外侧加宽，以筑路后不影响原有库堤为使用原则。如属新建水库，应争取路堤在水库蓄水前施工。

（2）对于在地方性小型水库堤上做路堤，路基高程适当提高，以备日后该水库改造时留有余地。

（3）水库库岸，由于水库及地下水位的变化，有可能发生崩塌，应采取足够抵抗波浪冲击的防护措施。在最低水位下，根据水库淤积情况，可采取轻型防护或不防护。

（4）路堤基底，在施工时已被库水浸泡，或蓄水引地、地下水位升高，而造成基底松软者，填筑前应先对基底加以处理。

（5）水库路基及防护，除按有关条文执行外，根据水库特点，尚应符合下列规定：

1）深水浸泡或急浪冲击的高路堤，宜在防护物顶面设置宽不少于2m的护道。

2）路堤长期浸水部分宜采用渗水性良好的土填筑。如有困难，必须用一般黏性土填筑时，应经过稳定性验算，确定水下边坡坡度，一般高度低于20m者，可采用1:2~1:3。

3）土质库岸防护，应根据路线位置，库岸高、低、陡、缓，浸水深、浅，工程缓、急，考虑分期处理。

2.4.3 泥沼和软土地区路基施工要点

（1）泥沼和软土具有含水丰富、抗切强度低、承载能力低的特点。在这种地区修筑路堤可能出现：路基基底土被压缩，产生较大的沉落；基底土被挤压塑流，向两侧或下坡一侧隆起使路堤下陷或滑动、坍塌等问题。

（2）在泥沼和软土地区修筑路堤，应遵守以下规定：

1）视地形情况将地表水排除，保持基底干燥。最好安排在有利季节施工。

2）最小填土高度应符合《公路路基设计规范》JTG D30—2004 的有关规定。

3）泥沼及软土区，原则上应填筑渗水性良好的土，其上可分层夯填一般土，每层填土不大于 30cm，不得已需采用淤泥作填料时，应将淤泥晒干粉碎，分层夯实。困难地段可采取特殊设计。

4）填筑路堤的土，应在坡脚 20m 以外挖取或远运填土。

5）填土应由路中心向两侧填筑，当填土高出水面后，要分层填筑，并压实。

（3）在泥沼地区修筑路基，如基底需要加固时，可视当地条件选用如下方法：

1）渗水垫层法：在路基底部，泥沼或软土表面铺投放层厚为 0.5～0.7m 的砂砾石或碎石材料，其宽度宽出路基坡脚两侧各 3m，在其上铺设反滤层，然后再以一般土层夯实作为路堤。

2）抛石法：在盛产石料地区采用不小于 30cm 的片石，从路堤中部向两侧抛石，使泥沼或软土向两侧挤出，待抛石填出水面后，用重型压路机压实，在其上铺设反滤层，然后再以一般土分层压实填土做成路堤。

3）反压护道法：在路堤两侧填筑适当高度和宽度的护坡道，以增加基底的稳定性。护坡道的高度为路基高的 1/3～1/2，宽度为基底宽度的 1/2 或 1/4。护道可用当地材料填筑。反压护道法施工简易，效果也较好。但只限于路堤高度不大于极限高度 5/3 倍～2 倍的情况下使用，同时还必须是非耕作区和土源丰富区。在耕作区需大量占用农田，因此最好不用或少用。

4）预压法：将路堤压至预压高度迫使底部软层挤出。为加速路堤沉落，有时在路堤两侧挖沟来配合挤出。这种方法适用于沼泽层很薄地区及当年不通车的路基工程。

5）爆破法：在相对稳定的泥沼或软土区施工，对稠度较小、回淤较慢的泥沼或软土，可先爆破后填筑；对相对不稳定、稠度较大的泥沼或软土，可先填筑后爆破；也可以在爆破前备好填料，然后随爆随填，爆破一段填筑一段。

6）反铺搭头草法：有条件时从路堤 20m 外取搭头草，紧密反扣基底中间，并进行夯实，其后用渗水良好的土找平再填路堤，视路堤高度可铺单层或双层搭头草。

7）柴排法：在林木丰富地区，可采用柴排或木排加固路堤基底，柴束直径为 10～15cm。在柴排或木排上填土时，应注意由两侧向中间或中间向两侧均匀填土。

8）砂井加固法：主要用于厚度较大的泥沼软土区。先在欲加固的地基表面钻孔，然后灌粗、中砂，即为砂井。井径一般为 10～30cm，间距一般为井径的 8～10 倍，平面上呈梅花形布置。当软土较薄或底层为透水层时，井深力求穿过软土层；软土层较厚时，砂井不必贯穿整个软土层，可通过稳定分析确定。

9）石灰桩法：也是在软土地基表面钻孔，钻孔方法与砂井法相同，只是在井内加入石灰，利用石灰遇水膨胀的性质，挤实土层，使软土地区的强度得以提高。

10）水泥桩法：做法与砂井桩相似，只是桩径大，一般为 50cm，间距和平面布置也与砂井桩相同，当桩孔钻成后，用气压泵将水泥粉灌入桩孔中，水泥粉吸收软土中的水分固结。水泥桩完成后，在离桩顶 1.0m 处，铺设塑料隔离栅（即土工布），再填土。用水泥桩承担路基荷载，这种方法的缺点是造价高。

11）水泥浆桩法：这种方法与水泥桩法相同，只是桩径小些，为 25cm，是用高压水泥浆泵将水泥压入桩孔，作用也与水泥桩法相同，由于所用设备多，造价比水泥桩法还要高些。

12) 换土法：以人工或机械将地基软土层挖除，换填强度较高的黏质土或砂、砂砾、卵石等渗水土。用这种方法可以从根本上改善地基特性，但是该方法仅适用于软土层较薄、上面无覆盖层的情况。

13) 侧向约束法：在路堤两侧设置木桩、板桩、钢筋混凝土桩或片石齿墙等，以限制地基的侧向变形。此类方法在软土层厚度较小且底部有较硬土层的情况下，效果很好。特别是在下卧层面形成的横坡时，尤其适用。

2.4.4 盐渍土地区路基施工要点

1. 一般规定

（1）盐渍土的含盐程度在容许范围时，可用作路堤填料。施工时，必须注意含盐量的均匀性。如将上下层盐土打碎拌合而含盐量不超过规定时，则表土不必铲除废弃。

（2）在有盐渍土范围内，应避免设置盲沟。在闭塞的积水洼地或常年潮湿的盐渍土地段填筑路堤时，应外运渗水土填筑，并考虑路堤沉落问题。

（3）内陆盆地干旱地区，如当地无其他适宜的填料，需用溶盐含量特大的土、含盐砂砾、盐岩等作填料时，应根据当地气候、水文地质等情况通过试验决定措施。

用石膏土作填料时，石膏含量一般不予限制，但应严格控制填筑密实度。路堤基底如为松散的石膏土，应先夯实。

（4）路基修筑在强盐渍化细颗黏土（黏质土，粉质土）地区，路基边缘至地下水位高度又不可能达到设计规定时，应在路堤边缘以下 40～60cm 厚度，采用 10～30cm 的砂砾（材料颗粒较粗，厚度可以采用小值），并在上下面各铺设一层 5～10cm 厚粗砂或石屑作为反滤层。

（5）盐渍土路基的施工，应自基底清除开始连续施工，即从基底到路堤表面一次完成，不可间断。在设置隔离层的地段，至少也应一次做到隔离层的顶部。

（6）盐渍土路堤的边坡值，没有水浸时，按表 2-10 采用；有水浸时，按表 2-11 采用。

无水浸盐渍土路堤边坡值表 表 2-10

路堤填土高度（m）	边坡值
小于 1.5	1∶1.5
大于 1.5	1∶2

有水浸盐渍土路堤边坡值表 表 2-11

水浸程度	填细粒土	填粗粒土	附注
短期浸水	1∶(2～3)	1∶(1.75～2)	当流水速度引起冲刷时边坡应加防护
长期浸水	不可用	1∶(2～3)	

2. 盐渍土路基处理

（1）排水

1）施工中应及时合理地布置好地表排水系统，不应使道路及其附近有积水现象。

2) 当路基两侧有取土坑时，取土坑底部距离地下水位不应小于 15~20cm；底部应向路堤外有 2‰~3‰排水横坡和不小于 0.2%的纵坡。

3) 当路基两侧无取土坑时，应设置纵向排水沟，并根据当地的地形、地势，设置必要的横向排水沟；两排水沟的间距，不宜大于 500m，长度不超过 2km。

4) 在排水困难地段或取土坑有被水淹没的可能时，应在路基一侧或两侧取土坑外边设置高 0.4~0.5m，顶宽 1m 的纵向护堤。

(2) 基底处理

盐渍土路基基底的处理，应视其软弱土体的含水量及地下水位而定。如含水量超过液限的土层在 50~100cm 时，需全部换填渗水性土；如含水量界于液限和塑限之间时，应铺 10~30cm 的渗水性土后，再填黏质土；如含水量在塑限以下时，可直接填筑黏质土。当清除软弱土体达到地下水位以下时，则应铺填渗水性土，并应高出地下水位 30cm 以上，再填黏性土。

在难以取得渗水性土的地区，应在路堤下部设可靠的防水措施（如用不透水的黏土层等），以隔断地下水的上升后患。

(3) 边坡加固

对于强盐渍土，不论其路基结构如何，边坡及路肩必须以砾石、碎石或黏土加固。长期浸水地段，需在高水位上 0.5m 设置护坡道，并予防护。

(4) 盐渍土地区，如表土含盐量超过设计规范的规定时，应在填筑路堤前予以挖除，挖除深度根据试验决定。

如路堤高度小于 1.0m 时，除将基底含盐量较重的表层土挖除外，应填渗水性土，其厚度不小于 0.7m。

(5) 路基压实和含水量的控制

1) 路基应分层压实，每层填土厚度，对黏质土不得大于 20cm，对细粒土质砂不得大于 30cm。压实标准按设计规范或设计要求办理。

2) 在干旱缺水地区，对路基填土可用加大压实功能的办法进行压实并应设法（如远运）洒水，使路基表层 20cm 的土层在碾压时达到最佳含水量。

3) 当填土含水量过大时，施工中除按设计挖好该地区排水沟外，可在取土坑附近挖盐土，分段填土晾干，分段压实。

4) 当地下水位高，对黏质土盐土地区，以夏季施工为宜；对细粒土的盐土地区，以春季和夏初施工为宜；强盐渍土地区，应在表层土含盐量降低的春季施工为宜。

2.4.5 黄土地区路基施工要点

1. 一般规定

(1) 用黄土填筑路堤时，若基底无不良地质现象或无地下水活动时，只须做好基底的夯实和两侧排水，可不做其他处理。在基底有水或地下水位较高的地段，如不能设法排干时，必须设置毛细水隔离层，或采取其他疏干和降低地下水位的措施。

黄土路堤边坡应整平拍实，防止雨水下渗。边坡上的坑洼处，应用当地黄土回填夯实。当边坡缓于 1∶1.5 时，坡面上宜铺设人工防护措施，防止雨水冲刷。

这里应注意，不得用黄土填筑浸水路堤。

(2) 黄土路堤的压实要求与一般黏土相同，压实黄土的最佳含水量，一般应根据试验确定。根据施工经验，老黄土的含水量在15%～20%，新土的含水量在10%。如含水量过小时，应采取适当加水，或改进压实工具和操作方法等措施，以保证压实质量。

(3) 黄土路堑边坡，应严格按设计坡度开挖，如设计为陡坡时（如1:0.1），施工中不可放缓，以免引起边坡冲刷。

路堑施工，当挖到接近设计高程时，应留一部分土方，经洒水后用重碾碾压，以保证路基面有足够的强度。预留度应按密实度要求经试验确定。

(4) 为防止路面水冲刷高路堤的边坡，可在路基边缘设护墙、拦水埂或加固边沟，将水引至路堑边沟，再排出路基范围。筑墙后的路肩宽度，应保证符合规范规定的路肩最小宽度，否则应加宽路基。当路堤较长时，也可选择适当位置，在路堤边坡上设置急流槽，将水引至坡脚以外不影响路基稳定处排除。

(5) 黄土地区，特别应注意加强路基排水，将水迅速引离路基范围之外，黄土地区的边沟、截水沟、排水沟的长度超过200m，而纵坡又大于表2-12的规定时，均应采取加固防止渗漏等措施。排水设备及出口也应采取适当的加固措施。

黄土水沟加固纵坡表 表2-12

黄土类别	新黄土	老黄土	红色黄土
纵坡度（%）	1～2	2～3	3～4
工程性质	湿陷性黄土		非湿陷性黄土

注：1. 二级公路宜采用表列较小值。
　　2. 表列数值根据该地区年平均降水量、汇流水量的分析采用。

2. 黄土陷穴处理

(1) 黄土陷穴处理方法及适用条件如下：

1) 灌砂法。本法适用于小而直的陷穴，以砂灌实整个洞穴。

2) 灌浆法。本法适用于洞身不大，但洞壁起伏曲折较大，并离路基中线较远的小陷穴，以水、黏土和砂拌匀后使用，需重复多次灌注，有时为了封闭水道，也可灌水泥砂浆。

3) 开挖回填夯实。本法适用于各种形状的洞穴。根据各种洞穴情况，进行开挖后重新回填，填料一般采用就地黄土分层夯实，为提高回填质量和工效，也可采用土坯砖砌的回填方法。

4) 导洞和竖井。本法适用于较大和较深的洞穴。由洞内向外逐步回填夯实，在回填前，应将洞穴内虚土和杂物彻底清除干净。当接近地面0.5m时，应用黏土或黏土加10%砂子回填夯实。

(2) 为防止陷穴再生，应将处理好的陷穴附近的地面水引离，并严防地面水流入处理好的陷穴内。

为防止产生新的黄土陷穴，应切实加强地面排水措施，并应防止形成地表积水及水流集中产生冲刷。

(3) 黄土陷穴的处理范围，应视具体情况而定，一般在路基填方或挖方边坡外。上侧50m，下侧10～20m，若陷穴倾向路基，虽在50m以外，仍应做适当处理。对串珠状陷穴应进行彻底处理。

2.4.6 岩溶地区路基施工要点

（1）对影响路基稳定的溶洞，不论采用何种方法处理，在施工中均不应堵塞溶洞水的出路。

（2）对于路基上方的岩溶泉或冒水洞，可采用排水沟将水引离路基，不宜堵塞；对路基基底的岩溶泉或冒水洞，宜设涵洞（管）将水排出；对流量较大的暗河及消水洞可用桥涵跨越通过。

（3）对路堑边坡上危及路基稳定的干溶洞，可用砌片石或浆片石堵塞；对于路基基底或挡土墙基底的干溶洞，当洞口不大，深度较浅时，可采用回填夯实；对于洞口较大、深度较深的溶洞，应采用绕避或用桥（涵）跨越；如顶板较完整，其厚度在5m以上时，可不做处理；当溶洞接近边沟而且较深时，可采用钢筋混凝土封闭，并应防止边沟水的渗漏。

（4）为了防止溶洞的沉陷或坍塌，以及处理岩溶水引起的病害，可视溶洞的具体情况分别采用洞内加固、盖板加固、桩基础加固、封闭加固、衬砌加固等方法。

对影响路基稳定的人工坑洞（如煤洞、古墓、枯井、掏砂坑等），应查明原因，进行妥善处理。

2.4.7 多年冻土地区路基施工要点

1. 一般规定

（1）多年冻土地区的路基，根据路基热理变化规律和热流平衡的原理其路基施工必须严格注意保护冻土处于热学稳定状态，因此，路基应尽量采用路堤形式，尤其在厚冰发育地段，应尽可能避免零填或浅挖断面，以免造成严重的热融沉陷等病害。

（2）多年冻土地区，土方工程施工的时间以5～10月初为宜。

2. 冻土保温措施及施工

（1）施工方法除少冰及多冰没有冻土地段可按一般季节性冻土地区施工外，饱冰冻土、含土冰层的路段，必须严格按照保护冻土的原则施工。即使路基填土高度不低于保护该类冻土所需的高度；路基坡脚20m以内严禁取土；设置保温护道，以减少影响路基的热效应，提高路基的热稳性，保温护坡的宽度以2～5m为宜，保温护道应有足够的厚度。

（2）加强路基侧向保护，注意路基排水。边坡、边脚、边沟防护可就地取材进行铺砌；也可采用草皮铺砌。草皮是良好的天然保温材料，可以大大提高路基的保温效果，减轻边坡热融陷塌等病害。对高含冰量冻土分布集中的路段，严禁坡脚滞水，路侧积水，同时注意施工后进行路容、护道、边沟、取土坑的平整和清理。

采用草皮保温时，草根应向上一层一层叠铺，最外一层草根需要带泥，以便拍实。采用泥炭保温时，表面应包上0.2m的黏土保护层。

草皮铺砌应上下错缝，彼此嵌紧，草皮块之间的缝隙用黏土或草皮严密填实，使草皮连成整体，以利草皮成活。

（3）地下冰较厚的路段，设置取土坑时，当地表横坡度陡于1:10时，取土坑应设在上坡一侧，距路堤坡脚不小于20m；在平坦路段，取土坑可设在路堤两侧，距路堤坡脚不小于10m。凡取土坑内有积水，应采取措施，使水及时排出路基外。

(4) 冻土泥沼地段的路堤应考虑预加沉落度。不论何类泥沼，为了保温需要，均不挖出换土。当路堤基底生长搭头草时，应利用搭头草作隔温层。路堤填料应选用渗水性良好的土。

当用细颗粒土填筑路堤，或在排水困难的低洼沼泽地段，路堤基底应设置毛细水隔离层，其厚度宜在路堤沉落后至少高出水面 0.5m。

(5) 在地下冰较发育的地段，开挖路堑时，基底应视需要部分或全部换填，基底及边坡均应铺设保护层。

含水量较高的细颗粒土，路堑边坡坡度以 1:1.5～1:2 为宜。

地下冰较发育的地段，应避免设置截水沟、排水沟，宜修筑挡水埝，若必须修筑排水沟时，宜设在路堑边坡坡顶 10m 以外。排水沟至路堤坡脚或保温护道坡脚的距离，不应小于 5m。

2.4.8 滑坡地段路基施工要点

(1) 对于滑坡的处治，应分析滑坡的外表地形、滑动面、滑坡体的构造、滑动体的土质及饱水情况，以了解滑坡体的形式和形成的原因，根据公路路基通过滑坡体的位置、水文、地质等条件，充分考虑路基稳定的施工措施。

(2) 路基滑坡直接影响到公路路基稳定时，不论采用何种方法处理，都必须做好地表水及地下水的处理。

(3) 对于滑坡顶面的地表水，应采取截水沟等措施处理，不让地表水流入滑动面内。必须在滑动面以外修筑1～2条环形截水沟；对于滑坡体下部的地下水源应截断或排出。

(4) 在滑坡体处治之前，禁止在滑坡体上增加荷载（如停放机械、堆放材料、弃土等）。

(5) 对于挖方路基上边坡发生的滑坡，应修筑一条或数条环形水沟，但最近一条必须离滑动裂缝面最小 5m 以外，以截断流向滑动面的水流。截水沟可采用砂浆封面或浆砌片（块）石修筑，滑坡上面出现裂缝须填土进行夯实，避免地表水继续渗入，或结合地形，修建树枝形及相互平行的渗水沟与支撑渗沟，将地表水及渗水迅速排走。

(6) 当挖方路基上边坡发生的滑坡不大时，可采用刷方（台阶）减重、打桩或修建挡土墙进行处理以达到路基边坡稳定，采用打桩时，桩身必须深入到滑动面以下设计要求的深度；采用修建挡土墙时，挡土墙基础必须置于滑动面以下的硬岩层上。同时，宜修筑排水沟、暗沟（或渗沟）排出地下水。滑坡较大时，可修建挡土墙、钢筋混凝土锚固桩或预拉应力锚索等方法处理。不论采用何种方法处理，其基础都必须置于滑动面以下的硬岩层上或达到设计要求的深度。同时宜修筑深渗沟、排水池涵洞（管）或集水井等排除地下水或修建地下截水墙截断地下水。

(7) 对于填方路堤发生的滑坡，可采用反压土方或修建挡土墙等方法处理。当滑坡较大时，采用反压土方或修建挡土墙、钢筋混凝土锚固桩、预拉应力锚索等方法处理，修建构造物的基础必须置于滑动面以下的硬岩层上或达到设计要求的深度。

(8) 对于沿河路基发生的滑坡，可修建河流调治构造物（如堤坝、丁坝、稳定河床等）、挡土墙等方法处理，其构造物的基础必须置于河流冲刷线以下设计要求的深度或硬岩上。

(9) 滑坡表面处治可采用整平夯实山坡，填筑积水坑，堵塞裂隙或进行山坡绿化固定表土。

2.4.9 崩坍、岩堆地段路基施工要点

（1）公路路基通过岩石容易崩坍地区不论采用何种方法处治，都必须排除崩坍地段对路基造成损坏的潜在威胁或隐患。

（2）在崩坍地区进行公路路基施工，必须采取预防岩石坍落的安全措施，以保障施工中的安全。

（3）公路通过岩堆地区不论采用何种方法处治，应尽量避免扰动岩堆体。保持岩堆稳定，施工时不宜破坏原有的边坡率，同时应处理好岩堆地段的渗入水及地下水。

（4）对于挖方边坡及原自然坡面岩石裂缝较多，岩石比较破碎，或由于雨水浸蚀容易引起风化，或由于冰冻作用而引起岩石剥落、破碎而容易发生崩坍的地段，施工中宜采用喷射水泥砂浆稳定，砂浆厚度宜为5～10cm；在气候条件比较恶劣或寒冷地区，厚度应为10cm以上；对于长而高或较陡的边坡，宜嵌入直径2～6mm、间距10～200mm的铁丝网（挂网）固定在边坡上，在1m^{2}内固定1～2处，然后再喷射水泥砂浆稳定，也可用浆砌片（块）石封面厚度应为30cm以上，并宜在2m^{2}内设置一处泄水孔。

（5）对岩石裂缝较大，节理比较发育，容易产生崩坍危险的边坡，宜用混凝土块、片（块）石浆砌铺筑处理，厚度应为30～40cm。

（6）在岩堆上部的挖方地段，如有塌落危险的危岩，用一般防护工程不能防止塌落时，应采用清除的办法处理（清除过程中，应做好安全防护措施，保障安全施工）或采用修筑防止落石工程如岩石加固（或锚固）工程，落石防护栅、防护棚等进行防护。

（7）在比较稳定的或厚度不大的岩堆上修筑路基，应设置护面墙或挡土墙。当设置上挡土墙时，其高度应达到与原岩堆的边坡率保持一致；设置下挡土墙时，应保持表面活动层的稳定，同时应设置泄水孔以排出渗入水或地下水。

（8）在比较大且稳定性较好的岩堆上修筑路基，应采用措施治理岩堆，保持岩堆的稳定，在开挖范围内，可采用注水泥砂浆使岩堆稳定后开挖，但应避免采用大、中型炮爆破，以防止岩堆体受扰动而滑移，同时宜修建护面墙或挡土墙以稳定岩堆，其设置高度应达到与原岩堆的边坡率保持一致，并应设置泄水孔排出渗入水或地下水。

对较大而稳定性较差的岩堆，应尽量避免路基通过，若必须通过时，应采用综合治理的办法处治岩堆，先修筑下挡墙稳定岩堆脚，然后在岩堆体上分段注入水泥砂浆，待岩堆体较稳定后，逐步开挖。边坡较长时，分阶梯形成边坡，或修筑护面墙稳定边坡，同时应做好岩堆体的排水工程。

2.4.10 季节性施工要点

1. 冬季施工

（1）冬季施工一般规定

1）昼夜平均气温在0℃以下，且连续15d以上进行施工时，称为冬季施工。凡冬季施工的路基项目，应按本规定办理。

冬季到来之前，应根据通车要求、经济效益、气候、地质情况、物资供应、施工能力等，充分做好冬季施工准备工作，其内容如下：

① 编制冬季施工组织设计（应包括工程数量、施工方法等）；

② 完成路基及人工构造物的放样工作，并做好明显标志，妥善保护，预防被雪掩埋的工作；

③ 在预定填筑路堤的斜坡上，清除草皮、开挖台阶等，并加掩盖，防止冻结；

④ 做好排除地面水或降低地下水位工作；

⑤ 清除预定开炸的石方路堑上的覆盖层；

⑥ 冬季用爆破方法开挖的土方工程，当炮眼内不易进水时，应在冻结前钻好炮眼；

⑦ 修筑高路堤或泥沼地区的路堤，应预先找好取土场地，做好排水工作，并清除地表覆盖层，修好运输便道；

⑧ 做好筑路机械及附属设施的防冻、防火工作；

⑨ 修建冬季施工人员防寒棚，设置取暖设备，并做好防火工作。

2）冬季施工可以安排的项目如下：

① 泥沼地区，当冻结深度是能承载施工机具设备安全通过时，可安排修筑运输便道，填筑路堤，当路堤基底需要挖除时，可在冬季冻结后挖除；

② 在含水量过高或流动的土质中，可利用洒水冻结开挖路堑；

③ 河滩地段，可利用冬季水位较低，安排取土或修建防护工程，开挖路坑；

④ 在岩石、干燥砾石、卵石及砂质土中，冬季可开挖路堑或用上述材料填筑路堤；

⑤ 可安排开炸石方和开挖多年冻土；

⑥ 清除场地时，可安排砍伐不需挖除树根的树木和灌木丛。

3）冬季施工不宜安排的项目：

① 清除已冻结的草皮和挖台阶；

② 小型水沟、水渠、护坡道、导流堤等的填挖；

③ 整修潮湿砂砾石路基的黏性土质路基；

④ 用含水量较大的黏土填筑路堤；

⑤ 在不良地段的陡坡上修筑路基；

⑥ 在河边低地用冻结及融解的黏土，分层填筑的水淹部分等。

4）为了避免冻结深度的增加，施工段地上的积雪，只许在动工时清除。

冬季施工过程中，对取土坑、路堤和路堑的土，应采取防冻措施，一般采用松土或草袋装草覆盖和组织昼夜不间断施工。

用积雪保温时，对初期下的雪应予扫除。后期下的雪不融化时，应保留，下雪前将土翻松效果更好。

5）冻土预融，视施工需要和当地条件及设备情况可分别采用如日光晒土法、火烤法、热水开冻法、水针开冻法、蒸汽放热器开冻法、蒸汽开冻法、电热法等。

(2）冬季路堤填筑

1）在填筑路堤之前，应将基底范围内的积雪和冰块清除干净，坑洼处应填以与基底相同的未冻土，并进行夯实。

2）冬季筑堤用土，除按一般路堤填料规定外，不得使用含有草皮的土，以及含水量过高的未冻结土或冻结土作为填料，不得将冰雪混在土石内填筑。

3) 用冻土填筑时，冻块周围应填以未冻土。冻土块不宜大于15cm，冻土体积不宜超过总体积的30%；路面基层以下1m不得填筑冻土，应用未冻结土或透水性良好的土填筑。

如加宽路堤两侧时，应采用渗水性土填筑，施工中应不断清除边坡和台阶上的冰雪，并应分层仔细夯实。

4) 冬季筑路堤时，每天下班前应将当天填土平整，夯实完毕。如遇降雪，应及时清除干净后再填。如中断工作时间较长时，工作面应清除积雪。

5) 冬季填筑路堤应分层填平，并减薄夯压层，夯压层的厚度应较暖季标准减少20%～30%，并应增加重叠夯实遍数，其压实度不低于一般路堤的密实度要求。

6) 冬季填筑路堤时，尚应遵守以下规定：

① 预留沉落量。根据土的性质、冻土含量、填土高度以及施工方法而定，见表2-13所示。

冬季施工填筑路堤的预留沉落量（以路堤高度%计）　　　　表2-13

路堤高度(m) 土的种类	冻土含量(%) 0.15			15.20		
	<4	4～10	>10	<4	4～10	>10
细粒土质砂	$\frac{1.5}{1}$	$\frac{1}{0.5}$	$\frac{1}{0.5}$	$\frac{2.5}{1.5}$	$\frac{2}{1}$	$\frac{1}{0.5}$
黏质土	$\frac{4}{1}$	$\frac{3}{1}$	$\frac{1.5}{0.5}$	$\frac{7}{2}$	不允许	
粉质土	$\frac{6}{1.5}$	$\frac{4}{1}$	$\frac{3}{1}$	$\frac{12}{3}$	不允许	

注：1. 表中数值，分子为用汽车运填时的沉落量值；分母为用推土机或铲运机运填时的沉落量值。
　　2. 如冻土含量超过20%以及用人工夯打时，预留沉落值可比照表列数值酌量提高。
　　3. 细粒土质砂、黏质土、粉质土相应《85规程》中的砂性土、黏性土、粉性土。

② 用非渗水性土填筑路堤时，应按冬季施工的平均温度控制其填筑高度与气温的关系，见表2-14所示。

平均温度与填筑高度表　　　　表2-14

施工期间平均温度(℃)	−20	−15	−10	−5
路堤最大高度(m)	2.5	3.5	4.5	不限

用砂砾、砂和石块填筑路堤时，填方高度不受气温限制。

③ 冬季填筑路堤，应分层，并按横断面全宽平填，其分层厚度，应根据冻块大小、夯压机具及运土方法等决定，但不宜超过表2-15所列厚度。

运土方法与分层厚度表　　　　表2-15

分层厚度(m) 土质种类	运土方法 人工运送	畜力运送	汽车运送
砂土、细粒土质砂	0.25	0.35	0.50
黏质土、黏土	0.20	0.20	0.20

④ 路基土方工程的填挖分界处,应在冬季做完,或留在天暖后用解冻土填筑夯实。

7) 涵洞缺口路堤,涵身两侧及涵顶1m内,应用未冻结土分层填筑,其高度须高出涵顶至少1m。

桥头锥形护坡,应用未冻结土与桥头路堤同时分层填筑,在有路面的道路范围内的管沟不得用冻结土回填。

8) 冬季开挖取土坑时,容许拉槽,但应加宽护坡道,以便春融时,按计划坡度修整靠路基一侧边坡后,护坡道仍有符合要求的宽度。

(3) 冬季路堑开挖

1) 开挖干土路堑,当深度不超过3m时,底部可按全宽开挖,边坡按1:0.2进行施工;开挖湿土路堑或深度超过3m的路堑,边坡可挖成垂直的台阶,每一台阶高度不应超过1.5m,阶台宽≥1m,留下的边坡台阶待天暖时再行修挖。

2) 冬季挖路堑,严禁采用先掏挖底层未冻土,再崩打上层冻土的挖土方法(俗称挖"神仙土")。留在边坡上的遮檐应随时除去。所余边坡修削及开挖边沟等工作,应待天暖时再进行施工。

3) 冬季挖堑时,弃土堆坡脚至堑顶间距离,应比一般规定增加,当弃土堆高度在2m以下时,宜增加1.5m;在2m以上时,宜增加2.5m。弃土堆应摊开整平。

4) 冬季开挖纵坡等于或小于0.5%的路堑,应使路基中心至两侧有不小于4%的横坡,以便春融期排除地面积水。

5) 冻土开挖或松碎,宜采用爆破法。破土宜采用炮眼法和蛇穴法。当冻土层厚度小于2m时,炮眼深度为冻土层的0.75~0.90倍,炮眼间距约为冻土层厚的1.3倍,并应按梅花式排列;冻土层厚度小于0.7m时,宜将炮眼钻到冻结土下0.15~0.20m。

采用蛇穴法时,蛇穴长度为爆破层厚度为1~1.2倍,蛇穴应设在未冻结的下层土中。

6) 采用机械破碎冻土时,厚度在0.6~1m的冻土,可用打桩机、挖土机械吊起各种落锤打碎冻土,或将钢钎打入土中崩土。

用正铲挖土机开挖冻结厚度015~0.25m的冻土时,或用拉铲挖土机挖冻结厚度小于0.1m的冻土时,均不必先打碎。

7) 当土方量不大,冻结不深时,可用铁镐、钢楔、撬棍、大锤、楔锥等手工工具或其他半机械化工具松碎冻土。

8) 冬季开炸石方,其施工方法与一般爆破法相同,但安全设备应较完备,放炮人员行走道路的冰雪应及时清扫干净。

2. 雨季施工方法

(1) 雨季施工可以安排的项目

路基石方的填挖;砂砾石、土夹石或砂性路堤的填筑和路堑开挖;挖方高度小,运输距离较短的土质路堑开挖等。

(2) 雨季施工土石方的填挖方法

1) 雨季的斜坡地带修筑路堤时,或从取土坑内取土作填料时,应在其上方开挖一条截水沟,将水截住排起,开挖水沟的土方可以填筑路堤。

2) 雨季在丘陵地区或山岭地区修筑路基时,应将山沟水流或流洼地水流引至附近桥涵处,或预留的桥涵缺口处,以免冲毁已筑好的路堤。

3）雨季填筑路堤，应特别注意填料的选择，如土质过湿，应将其风干后再用。雨季开挖石方时，在挖土面和工作地点都应随时保持一定的坡度，以便雨后立即复工；如挖掘的土方有地下水渗出，雨后场地一时不能干燥者，应挖纵横排水沟或修筑盲沟，将水引出，降低地下水位。

4）雨季的土质路堤施工，应做到土料随挖、随运、随铺、随压，待其风干后再用。雨季开挖石方时，每层表面应有 $2\%\sim3\%$ 的横坡，并应整平。雨前和收工前必须将铺填的土夯压完毕。

5）雨季开挖石方应尽量利用水平炮眼，以免炸药受潮发生瞎炮。

6）开挖石质边坡，必须采用自上而下按设计边坡层层刷坡的办法，并应及时复核坡度，使边坡在雨水冲刷时保持稳定。

第 3 章　路基排水及防护工程施工技术与管理

3.1　路基排水设施施工

3.1.1　路基排水的一般知识

1. 名词术语

（1）路基排水

路基排水是指为保持路基具有足够的强度和稳定性，将路基范围内的土体湿度降低到一定的范围内所采取汇集、排除地表水和地下水的措施。它包括地表排水和地下排水两部分。路基设计时，必须考虑将影响路基稳定性的地表水排除、排截于路基范围之外，并防止地表水漫流、滞积或下渗；对于影响路基稳定性的地下水，则应予以隔断、疏干、降低，并引导至路基范围以外的适当地点。

（2）路界地表排水

路界地表排水是指公路范围的表面排水，包括路面排水、中央分隔带排水、路基边坡坡面和路界范围内地表坡面排水，以及排除有可能进入公路界毗邻地带的地表水和由交叉道路流入路界内的地表水。路界地表排水设施不应兼作其他流水用途，其布设应充分应用地形和天然水系，形成完善的排水系统，并做好进出水口位置的选择和处理，使水流顺畅，不致出现堵塞、溢流、渗漏、冲刷、冻结等，造成对路基路面和毗邻地带的危害。地表排水设计应与坡面防护工程综合考虑，采取有效措施防止坡面岩土冲刷和失稳。地表排水沟管排放的水流不得直接排入饮用水源，也不宜直接排入养殖池、农田等。

（3）地下排水

地下排水是指为防止地下水危及路基稳定（包括整体稳定和局部稳定）或者影响路基强度而根据具体情况采取拦截、旁引、排除含水层的地下水，降低地下水或者疏干土体内地下水的措施。常用的地下排水设备有暗沟、渗沟和渗井等，其特点是排水量不大，主要以渗流方式汇集水流，并就近排至路基范围以外；排水效能往往要过一段时间后才能得到发挥。同时，应采取措施防止地表水排水下渗而造成对地下水的补给，也不允许将地表水排入地下水排水设施内。地下水可以排放到路界地表排水系统中，但出水口处的地下水必须处于无压状态，其构造复杂，且不易维修，改建困难，在路基建成后又难以查明失效情况，因此要求地下排水设备牢固有效。

（4）边沟

边沟是指设置在挖方路基的路肩外侧或低路堤的坡脚汇集并排除路基范围内和流向路基的少量表面水的纵向水沟。边沟的作用是减轻水对路基和路面的浸湿。边沟紧靠路基，通常不允许其他排水渠的水流引入，亦不能与其他人工沟集合并使用。边沟不宜过长，尽量使沟内水流就近排至路旁自然水沟或低洼地带，必要时添设涵洞，将边沟水引入路基另一侧。其纵坡（出水口附近除外）一般与路线纵坡相同。边坡路段，边沟仍应保持0.3%～0.5%的最小纵坡。边沟排水量不大，一般不需要进行水文、水力计算，依沿线具体条件，选用标准断面形成。常用横断面形式有梯形、矩形、三角形及流线型等四种类型。矩形和梯形边沟的底宽和深度不应小于0.4m。

(5) 截水沟

截水沟是指设置在挖方路基边坡坡顶以外或山坡路堤上方适当地点，用以拦截并排除路基上方流向路基的地面径流，减轻边沟的水流负担，保护挖方边坡脚不受流水冲刷的水沟。截水沟又称天沟，挖方路基的截水沟应设置在坡顶5m以外（地质不良地段宜大于10m），填方路基上侧的截水沟距填方玻脚的距离不应小于2m。在多雨地区，视实际情况可设置一道或多道截水沟，截水沟应结合地形和地质条件沿等高线布置，应尽量与绝大多数地面水流方向垂直，以提高截水效能和缩短沟的长度。截水沟的横断面形式一般为梯形，边坡视土质而定，一般采用1:1.0～1:1.5深度及底宽不宜小于0.5m，沟底纵坡不应小于0.5%，截水沟应保证水流通畅，就近引入自然沟内排出，必要时配以急流槽或涵洞等泄水结构物引入指定地点。

(6) 排水沟

排水沟是指将截水沟、边沟和路基附近低洼处汇集的水引排至路基范围以外指定地点的水沟。排水沟横断面一般为梯形，边坡可采用1:1.0～1:1.5，尺寸应根据水力水文计算确定，深度与宽度不宜小于0.5m，为保证排水沟畅通，不致流速太大而产生冲刷，亦不致流速太小而形成淤积，排水沟纵坡宜在0.5%～1.0%，不宜小于0.3%，亦不宜大于3%，其位置可根据需要并结合当地地形条件而定，离路基尽可能远些。排水沟长度不宜超过500m，与各种水沟的连接应顺畅。

(7) 盲沟

盲沟是指在路基或地基内设置的充填碎石、砾石等粗颗粒材料并铺以反滤层（有的其中埋设透水管）的地下排水设施。由于沟内分层填以大小不同的颗粒材料，利用填料间空隙将地下水汇集于沟内，并沿沟排泄至指定地点，这种构造相对于管道流水而言，习惯上称之为盲沟，在水力特性上属于紊流。沟槽内全部填充颗粒材料，可以理解为简易渗沟，也有的称之为填石渗沟。其构造比较简单，横断面成矩形，亦可做成上宽下窄的梯形。盲沟排水能力较小，不宜过长，沟底应设1%～2%纵坡，出水口底面高程应高出沟外最高水位20cm，以防水流倒渗。

(8) 暗沟

暗沟是指设在地面以下引导水流的沟渠，无渗水和汇水利用，当路基范围内遇有泉眼，泉水外涌时，为将泉水引至填方坡脚以外或挖方边沟内加以排除，可在泉眼与出口之间开挖沟槽，修建暗沟，有中央分隔带的弯道处也可采用暗沟或暗管排除积水。暗沟的构造一般比较简单。泉井壁可采用浆砌片石砌筑，沟顶设置混凝土或石盖板。沟底纵坡不小于1%，采用暗管排水时，管底纵坡不应小于0.5%，如出口处为边沟，暗沟底应高出边沟最高水位20cm以上，以免水流倒灌。同时，应防止泥土或砂砾落入沟槽或泉眼，以免堵塞。暗沟流量一般不予计算。

(9) 渗沟

渗沟是指在地面下或路基内设置的排水沟管，采用渗透方式将地下水汇集于沟内，并通过沟底通道将水排至指定地点。当路线所经地段遇有潜水、层间水、路堑顶部出现地下水，或地下水位较高，影响路基稳定性时，需要修建渗沟将水排除。渗沟由排水层（或排水管、排水洞）、透水性回填材料和反滤层或反滤织物及封闭层组成，以拦截、疏干并排除或降低地下水位。封闭层的作用是防止土粒落进填充石料的孔隙，以免造成渗沟堵塞，同时也能起到防止地面水渗入沟内的作用。反滤层的作用是汇集水流，并用以防止含水层中土粒堵塞排水层。渗沟按构造可分为：盲沟式渗沟、洞式渗沟和管式渗沟；按作用可分为：截水渗沟、降低地下水位渗沟、边坡渗沟以及支撑渗沟。渗沟尽可能与地下水流向垂直，使之能拦截更多的地下水，沟内用作排水和渗水的砂石材料应经过筛选和清洗。

2. 路基排水的原则

水是造成路基及沿线结构物病害以及破坏的一项重要因素。对路基有危害的水分为地面水与地下水两大类。

地面水包括雨水、雪水及大小河沟溪水等，这是路基排水的主要方面，也是对路基造成危害的主要水源。

地下水包括包气带水、潜水及层间水等，它们对路基的危害程度因埋藏情况而异，轻者能使路基湿软，降低路基强度和路面的承载力；重者会引起冻胀、翻浆或造成边坡滑塌，甚至整个路基沿倾斜基底滑动。

农村公路排水设计应遵循以下原则：

（1）各级农村公路应根据沿线的降水、地质水文及当地水利、集雨设施等具体情况，设置必要的路基排水和路面排水设施，并与沿线桥涵配合，形成良好的排水系统。

（2）全面规划，合理布局，少占农田，并与当地排灌系统协调，防止冲毁农田及其水利设施，重视环境保护，防止水土流失和水源污染。

（3）尽可能因地制宜、就地取材，从而降低造价。

（4）各项排水设施和构造物的设计均应考虑便于施工、检查和养护维修。

（5）穿越较大乡镇的公路，其排水设计应与乡镇现有或规划的排水系统相协调。

（6）排水设施要重视公路建成后的后期完善，如边沟加固、截水沟布设以及高填方段急流槽的设置等，根据公路建成前后的养护经验而定。

（7）对于山区重点地段的排水设施要单独设计。例如，在回头曲线和急转弯段，要注意涵洞的正确设置，使水可以通畅地经由边沟和涵洞构成的排水系统排出路基范围；在陡坡路段，要防止边沟的冲刷，在高填方路段，要论证是否需要设置急流槽等路面集中排水设施。

（8）山区路段路基排水要与路基防护设置相符合，发挥综合作用。

（9）黄土、膨胀土、盐渍土、多年冻土、滑坡等软土特殊地区（段）的公路，其排水设计应结合该工程的其他处治措施综合进行。要求符合相关规范的有关规定。

（10）公路桥涵应根据因地制宜、就地取材、便于施工和养护的原则，合理选用适当的桥（涵）型。

3.1.2 路基排水设施施工要求及要点

1. 边沟施工要求及要点

（1）挖方地段和填土高度小于边沟深度的填方地段均应设置边沟。路堤靠山一侧的坡脚应设置不渗水的边沟。

（2）为了防止边沟漫溢或冲刷，在平原区和山岭重丘区，边沟应分段设置出水口，多雨地区梯形边沟每段长度不宜超过300m，三角形边沟不宜超过200m。

（3）平曲线处边沟施工时，沟底纵坡应与曲线前后沟底纵坡平顺衔接，不允许曲线内侧有积水或外溢现象发生。曲线外侧边沟应适当加深，其增加值等于超高值。

（4）边沟的加固：土质地段当沟底纵坡大于3％时应采取加固措施；采用干砌片石对边沟进行铺砌时，应选用有平整面的片石，各砌缝要用小石子嵌紧；采用浆砌片石铺砌时，砌缝砂浆应饱满，沟身不漏水；若沟底采用抹面时，抹面应平整压光。

2. 截水沟施工要求及要点

（1）截水沟的位置：在无弃土堆的情况下，截水沟的边缘离开挖方路基坡顶的距离视土质而定，以不影响边坡稳定为原则。如系一般土质至少应离开5m，对黄土地区不应小于10m并应进行防渗加固。截水沟挖出的土可在路堑与截水沟之间修成土台并进行夯实，台顶应筑成2％倾向截水沟的横坡。

路基上方有弃土堆时，截水沟应离开弃土堆坡脚1～5m，弃土堆坡脚离开路基挖方坡顶不应小于10m，弃土堆顶部应设2％倾向截水沟的横坡。

（2）山坡上路堤的截水沟离开路堤坡脚至少2.0m，并用挖截水沟的土填在路堤与截水沟之间，修筑向沟倾斜坡度为2％的护坡道或土台，使路堤内侧地面水流入截水沟排出。

（3）截水沟长度超过5.0m时应选择适当地点设出水口，将水引至山坡侧的自然沟中或桥涵进水口，截水沟必须有牢靠的出水口，必要时须设置排水沟、跌水或急槽。截水沟的出水口必须与其他排水设施平顺衔接。

（4）为防止水流下渗和冲刷，截水沟应进行严密的防渗和加固，地质不良地段和土质松软、透水性较大或裂缝较多的岩石路段，对沟底纵坡较大的土质截水沟及截水沟的出水口，均应采用加固措施防止渗漏和冲刷沟底及沟壁。

3. 排水沟施工要求及要点

（1）排水沟的线形要求平顺，尽可能采用直线形，转弯处宜做成弧线，其半径不宜小于10m，排水沟长度根据实际需要而定，通常不宜超过500m。

（2）排水沟沿路线布设时，应离路基尽可能远一些，距路基坡脚不宜小于3～4m。

（3）当排水沟、截水沟、边沟因纵坡过大产生水流速度大于沟底、沟壁土的容许冲刷流速时，应采取边沟表面加固措施。

4. 跌水与急流槽施工要求及要点

（1）跌水与急流槽必须用浆砌圬工结构，跌水的台阶高度可根据地形、地质等条件决定，多级台阶的各级高度可以不同，其高度与长度之比应与原地面坡度相适应。

（2）急流槽的纵坡不宜超过1∶1.5，同时应与天然地面坡度相配合。当急流槽较陡时，槽底可用几个纵坡，一般是上段较陡，向下逐渐放缓。

（3）当急流槽很长时，应分段砌筑，每段不宜超过10m，接头用防水材料填塞，密实无空隙。

（4）急流槽的砌筑应使自然水流与涵洞进、出口之间形成一个过渡段，基础应嵌入地面以下，基底要求砌筑抗滑平台并设置端护墙。

路堤边坡急流槽的修筑，应能为水流入排水沟提供一个顺畅通道，路缘石开口及流水进入路堤边坡急流槽的过渡段应连接圆顺。

5. 地下排水沟和暗沟施工要求及要点

（1）当地下水位较高，潜水层埋藏不深时，可采用排水沟或暗沟截流地下水及降低地下水位，沟底宜埋入不透水层内。沟壁最下一排渗水孔（或裂缝）的底部宜高出沟底不小于 0.2m。排水沟或暗沟设在路基两侧时，宜沿路线方向布置，设在低洼地带或天然沟谷处时，宜顺山坡的沟谷走向布置。

（2）排水沟或暗沟采用混凝土浇筑或浆砌片石砌筑时，应在沟壁与含水地层接触面的高度处，设置一排或多排向沟中倾斜的渗水孔。沟壁外侧应填以粗粒透水材料或土工合成材料作反滤层。沿沟槽每隔 10～15m 或当沟槽通过软硬岩层分界处时应设置伸缩缝和沉降缝。

（3）暗沟的构造形式

1）两侧边沟下设盲沟

路基两侧边沟下面均设盲沟，用以降低地下水位，防止毛细水上升至路基工作范围内，形成水分积聚而造成冻胀翻浆或土基过湿而降低强度等。

2）一侧边沟下设盲沟

一侧边沟下面所设的盲沟，用以拦截流向路基的层间水，防止路基边坡滑坍和毛细水上升危及路基的强度与稳定性。

3）挖填交界处横向盲沟

设在路基挖方填方交界处的横向盲沟，用以拦截和排除路堑下面层间水或小股泉水，保持路堤填土不受水害。

（4）盲沟的沟槽内全部填满颗粒材料，可以理解为简易盲沟，其构造比较简单，横断面成矩形，亦可做成上宽下窄的梯形，沟壁倾斜度约 1∶0.2，底宽 b 与深度 h 大致为 1∶3，深约 1.0～1.5m，底宽约 0.3～0.5m。盲沟的底部中间填以粒径较大（3～5cm）的碎石．其空隙较大，水可在空隙中流动。粗粒碎石两侧和上部，按一定比例分层（层厚约 10cm）填以较细粒径颗粒料，逐层粒径比例大致按 1/6 递减。盲沟顶部和底面，一般设有厚 30cm 以上的不透水层，或顶部设有双层反铺草皮。

简易盲沟的排水能力较小，不宜过长，沟底具有 1%～2% 的纵坡，出水口底面高程应高出沟外最高水位 20cm，以防水流倒渗。

寒冷地区的暗沟，应做防冻保温处理或将暗沟设在冻结深度以下。

3.1.3 路基排水设施质量控制及检测

1. 质量控制

（1）路基施工中应校核全线排水系统的设计是否完备和妥善，必要时应予以补充和修改，使全线的沟渠、管道、桥涵构成完整的排水系统。

（2）路基施工中，必须按设计要求首先做好排水工程以及施工场地附近的临时排水设施，然后再做主体工程。在无条件时，排水工程可与路基同步施工，并随施工进度逐步成型。

（3）在路基施工期，不得任意破坏地表植被或堵塞水路；各类排水设施及时维修和清理，保持其完好状态，使水流畅通，不产生冲刷和淤塞；临时性排水设施应尽量与永久性排水设施结合起来。

（4）在平曲线处边沟施工时，沟底纵坡应与曲线前后沟底纵坡平顺衔接，不允许曲线内侧有积水或外溢现象产生，曲线外侧边沟应适当加深，其增加值等于超高值。

（5）土质地段当沟纵坡大于3‰时应采取加固措施。采用干砌片石对边沟进行铺砌时，应选用平整面的片石，各砌缝要用小石子嵌紧；采用浆砌片石铺砌时，砌缝隙砂浆应饱满，沟身不漏水，若沟底采用抹面，抹面应平整压光。

（6）浆砌片石工艺。浆砌片石时应利用片石的形状相互交错地衔接在一起。应先铺浆再安放片石，经左右揉动几下后，再用手锤轻击，将下面砂浆挤压密实。在座浆和相邻石块上铺抹砂浆后砌筑下块片石。片石应分层砌筑，一般2～3层砌块组成一工作层。每一工作层的水平缝应大致找平，各工作层竖缝应相互错开，不得贯通。角石、面石应先选择形状较为方正及尺寸较大的片石，砌筑时应长短相同地里外层砌块咬接。砌缝宽度一般不大于4cm，用小石子混凝土砌筑时，可为3～7cm。竖缝较宽时，可以填塞小石块。

（7）浆砌卵石工艺。浆砌河卵石应选择扁平者为佳，圆形和薄片状卵石不能用。砌筑时应先清洗，把较大及平整的卵石略加修整作为外露面，角石则选用块石加工而成。各层河卵石应分层平砌、互相交叠，错开砌缝，摆放合适后再铺砂浆，然后挤紧压密。砌缝砂浆必须饱满，孔隙应与铺砌面平行。浆砌时，一般应设置砂砾或碎石垫层。垫层厚10～15cm。在铺垫层前先将基底及坡面整平拍实，卵石长砌扁立，对不易衔接的卵石，可以上下层反向倾倒。

（8）浆砌预制块工艺。对混凝土预制块，应根据砌体的高度与长宽尺寸设计分层厚度。设计砌块厚度时，应保证砌块能使一个人搬动。砌缝应横平竖直，砌缝宽度不应大于2cm，上下层竖缝错开距离不应小于10cm。

2. 质量检测

（1）外观及尺寸鉴定

1）各类排水设施的位置、断面、尺寸、坡度、高程及使用材料应符合设计图纸要求。

2）沟渠边坡必须平整、稳定，严禁贴坡。

3）排水设施要求纵坡顺适，沟底平整，排水畅通，无冲刷和阻水现象。

4）边沟要求线形美观，直线线形顺直，曲线线形圆滑。

5）各类防渗加固设施要求坚实稳定，表面平整美观。浆砌片石工程砂浆配合必须符合试验规定，砌体咬扣紧密，嵌缝饱满、密实，勾缝平顺无脱落，缝宽大体一致。干砌片石工程要求咬扣紧密、错缝，禁止叠砌、贴砌和浮塞。

（2）检测项目及要求

1）土沟实测项目如表3-1所示。

土沟实测项目　　　　表3-1

项次	检查项目	规定值或允许偏差	检查方法和频率
1	沟底高程（mm）	+0，-30	水准仪：每200m测4处
2	断面尺寸（mm）	不小于设计	尺量：每200测2点
3	边坡坡度	不陡于设计	尺量：每200检查2处
4	边棱直顺度（mm）	50	尺量：20m拉线，每200m检查2处

2) 浆砌加固排水沟实测项目如表 3-2 所示。

浆砌加固排水沟实测项目　　　　　　表 3-2

项次	检查项目	规定值或允许偏差	检查方法和频率
1	砂浆强度（MPa）	在合格标准内	
2	轴线偏位（mm）	50	经纬仪或尺量：每 200m 测 5 点
3	沟底高程（mm）	±15	水准仪：每 200m 测 5 点
4	墙面直顺度（mm）或坡度	30 或符合设计要求	20m 拉线、坡度尺：每 200m 测 2 点
5	断面尺寸（mm）	±30	尺量：每 200m 测 2 点
6	铺砌厚度（mm）	不小于设计	尺量：每 200m 测 2 点
7	基础垫层宽、厚（mm）	不小于设计	尺量：每 200m 测 2 点

3) 盲沟实测项目如表 3-3 所示。

盲沟实测项目　　　　　　表 3-3

项次	检查项目	规定值或允许偏差	检查方法和频率
1	沟底高程（mm）	±15	水准仪：每 10～20m 测 1 点
2	断面尺寸（mm）	不小于设计	尺量：每 20m 检查 1 处

3.2 路基防护工程施工

3.2.1 路基防护工程一般知识

1. 名词术语

（1）坡面防护

坡面防护是指保护路基边坡表面的工程措施。坡面防护主要是保护边坡表面免受雨水冲刷，减弱温差及湿度变化的影响，阻止和延缓软弱岩土表面风化、碎裂、剥蚀演变进程，达到保护路基边坡、提高边坡整体稳定性的目的。坡面防护还具有美化路基和协调自然环境的功能。

坡面防护设计不考虑边坡土体的推力，即坡面防护设施不能承受侧向土压力，因此要求边坡坡面岩土必须整体稳定牢固，并且边坡高度、边坡坡度、坡面径流的流速不宜过大。

坡面防护一般可分为植物防护和工程防护（圬工防护）。植物防护是成活防护，多用于适宜植物生长的土质边坡，常包括种草、铺草皮、植树等；工程防护是用各种工程材料，通过建筑形成的防护，可适应各类土质石质边坡，常包括抹面、喷浆、勾缝、石砌护面等。

（2）工程防护（圬工防护）

工程防护（圬工防护）是指以砂、水泥、石灰、片石、块石、水泥混凝土预制块等矿质材料为主要工程材料，以砌、喷、涂、抹等方法构筑各种路基保护层的防护措施。工程防护设施主要包括护坡、护面墙、砌石护坡、喷浆、抹面、勾缝、捶面等。

工程防护有较强的适应性，可利用当地材料，工艺简单，是路基防护中最常用的防护形式。但由于工程防护是无生命的防护形式，在各种自然及人为因素的长期作用下，防护工程本身会逐渐损坏，如不能及时养护，可能引起防护工程失效，从而导致路基发生破坏。

(3) 抹面（捶面）

抹面和捶面是指将水泥、石灰、砂子、炉渣、黏土等材料拌制的混合料涂抹于边坡坡面，经拍捣形成坡面防护层。抹面相对较薄，多用于易风化的而尚未严重风化的岩石边坡。捶面相对稍厚，能承受一定的冲刷作用，多用于易受冲刷的土质边坡及易风化剥落的石质边坡。喷浆是指用有一定压力的喷浆设备，将水泥砂浆、水泥混凝土或其他适用于喷射方法施工的浆体，喷涂于边波坡面形成坡面保护层的一种封面技术。喷浆多用于风化但较完整坚硬的路堑边坡。

(4) 护坡

护坡是指利用由砂浆、片石、块石、水泥混凝土预制块（或板）等圬工材料砌筑的路基坡面覆盖层来保护路基坡面，达到路基防护目的的一种路基防护措施。护坡（或称护面）是最常用的路基防护，属工程防护范畴。护坡的常用防护设施有浆砌片石护坡和干砌片石护坡，必要时也可改用砌块石。在石料匮乏地区，砌石护坡可用砌水泥混凝土预制块（或板）代替。

护坡多用于冲刷防护，也可用于坡面防护。护坡利用当地材料，工艺简单，适应大多数工程条件，被广泛使用。但护坡不能承受除自重以外的任何荷载，因此拟砌筑护坡的路基边坡必须是稳定的。

(5) 砌石护坡

砌石护坡是指以砂浆、片石、块石为工程材料，用砌筑的方法构筑的路基防护工程，砌石防护（或称石砌防护）是护坡的一种常用防护设施。

砌筑工艺分干砌和浆砌两种。砌筑时不用砂浆称为干砌，反之称为浆砌。相应地，砌石防护也分为干砌片石防护和浆砌片石防护。干砌片石防护较适用于边坡坡度缓，周期性浸水，水深不大，波浪冲击力小的工程，也可用于防止坡面风化、剥落。浆砌片石防护的强度较大，整体性较好，能适应流速、水深较大，波浪或漂流物冲击较强的工程。

(6) 护面墙

护面墙是指常用浆砌片石砌筑而成的用以防护路基的一种常用设施。其断面形状多为梯形，能适应的边坡度和防护高度较砌石防护大。

护面墙是一种材料简单、施工简便的防护工程，能适应大多数路基防护的需要，因此被广泛应用。但护面墙不能承受除自重以外的其他荷载，因此拟修筑护面墙的边坡必须自身稳定，否则不能采用护面墙防护。

(7) 挡土墙

挡土墙是指支承路基填土或山坡土体、防止填土或土体变形失稳的构造物。在挡土墙横断面中，与被支承土体直接接触的部位称为墙背；与墙背相对的、临空的部位称为墙面；与地基直接接触的部位称为基底；与基底相对的、墙的顶面称为墙顶；基底的前端称为墙顶；基底的后端称为墙踵。

根据挡土墙的设置不同，挡土墙有路肩墙、路堤墙、路堑墙、山坡墙等。设置于路堤边坡的挡土墙称为路堤墙；墙顶位于路肩的挡土墙称为路肩墙，支承山坡上可能坍滑的覆盖层土体破碎岩层的挡土墙称为山坡墙。

根据挡土墙稳定的机理不同，挡土墙又有很多形式，主要有重力式挡土墙、衡重式挡土墙、薄壁式挡土墙、锚定板挡土墙、锚杆挡土墙、加筋土挡土墙等。

(8) 重力式挡土墙

重力式挡土墙是以墙身自重支撑土压力维持自身稳定的一种挡土墙。重力式挡土墙多用浆砌片（块）石砌筑，石料缺乏时也可用水泥混凝土预制块砌筑，也可直接用水泥混凝土浇筑，一般不用钢筋，或只在局部使用少量钢筋。

由于重力式挡土墙多由浆砌片（块）石砌筑，习惯上把浆砌片（块）石砌筑的重力式挡土墙称为石砌挡土墙。

重力式挡土墙是我国农村公路最常用的一种挡土墙形式，具有构造简单、施工方便、可就地取材、适应性强等优点，故被广泛应用。但由于重力式挡土墙以自重抵御土压力，因此墙身断面大，圬工数量大，对地基压力大，使用往往受地基承载力的限制。

(9) 衡重式挡土墙

衡重式挡土墙是指依靠墙身及衡重台上填料的重力抵抗墙后土压力的一种挡土墙。它是一种变形的重力式挡土墙。衡重式挡土墙由上墙、下墙和衡重台组成，衡重台以上为上墙，衡重台以下为下墙，衡重台水平设置，上墙墙背俯斜，下墙墙背仰斜。

衡重式挡土墙多由浆砌片石、水泥混凝土预制块砌筑，也可用水泥混凝土直接浇筑。衡重式挡土墙一般仰斜的倾角较大，可减少地基开挖工程量。但这种断面形式，基础尺寸小，对地基要求高。

(10) 挡土墙沉降缝和伸缩缝

为适应挡土墙的胀缩变形和不均匀沉降，挡土墙沿纵向必须分段布置。挡土墙分段之间的构造即是挡土墙的沉降缝和伸缩缝。挡土墙的沉降缝和伸缩缝通常都一并设置，不加区分，即一缝起两种作用。

沉降缝或伸缩缝应为通缝，从基底到墙顶贯通全墙，缝要有一定的宽度，如墙身为片石、块石等形状不规则材料砌筑时，注意缝中不得石料粘连、咬合。沉降缝和伸缩缝应填缝，填缝料为防水的软质材料，填缝深度可以是墙身全断面或外侧部分深度。

2. 路基防护工程的作用

由岩、土填挖而成的路基，改变了原地层的天然平衡状态，并处在各种错综复杂的自然因素、行车的长期作用下，故土基可能产生各种变形和破坏。为保证路基的稳定和防治路基病害，除做好路基排水外，还必须根据当地水文、地质及材料等情况，采取有效的措施，对各类土、石边坡及软弱地基予以必要的防护与加固。

路基防护与加固的意义在于防止路基病害、保证路基稳固、改善环境、保护生态平衡、美化路容，提高公路的使用品质。

3.2.2 各类防护工程的特点及适用范围

1. 坡面植物防护

(1) 种草：

适用范围：

① 各种土质边坡；

② 边坡坡度较缓（缓于 1∶1），且边坡高度不宜过高。
③ 雨量较多，适于草籽生长环境。
技术要求：
① 草籽应选用根系发达，茎干低矮，枝叶茂盛，生长能力强的混合多年生草籽；
② 不能采用生长在泥沼或砂砾土的草籽。
(2) 铺草皮：
适用范围：
① 各种土质边坡，严重风化的软质岩石边坡；
② 边坡坡度为 1∶1～1∶1.5；
③ 雨量较多，适于草皮生长。
技术要求：
① 根系发达，茎叶茂盛，生长繁殖迅速，易成活，便于种植且耐旱、耐涝的均可选用；
② 干枯腐朽及喜水草不宜使用，严禁用泥沼地区的草皮；
③ 如边坡土不宜草皮生长，应先铺一层厚 10～20cm 的种植土，当边坡坡度陡于 1∶2 时，铺种植土前应将边坡先挖成台阶或沟槽。
(3) 种植灌木：
适用范围：
① 土质边坡和严重风化的岩石边坡；对裂隙黏土边坡防护效果较好；
② 边坡坡度一般不陡于 1∶1，最陡不宜超过 1∶0.75。
技术要求：
① 灌木应为根系发达，枝叶茂盛，能迅速生长分蘖的低灌木；
② 路堑路面及路肩边缘外 0.8～1.0m 范围内的路堤边坡上下不可种植乔木。
2. 工程防护
(1) 抹面
适用范围：
① 各种易于风化的岩石（花岗石、泥质砂岩、泥质板岩、页岩、千枚岩等）构成的各种坡度的边坡；
② 地下水不发育，坡面比较干燥；
③ 已严重风化岩层及煤系岩层或成岩作用很差的红色黏土岩不适用；
④ 当地有炉渣、石灰，便于就地取材（采用水泥砂浆抹面时不受此限）。
技术要求：
① 坡面的风化岩屑、松动的危石及浮土全部铲除、坡面凿毛，打扫干净；
② 坡面岩层有大的裂缝、深坑时，应进行灌浆、勾缝或嵌补；
③ 在抹灰范围内，如有个别地下水露头，必须按实际情况留泄水孔或采取其他措施将水引出；
④ 大面积抹面时，每隔 5～10m 设伸缩缝一道，伸缩缝宽 1～2cm 时缝内用沥青麻筋或油毡塞堵紧密。
(2) 捶面
适用范围：

① 易受雨水冲刷的土质（包括黄土）边坡或易于风化剥落的岩石边坡；
② 边坡坡度以不大于 1：0.5 为宜；
③ 当地有石灰、水泥、炉渣来源。

技术要求：

① 捶面厚度一般为 10～15cm，高度较大时，可采用上小下大的梯形截面；
② 顶部应封闭，两侧凿槽嵌入坡面不小于 15cm；
③ 伸缩缝每 5～10m 设一道；做法与抹面防护伸缩缝相同；
④ 坡面有地下水时，应留泄水孔（孔径 10cm），或采用其他措施将水全部引出。

(3) 喷浆

适用范围：

① 易于风化但尚未严重风化的岩石边坡；
② 边坡坡度及高度不受限制；
③ 边坡地下水不发育，坡面比较干燥；
④ 成岩作用很差的红色黏土岩边坡不宜采用喷浆防护。

技术要求：

① 喷浆厚度以 5～10cm 为宜，强度不低于 M10；
② 边坡顶部及周围注意封闭；
③ 清扫坡面松石、碎屑、浮土、杂草树根等，使整个坡面处于稳定状态。

(4) 锚杆钢筋网喷射混凝土

适用范围：

① 岩层节理发育，易于风化且已严重风化的岩石边坡，单纯用喷浆防护易脱落；
② 边坡高度及坡度不受限制；
③ 地下水发育时不适用。

技术要求：

① 锚杆锚固深度一般宜大于 1.0m，钢筋网孔间距为 20cm 或 25cm；
② 喷混凝土厚度宜为 10～15cm，混凝土强度不低于 C20。

(5) 勾缝与灌浆

适用范围：

① 坚硬的块岩石边坡裂缝；
② 节理裂缝多而细者用勾缝，大而深者用灌浆。

技术要求：

① 灌浆及勾缝前需彻底清除缝内积土杂物；
② 灌物可用 1：4 或 1：5 水泥砂浆，勾缝用 1：2 或 1：3 水泥砂浆。

(6) 干砌片石护坡

适用范围：

① 经常用少量地下水渗出的土质及土石边坡；
② 边坡坡度较缓，不宜大于 1：1.25；
③ 当地有石料来源，可就地取材。

技术要求：

① 干砌片石厚度一般为 0.25～0.35m（单层）；
② 干砌片石护坡垫层可采用碎石及砂砾，其厚度为 10～15cm；
③ 基础选用较大石块砌筑，其埋深至侧沟底。
（7）浆砌片石护坡
适用范围：
① 土质边坡及易风化的岩石边坡；
② 边坡坡度不宜大于 1∶1；
③ 当地有石料来源，可就地取材。
技术要求：
① 浆砌片石护坡，一般采用等截面，其厚度视边坡高度及坡度而定，一般为 0.25～0.5m；
② 片石料质量应符合设计要求；
③ 施工时应先清刷坡面松动土层、冲沟，坑洼处应分层填实，避免坡面沉落而引起护坡破坏；
④ 伸缩缝每隔 10m 设一道，缝宽 2cm，缝内填塞沥青麻筋或沥青木板；
⑤ 泄水孔根据需要每隔 2～3m 上下左右交错设置，孔径 0.1m，对土质边坡上的泄水孔，应在一面 0.5m×0.5m 范围内设置反滤层，以防淤塞。
（8）浆砌片石骨架护坡
适用范围：
① 易受雨水冲刷的土质或易风化剥落的岩石边坡；
② 边坡坡度不宜大于 1∶0.5；
③ 用于防护范围较大、边坡较高的边坡时，可以节省大量圬工；
④ 骨架内根据土质可采用捶面、栽砌卵石或铺草皮。
技术要求：
① 沿线路方向每隔 10～15m 砌筑宽 0.6m 的踏步肋柱、设伸缝缩及泄水孔；
② 骨架捶面护坡四周用浆砌片石镶边，片石骨架采用 M5 号水泥砂浆砌筑。
（9）锚杆混凝土框架防护
适用范围：
① 边坡高度较大，稳定性较差的土质边坡和岩石边坡；
② 坡体中无不良结构面、风化破碎的岩石路堑边坡，宜采用非预应力的系统锚杆；
③ 边坡中存在不良结构面、具有潜在破坏面或滑动面的土质边坡和岩石路堑边坡、宜采用预应力锚索。
技术要求：
① 系统锚杆长度、间距应符合要求；
② 预应力锚索的长度、间距应根据地质情况确定；
③ 框架内植草应符合有关要求。
（10）浆砌片石护面墙
适用范围：
① 易于风化的软质岩层的路堑边坡；

② 破碎不严重的硬质岩层地段；

③ 夹有松散层处；

④ 护面墙不承受侧压力，故其坡度应符合稳定边坡的要求，边坡坡度不宜大于1∶0.5。

技术要求：

① 护面墙基础应设在可靠的地基上，其埋置尝试应在冰冻线以下0.25m；

② 各式护面墙顶均应设置25cm厚的墙帽，并嵌入边坡20cm，以防雨水灌入；

③ 护面墙每隔10m设伸缩缝一道，护墙基础修筑在不同地层上时，应在该处设沉降缝一道，沉降缝要求同伸缩缝，宽2cm，用沥青麻筋或沥青木板堵塞，深度为10～20cm；

④ 根据实际情况设泄水孔（10cm×10cm），上下左右间隔2～3m交错设置，泄水孔纵坡5%，孔后设反滤层，地下水发育时应酌情增设泄水孔或采用其他措施。

(11) 水泥混凝土预制块护坡

适用范围：

① 石料缺乏地区的路基边坡可采用水泥混凝土预制块护坡；

② 适用条件与浆砌片石护面墙相同。

技术要求：

① 预制块凝土强度不应低于C15，在严寒地区不应低于C20；

② 预制块砌缝宽宜为1～2cm，并用沥青麻筋、聚合物合成材料填塞；

③ 预制块护坡底面下应设置碎石、砂砾垫层或土工织物，垫层厚度为：干燥边坡10～15cm；较湿边坡15～25cm；潮湿边坡25～35cm。

(12) 土工织物防护

适用范围：

① 沿边坡悬挂土工网能截住落石，引入边沟或其他可控制区；

② 沿边坡直接铺设或配合浆砌片石骨架铺设土工织物，可保护土壤，种植草籽。

技术要求：

① 土工网要悬挂牢固，并注意随时清除网上积聚的石块，防止网破裂；

② 土工织物与植物复合防护时，要合量选择土工织物和草种，待植草覆盖率达80%后，土工织物可腐化。

3. 冲刷防护类型及适用范围

(1) 植物防护：草皮护坡、植树防护。

适用于不受各种洪水主流冲刷的浅河地段的路堤边坡防护；浅滩地段的河岸冲刷边坡防护；浅滩地段的河岸冲刷防护。

(2) 工程防护：

干砌片石防护：适用于水流方向较平顺的河岸滩地边坡；不受主流冲刷的路堤边坡；混凝土板防护、无漂浮物和滚石的河流河岸边坡。

浆砌片石防护：适用于主流冲刷及波浪作用强烈处的路堤边坡；受主流冲刷严重的河段。

浸水挡土墙：适用于峡谷急流和水流冲刷严重的河段。

土工织物防护：兼有加固、反滤和排水等作用。

(3) 其他防护：

石笼：适用于水流方向较平顺，无严重局部冲刷的河段，已被浸水的路堤边坡与河岸。

护坦：适用于防护基础，是一种辅助性的防护措施。

丁坝：适用于路基受水冲刷严重，需要改变水流方向，使路基坡脚游淤积变坦的地段。

顺坝：适用于受稳定水流冲刷的地段，使之不再发展而又基本不改变水流原有的特性；适用于延河线与河岸较近及通航河段，并可用于河岸河床地质较差的地段。

透水坝：修建在洪水含砂量大的河流上，可使泥砂大量沉积下来，使水流离开被冲刷的河岸。

改移河道：将直接冲刷路基的水流引向旁处；路基占用河槽，致使流水断面面积过于压缩，需要扩宽河槽；控滩改河，清除孤石，改移河道以保护路基；将蜿蜒弯曲的河道取直，改善线路线形。

3.2.3 挡土墙及各类防护工程施工要点

1. 各类挡土墙特点及适用条件

(1) 重力式

特点及适用范围：主要依靠墙身自重保持稳定。它取材容易，形式简单，施工简便，适用范围广泛。多用浆砌片（块）石，墙高较低（≤6m）时也可用干砌；在缺乏石料的地区可用混凝土砌块或混凝土浇筑。其断面尺寸较大，墙较重，对地基承载力的要求较高。

(2) 半重力式

特点及适用范围：一般采用片石混凝土浇筑，墙背拉应力较大时，需设置钢筋，由于整体强度较高，墙身截面和自重相对较小（与重力式比较），因而圬工数量较少；墙趾较宽，以保证基底宽度，减小基底应力，必要时也可在墙趾处设置少量钢筋，此外常在基底设置凸榫。适用范围与重力式挡土墙相似，常用于不宜采用重力式挡土墙的地下水位较高和软弱地基上以及缺乏石料的地区，一般多用于低墙。

(3) 衡重式

特点及适用范围：上下墙背间有衡重台，利用衡重台上填土重力和墙身自重共同作用维持其稳定。其断面尺寸较重力式小，且因墙面陡直、下墙墙背仰斜，可降低墙高和减少基础开挖量，但地基承载力要求较高。多用在地面横坡陡峻的路肩墙，也可作路堤墙或路堑墙。由于衡重台以上有较大的容纳空间，上墙墙背加缓冲墙后，可作为拦截崩坠石之用。

(4) 悬臂式

特点及适用范围：属钢筋混凝土结构，由立壁、墙趾和墙踵板三个悬臂部分组成，墙身稳定主要依靠墙踵板上的填土重力以及墙身自重来保证。钢筋与混凝土用量大，经济性差。多用于墙高≤6m的路肩墙，适用于缺乏石料的地区和承载能力较低的地基。

(5) 扶壁式

特点及适用范围：属钢筋混凝土结构，由墙面板（立壁）、墙趾板、墙踵板和扶肋（扶壁）组成，即沿悬臂式挡土墙的墙长，每隔一定距离增设扶肋，把墙面板与墙踵板连接起来。适用于缺乏石料的地区和地基承载力较低的地段，墙较高（>6m）时，较悬臂式挡土墙经济。

(6) 加筋土式

特点及适用范围：由墙面板、拉筋和墙土三部分组成，借助于拉筋与填土间的摩擦作用，填土的侧压力传给拉筋，从而稳定土体。既是柔性结构，可承受地基较大的变形，又是重力式结构，可承受荷载的冲击、振动作用。施工简便、外形美观、占地面积少，而且对地基的适应性强。适用于缺乏石料的地区和大型填方工程。

(7) 锚杆式

特点及适用范围：由锚杆和钢筋混凝土墙面组成。锚杆一端锚固在稳定的地层中，另一端与墙面连接，依靠锚杆与地层之间的锚固力（即锚杆抗拔力）承受土压力，维持挡土墙的平衡。土石方和圬工量都较少，施工安全，较为经济。适用于墙高较大，缺乏石料的地区或挖基困难的地段，具有锚固条件的路堑墙对地基承载力要求不高。

(8) 桩板式

特点及适用范围：由钢筋混凝土锚固桩和挡土板组成。利用深埋的锚固段的锚固作用和被动抗力侧向土压力，从而维护挡土墙的稳定。适用于土压力较大、要求基础深埋的地段，多用于岩石地基，墙高一般不受限制，并挖面小，施工较为安全。

2. 挡土墙施工要点

(1) 施工准备

① 清理挡土墙范围及挡土墙两端适当延长范围内的场地，铲除有机杂质和树根草丛，并碾压平整、合理布置堆料和施工场地。

② 路堑式挡土墙的内侧路基边坡应清刷整齐、干净，并注意边坡的稳定性。在受地面积水和地下水影响土质不良地段，开工前应在墙趾外围开挖排水沟等排水设施。

③ 开工前应精确测定挡土墙处路基中心线及基础主轴线、墙顶轴线、挡土墙起讫点和横断面，每根轴线均应以四个桩点在基线两端延长线上予以固定（每端两点），并分别以素混凝土包封保护。

④ 弯道中轴线加密桩点及横断面测量：直线段应15～20m设一桩，曲线段应5～10m设一桩，并应根据地形起伏变化适当增补横断面。

⑤ 放桩位时，应测定中心桩及挡土墙的基础地面高程，临时水准点应设置在施工干扰范围以外，施测结果应符合精度要求并与相邻路段水准点相闭合。

⑥ 施工计划编制、材料准备等。

(2) 挖基及基础施工

① 基础的各部尺寸、形状以及埋置深度，均应按照设计要求进行施工。基坑的开挖尺寸应满足基础施工的要求，基坑底平面一般宜大于基础外缘0.5～1.0m。渗水基坑应考虑基坑排水设施，包括排水沟、集水坑、网管和基础模板等所需大小而定。

② 基础开挖后，若基底土质与设计情况有出入时，应按实际情况及时进行变更设计。在松散软弱土质地段，基坑不宜全段连通开挖，而应采用跳槽开挖。

③ 任何土质基坑，挖至设计高程后不得长时间暴露或扰动、浸泡，防止削弱其承载能力。当开挖接近基底高程时，宜保留10～20cm厚度，在基础施工前以人工突击挖除。

④ 基坑开挖不应破坏基底土的结构，如有超挖或扰动，应将原土回填，且必须夯压

密实或作换土处理。挖基弃土堆置地点，不得妨碍其他作业或影响坑壁稳定。

⑤ 当基底土质为碎石土、砂性土或黏性土时，应整平夯实。

⑥ 在天然地基土层上挖基，若深度在5m以内，施工期较短，基底处于地下水位以上，土的湿度正常，构造均匀，其开挖坑避坡坡度可参照桥涵基坑开挖坡度采用。

⑦ 基坑可采用垂直开挖、放坡开挖、支撑加固或其他加固的开挖方法。有地面水淹没的基坑，可采用修筑围堰、改河、改沟、筑坝等措施，排开地面水后再开挖。

⑧ 挡土墙基础为倾斜基底及墙趾设台阶时，应严格按照基底坡度、基底高程及台阶宽度开挖，保持地基土的天然结构。

⑨ 挡土墙基础置于风化岩上时，应按基础尺寸凿除表面已风化的表面岩层，在砌筑基础的同时，将基坑填满、封闭。

⑩ 当地基岩层有孔洞裂缝时，应视裂缝的张开度，分别用水泥砂浆、小石子混凝土、水泥-水玻璃或其他双液型浆等浇注饱满。基底岩层有外露软弱夹层时，宜在墙趾前对此层作封面保护。

⑪ 基坑完成后，按基底纵轴结合横断面放线复验，确认位置、高程无误并经监理签认后，方可进行基础施工。当基础完成后，应立即回填，以小型压实机械进行分层夯实，并在表面留3%的向外斜坡，防止积水渗入基底。

（3）墙身砌筑

墙身砌筑要点及要求，可参照桥涵墩台砌筑工艺执行。

（4）墙背防排水施工

① 挡土墙施工时，应按设计设置排水设施，并应采取措施，疏干墙后填料中的水分，防止墙后积水，避免墙身承受额外的静水压力，减小季节性冰冻地区填料的冻胀压力。

② 路堑墙墙后的地面，在施工时应先做好排水处理，设置排水沟、引排地面水，夯实地表松土，减小雨水和地面水下渗，墙趾前的边沟应予以铺砌加固。

③ 挡土墙墙面应按设计要求的间距设置泄水孔，最下一排泄水孔应高出施工后的实际地面线30cm，若为路堑墙，出水口应高出边沟水位30cm。

④ 泄水孔尺寸应视泄水量大小而定，可为5cm×10cm，10cm×10cm，15cm×20cm或直径5～10cm的圆孔，孔底一般应有向外的排水坡，上下泄水孔应错开布置。

⑤ 在施工中，墙身为浆砌石料或现浇混凝土时，应按设计要求进行泄水孔的预留或预埋，当为预制面板时，应按面板排列位置，在预制过程中预留孔位。

⑥ 当墙后填料为黏性土时，水分不易渗入泄水孔排走，应按设计要求在填料与墙背之间，用渗水材料（砂砾或碎石）填筑墙顶至最下排水孔间的连续排水层，上下两端以黏土作封闭层。

⑦ 墙后填料为渗水层时，为防止堵塞，应按设计要求在泄水孔进水端设置砂砾反滤层，并在最下一排泄水孔的下端设置隔水层，进行捣实，防止水分渗入基础。

⑧ 当墙后水量较大时，可在排水层底部加设纵向渗沟，配合排水层把水导出墙外。如遇有泉水渗水等地段，应设纵、横向暗沟，将水引出。

⑨ 反滤层的粒径宜在0.5～50mm之间，符合一般级配要求，并筛选干净，用薄隔板按各层厚度隔开，自下而上逐层填筑，逐步抽出隔板，以达到设计要求。

⑩ 防排水设施应与墙体施工同步进行，同时完成。

(5) 沉降缝与伸缩缝施工

① 挡土墙施工时,应根据设计分段长度,结合墙趾实际地形、水文、地质变化情况,设置沉降缝和伸缩缝。沉降缝和伸缩缝可合并设置。

② 各种类型挡土墙的竣工分段长度,均应符合有关规范的相应规定。

③ 沉降缝、伸缩缝的缝宽应整齐一致,上下贯通。当墙身为圬工砌体时,缝的两侧应选用平整石料砌筑,使成垂直通缝。当墙身为现浇混凝土时,应等一节段侧模拆除后,安装沉降、伸缩缝的填塞材料,再浇筑相邻的下一节段。

④ 沉降缝、伸缩缝的缝宽一般为2~3cm,沿墙的内、外、顶三边缝内填塞胶泥并捣实,自墙顶一直做到基底。但在渗水量大,填料易于流失或冻害严重地区,宜用沥青麻筋、沥青竹绒、涂以沥青的木板、刨花板、塑料泡沫、渗滤土工织物等具有弹性的材料填塞,填入深度不宜小于15cm。

(6) 回填施工

① 挡土墙施工时,墙后应优先选择渗水性良好的砂类土、碎(砾)石类土进行填筑。严禁使用腐殖土、盐渍土、淤泥、白垩土及硅藻土作填料。填料中不应含有机物、冰块、草皮、树根等杂物及生活垃圾。

② 挡土墙的墙体达设计强度的75%以上时,方可进行墙后填料施工,路肩式挡土墙顶面高程应略低于路肩边缘标高2~3cm,挡土墙顶面做成与路肩一致的横坡度,以排除路面水。

③ 墙后必须回填均匀、摊铺平整,填料顶面横坡符合设计要求,墙后100cm范围内,不得有大型机械行驶或作业,为防止碰坏墙体,应用小型压实机械碾压,分层厚度不得超过20cm。

④ 设有拉筋的挡土墙填料要满足平整度的要求,不得使用羊足碾碾压。

3. 各类防护工程施工要点

(1) 种草防护

① 选择与土壤和气候条件相宜的草种。

② 种草坡面应铺以40cm的表层土(个别特殊情况可为20cm)。

③ 播种应在平整润湿的坡面进行,可采用撒播、喷播、成行播等方法。

④ 初期应注意浇水、除杂草、防病虫害等。

(2) 铺草皮防护

① 施工前将坡面整平,较大的凹坑(如冲沟)应填平,然后洒水润湿坡面。

② 将草皮从一端向另一端,并由下向上错缝铺置,边缘斜切互相咬紧,并撒细土充填。

③ 每层草皮坡面密贴,并用木槌将草皮的斜边拍紧、拍平,使接茬紧密。

④ 钉木(竹)桩。一般用的木(竹)桩长20~30cm,截面20mm×30mm(或直径2~3cm),木桩最好使用新砍伐的带皮柳梢,桩与坡面垂直,露出草皮表面不超2cm。岩质边坡钉木(竹)有困难时,可用废道钉代替,或将坡面挖成锯齿形(深约5~10cm),用软的草皮块(干时先浸软)铺上拍紧,当边坡缓于1:1.5时,可不钉桩。

⑤ 草皮应铺过堑顶至少100cm或铺至截水沟,坡脚选用厚度适当而整齐的草皮或作其他加固处理。

⑥ 草皮铺好后将坡面上所遗留的碎屑、废物清除干净。

(3) 抹面护坡

① 材料选配

抹面按其使用的材料可分为石灰炉渣混合灰浆抹面、石灰炉渣三合土抹面及水泥石灰砂浆抹面等几种。常用的材料有水泥、石灰、砂子、炉渣、拉筋、速凝剂、沥青等。

水泥：常用 32.5、42.5 级水泥。

石灰：选用新出窑的块灰，不低于Ⅲ级消石灰或Ⅲ级生石灰的技术指标。

砂子：干净的中细砂为宜。

炉渣：粒径不超过 3～5mm，且大小均匀；应严格封闭。

② 抹面工程的周边与未防护坡面衔接处，应严格封闭，如在其边坡顶部可做小型截水沟封顶，沟宽及深为 20cm，沟底及沟边用炉渣抹面，厚 10cm；亦可凿槽嵌入岩石内，嵌入深度不小于 10cm，并与顶面平行。在软硬岩层相间的边坡上，仅对软岩层抹面时，在软硬岩层分界处，抹面应嵌入硬岩层内至少 10cm。

③ 大面积抹面时，每隔 5～10m 应设伸缩缝，伸缩缝宽 1～2cm，缝内用沥青麻筋或滑动毡填塞紧密。

④ 为了防止抹面表面开裂，增强抗冲蚀能力，可在表面涂沥青保护层。当抹面灰体干燥度达 80% 以上时，把沥青加热熔融（一般为 110～170℃，煤焦油不必加热），再均匀地涂刷在灰体表面，用量为 $0.3kg/m^2$。

⑤ 抹面工程不宜在严寒季节和雨天施工。抹面施工完成后应经常检查维修，避免开裂。

(4) 护面墙

① 护面墙主要用于易受侵蚀的各种土质边坡、风化严重的软质岩石边坡和容易破碎的岩石挖方边坡，边坡坡度不宜陡于 1∶0.5，分为等截面和变截面两种形式。单级等截面护墙高度当边坡坡度为 1∶0.5 时不宜超过 6m，变截面不宜超过 20m，否则应采用多级护墙，各级之间应设不小于 1m 的错台。护墙厚宜采用 0.4～0.6m，变截面护墙的底宽为顶宽加 0.1～0.2 倍的墙高。

② 护面墙每隔 10～15m 设置 2cm 宽伸缩缝一道，并每隔 2～3m 交错设置泄水孔，孔径约为 0.1m。墙面的形式有实体式、窗孔式、拱式等类型，可根据当地地质条件选用，窗孔内可采用干砌片石、植物防护等辅助措施，窗孔上边宜采用半圆拱形。

③ 坡面护墙防护施工应符合下列要求：

a. 坡面应平整、密实、线形顺适，局部有凹陷处，应挖成台阶后用与墙身相同的圬工材料找平。

b. 墙基应坚固可靠，并埋至冰冻线以下 0.25m。当地基软弱时，应采取加深和加强措施。

c. 墙面及两端面砌筑平顺，墙背与坡面密贴结合，墙顶与边坡间缝隙应封严。局部坡面镶砌时，应切入坡面，使表面与周边平顺衔接。

d. 砌体石质坚硬，浆砌砌体砂浆和干砌咬扣都必须紧密、错缝，严禁通缝、叠砌、贴砌和浮塞。砌体勾缝应牢固、美观。

e. 每隔 10～15m 宜设一道伸缩缝，应做好伸缩缝和泄水孔。

(5) 骨架护坡

① 骨架护坡通常以浆砌片石为骨架,中间铺草皮、三合土或栽砌卵石等,以加强边坡稳定,用泥土质边坡及严重风化的岩石边坡。常用形式有方格形、拱形等。

② 施工要点

a. 施工前应清除坡面浮土、松石、填补坑凹。

b. 骨架草皮或捶面均应坡面和骨架紧贴,以防地表水沿裂隙渗入。

c. 护坡的顶部 0.5m 及坡脚 1.0m,用 M5 浆砌片石镶边。

d. 骨架应嵌入坡面一定深度,其表面与草皮或捶面齐平。

e. 骨架内捶面时,应在骨架节点中心位置留泄水孔,孔径 10cm,骨架外露部分和捶面厚度相等,使表面平顺。

f. 骨架内捶面应在砌片石骨架的砌筑强度达到 80% 后进行。

g. 为便于养护,应在适当位置设砌片石阶梯形肋柱,宽 0.6m,厚 0.5m。

(6) 干砌片石护坡

① 施工前应将坡面上的冲沟、冲蚀等处清除或回填夯实。

② 干砌片石厚度一般为 0.3m,当边坡为粉质土、松散的砂或黏砂土等易被冲蚀的土时,在干砌片石的下面应设不少于 0.1m 的碎石或砂砾垫层。

③ 基础选用较大石块砌筑,其埋深一般为 1.5h(h 为护坡厚度);如基础与沟相连,基础应埋深至沟底,采用 M5 浆砌片石砌筑。

④ 砌筑石块自下而上进行栽砌,彼此镶紧,缝隙间用小石块填满塞紧。

⑤ 所用石料应是未风化的坚硬岩石,其重度一般不小于 20kN/m^2。

(7) 干砌片石冲刷防护

① 适用条件

a. 易受水流浸蚀的土质边坡,严重剥落的软质岩石边坡,周期性浸水受冲刷较轻(流速小于 2~4m/s)的河岸及水库岸坡,均可采用干砌片石防护。

b. 用于防护沿河路基受到水流冲刷等有害影响的部位,被防护的边坡坡度应符合路基边坡的稳定要求,一般 1:1.5~1:2。

② 干砌片石防护,有单层铺砌、双层铺砌和编格内铺砌等形式。用于冲刷的防护,如允许流速大于单层和双层铺砌要求时,则宜采用编格内铺砌石块的护坡,干砌片石防护厚度为:单层 0.25~0.35m,双层的上层为 0.25~0.35m,下层为 0.15~0.25m。

③ 干砌片石防护中,铺砌层的底面应设垫层,垫层材料常用碎石、砾石或砂砾等。垫层可防止水流将铺石下面边坡上的细颗粒土冲走,同时也可增加整个铺石防护的弹性,将冲击河岸的波浪、流水、流冰等的动压力以及漂浮物的撞击压力分布在较大面积上,从而增强各种冲击力的抵抗作用,使其不易损坏,垫层厚度一般为 0.1~0.15m。

④ 如边坡长期浸水,而又缺乏大石块,可用编格内铺石防护。

⑤ 在铺砌前应先夯实整平边坡,砌筑石块要互相嵌紧,上层选用较大的石块,不得有松动现象。

(8) 浆砌片石冲刷防护

① 适用条件

适用于经常浸水的受主流冲刷(流速 3~6m/s)或受较强烈的波浪作用,以及可能有流冰、漂浮物等冲击作用的河岸及水库边岸防护。浆砌片石防护与浸水挡土墙或护面墙等综合使用，可防护不同岩层和不同位置的边坡，收到较好的效果。

② 施工要求及注意事项

a. 浆砌片石防护的厚度应根据流速大小或波浪大小确定，最小厚度不小于 0.35m。

b. 浆砌片石防护的基础埋置深度应在冲刷线以下 0.5～1.0m，否则应有防止基础被冲刷的措施，如采用柔性混凝土板防护基础。

c. 砌筑石料应选用坚硬、抗压强度大于 30MPa、遇水不崩解的石料。水泥砂浆在非严寒地区可使用 M7.5，在严寒地区应使用 M10。

d. 浆砌片石护坡应按规定设置伸缩缝、泄水孔、垫层等。

(9) 抛石防护

① 适用条件

a. 主要用于防护受水流冲刷的路基边坡和坡脚，以及挡土墙、护坡的基础等，宜用于经常浸水且水流方向较平顺，河床地层承载力较强，无严重局部冲刷者，最适用于沿砾石河床的路基及抢修工程。

b. 不受气候条件的限制，对于季节性浸水或长期浸水的边坡均可使用，并可在路堤沉实以前施工。

c. 适宜在盛产石料和沿线开山废弃石方较多的地区使用。

② 大水流或波浪作用很强烈的地方或缺乏石料的地区，可用混凝土预制块作为抛投材料。

③ 为了减小坡脚处的局部冲刷及增加抛石稳定性，抛石垛的水下边坡坡度，视水深、流速和波浪情况而定，并且陡于所抛石料浸水后的天然休止角。一般在水浅、流速较小时，应大于 1:1.5；水深 2～6m，流速较大，波浪汹涌时，可采用 1:2～1:3；水深大于 6m，在急流中施工可放缓到 1:3 或 1:3.5。

④ 抛石料应选用质地坚硬、耐冻且不易风化崩解的石块。抛投的石块尺寸应与容许流速或容许波浪高相适应。一般不宜小于 0.3m。

⑤ 抛石厚度一般为粒径的 3～4 倍，用大粒径时，至少不得小于粒径的 2 倍。为了使抛石有一定的密度，宜用小于计算尺寸的大小不同的石块掺杂抛投。

⑥ 抛石防护除防洪抢险外，一般不应在枯水季节施工。如采用嵌固的抛石防护类型，宜采用打桩嵌固方法，加固效果较好。

(10) 石笼防护

① 适用条件

a. 石笼用于防护沿河路堤坡脚及河岸，免受急流和大风浪的破坏作用，同时也是加固河床、防止冲刷的常用措施。

b. 在缺乏大石块作冲刷防护的地区，用石笼填充较小的石块，可抵抗较大的流速。但在流速大，有卵石冲击的河流中，钢筋笼易被磨损而导致早期破坏，一般不宜采用，这时可在石笼内浇灌小石子混凝土，或采用钢筋混凝土框架石笼。

c. 在含有大量泥沙及基底地质良好的条件下，宜采用石笼防护，这样石笼中石块间的空隙很快被泥沙淤满而形成整体的防护层。

d. 石笼一般可抵抗 4～5m/s 流速，体积大的可抵抗 5～6m/s 流速，容许波浪高约

1.5~1.8m 的水流。

② 构造形式

a. 石笼的形式有箱形、圆柱形、扁形、柱形等。

箱形钢筋石笼一般高 $h=0.25$~$1.5m$，长 $L=(3$~$4)h$。圆柱形石笼一般适用于高水位或水流很急或有漩流的情况，它可在路基边坡边缘上制备，填好石块后滚入水中。

b. 编笼可用镀锌铁丝、普通铁丝，以及高强度聚合物土工格网。镀锌铁丝石笼使用期限为 8~12 年，普通铁丝石笼使用期限为 3~5 年。编制石笼用 6~8mm 铁丝作骨架，2.5~4.0mm 铁丝编网，石笼孔可用六角形或方形。方形网孔强度较低，一旦破坏后会继续扩大。六角形网孔较为牢固，不易变形，网孔大小通常为 6cm×10cm、8cm×10cm 及 12cm×15cm。长度较大的石笼，应在内部设横墙或铁丝拉线。

c. 为节省钢材，在盛产竹材的地区，可用竹石笼代替铁丝石笼，竹石笼的强度和柔韧性以及耐久性不如铁丝石笼，但造价低廉，故常用于临时防护工程、抗洪抢险，如能在短期内被泥沙淤塞固结，则仍具有较好长期使用效果。

d. 石笼防护适用于抗洪抢险工程及防冲刷临时措施。

③ 施工要求及注意事项

a. 石笼防护可在一年中任何季节施工，也可在任何气候条件及水流情况下采用，但以低水位时施工较好。

b. 石笼用于防止冲刷淘底时，一般在河床上将石笼平铺并与坡脚线垂直，同时固定坡脚处的尾端，靠河床中心一端不必固定，淘底时便于向下沉落，其铺设长度不宜小于河床冲刷深度的 1.5~2.0 倍。石笼用以防止岸坡受冲刷时，则用垒码形式；当边坡等于或小于 1∶2，可采用平铺于坡面的形式；用于垒砌的石笼宜用长方形；用于平铺的石笼宜用扁形；用于防洪抢险的石笼宜用圆柱形（便于滚动）或无骨架软网袋。

c. 单个石笼的质量和大小以不被水流或波浪冲移为宜。石笼内所填石块，最好选用密度大、浸水不崩解，坚硬不风化的石块，尺寸不能小于石笼的网孔，最小尺寸不小于 4cm。外层应用大石块码砌，并使石块棱角穿突出网孔，以起保护铁丝网的作用，内层可用较小石块填充。

d. 石笼铺砌时，下面需碎石或砾石整平作垫层，必要时底层石笼的各角可用直径为 10~19mm 的铁丝固定于基底土中。

e. 在编制石笼时，要注意保持石笼各部分的尺寸，以利于石笼之间的紧密连接，用机器将铁丝弯成网孔元件，在工地再编网、成笼，既可提高工效，又可保证质量。

f. 铁丝石笼防护由于使用年限较短，为临时性防护构造物，但在其沉落稳定后，可在其上灌注小石子混凝土，以取得长期使用的效果。

3.2.4 质量控制与检测

1. 植物防护

（1）质量控制要点

① 护坡植物种类与防护范围应符合设计要求，并应沿坡面连续覆盖。

② 植株挺直，高度大致相同。

③ 草皮应与基底钉合牢固，表面平整。

④ 植物成活率应在90%以上。
(2) 检测项目及标准,见表3-4。

植物防护质量控制标准　　　　　　　　　　　　表3-4

项目	允许偏差	检验数量		检验方法
		范围	频率	
成活率（%）	10%	每400m²	3条带	植草：尺量，计面积；植株：点数，统计计算

2. 捶面、抹面防护
(1) 质量控制要点
① 抹面材料品种、强度应符合设计要求,成分配合应按设计要求或采用经实地试验性能不低于设计要求的配合比。
② 抹、捶面应与其基础牢固结合,不得有空鼓、脱层现象,表面应平顺、无裂缝。
(2) 检测项目及标准,见表3-5。

抹、捶面防护质量控制标准　　　　　　　　　　表3-5

项目	允许偏差	检验数量		检验方法
		范围	频率	
厚度	+20%,-10%设计厚度	抽查20m	每10m检查1个断面,每3m检查2点	钻孔尺量

3. 干砌片石护坡
(1) 质量控制要点
① 石料强度等级应符合规范的规定,护坡和地基应稳固牢实。
② 砌筑应紧密并纵横搭叠压缝。干砌卵石应栽砌（卵石长轴垂直坡面）并挤紧,同层卵石块径应大体一致。护坡面无明显凹凸,石料砌置平稳,外表整齐。
(2) 检测项目及标准,见表3-6。

干砌片石实测项目　　　　　　　　　　　　　　表3-6

项次	检查项目	规定值或允许偏差	检查方法和频率
1	顶面高程（mm）	±30	水准仪：每20m测3点
2	外形尺寸（mm）	±100	尺量：每20m或自然段,长宽各3处
3	厚度（mm）	±50	尺量：每20m检查3处
4	表面平整度（mm）	50	20m直尺；每20m检查5处×3尺

4. 浆砌片石、水泥混凝土预制块护坡
(1) 质量控制要点
① 护坡基底、基面岩土条件及必要的加固应符合设计要求。
② 砌体规格、材料强度等级应符合设计的规定。
③ 砌体应纵横搭叠错缝、灰浆饱满。石料砌置平整,各结构缝口填塞紧密。护坡表面应平顺整齐,与边坡的衔接牢固密贴。
④ 回填和垫层的材料规格、粒径应符合设计要求,填筑、铺设应密实并层次分明。

(2) 检测项目及标准，见表3-7。

浆砌砌体实测项目 表3-7

项次	检查项目		规定值或允许偏差	检查方法和频率
1	砂浆强度（MPa）		在合格标准内	
2	顶面高程（mm）	料、块石	±15	水准仪：每20m检查3点
		片石	±20	
3	竖直度或坡度	料、块石	0.3%	吊垂线：每20m检查3点
		片石	0.5%	
4	断面尺寸（mm）	料石	±20	尺量：每20m检查2处
		块石	±30	
		片石	±50	
5	表面平整度（mm）	料石	10	2m直尺：每20m检查5处×3尺
		块石	20	
		片石	30	

5. 护面墙

(1) 质量控制要点

① 墙基位于侧沟底下的相对深度不得低于设计要求，软弱基底的加固应符合设计。

② 墙身应与边坡衔接稳固、密实，坡面上深度大于20cm的坑洼下端应凿成台阶基面。墙身背后引排水设施应符合设计要求，墙身及其两端应平顺，墙顶与边坡间缝隙应封严。

③ 护面墙砌体种类与材料的强度等级应符合设计的规定。

(2) 检测项目及标准，见表3-8。

浆砌片石护面施工质量控制标准 表3-8

序号	项目	允许偏差	检验数量 范围	检验数量 频率	检验方法
1	基底高程（mm）	土质±50 岩石+50，-200	每坡长20m	3	水准仪测
2	顶、底高程（mm）	±20			
3	断面尺寸（mm）	±50	抽查坡长20m	3	尺量
4	坡度或垂直度（mm）	-20			吊垂线检查
5	墙面距路基中线（mm）	±50	每坡长20m	3	尺量
6	表面平整度（mm）	浆砌片石30 混凝土15	每墙长20m	5	2m长直尺与钢尺量

6. 骨架护坡

(1) 质量控制要点

① 边坡植物种类防护范围应符合设计要求，并应沿坡面连续覆盖。

② 骨架砌石应嵌入坡面与草皮平齐相接。

③ 骨架内植物成活率应在90%以上，其成活率允许偏差应符合规定。

④ 骨架砌体规格、材料强度等级应符合设计的规定。

⑤ 骨架几何形态、尺寸应符合设计要求，线形平顺，骨架砌体应纵横搭叠错缝、灰浆饱满。石料砌置平整，各结构缝口填塞紧密。骨架砌体表面平顺整齐，现边坡的衔接牢固密贴。

⑥ 截排水沟断面应符合设计要求。沟底与沟边应平顺整齐，与骨架砌体之间衔接牢固密贴，砂浆（混凝土）填塞饱满，无漏水。砌体规格、材料、品种等均应符合设计要求。

⑦ 回填和垫层的材料规格、粒径应符合设计要求，填筑、铺设应密实并层次分明。

（2）检测项目及标准见表3-9。

浆砌骨架植物防护施工质量控制标准　　　　　表3-9

序号	项目		允许偏差	检验数量		检验方法
				范围	频率（%）	
1	植物成活率		10%	每400m²	3条带	植草：尺量，计面积；植株：点数，统计计算
2	骨架砌体	坡顶高程（mm）	−20	每坡长20m	3	水准仪测
		断面尺寸（mm）	浆砌片石±50 混凝土±20	每坡长20m	3	尺量
		扩建层厚度（mm）	−20			
3	截排水沟	宽度（mm）	+50，−20	每坡长20m	3	尺量
		深度（mm）	+100，−20			
		铺厚度	−10%设计厚度			
4	表面平整度（mm）		浆砌片石 30 混凝土 15	每护坡长20m	5	2m长直尺与钢尺量

7．挡土墙

（1）质量控制要点

① 石料规格质量应符合有关规定。

② 地基必须满足设计要求。

③ 砂浆或混凝土的配合比符合试验规定。

④ 砌石分层错缝。浆砌时坐浆挤紧，嵌填饱满密实，不得有空洞；干砌时不得松动、叠砌和浮塞。

⑤ 墙背填料符合设计和施工规范要求。

⑥ 沉降缝、泄水孔数量应符合设计要求。

（2）检测项目及标准，见表3-10和表3-11。

砌体挡土墙实测项目　　　　　表3-10

项次	检查项目	规定值或允许偏差	检查方法和频率
1	砂浆强度（MPa）	在合格标准内	
2	平面位置（mm）	50	经纬仪：每20m检查墙顶外边线3点
3	顶面高程（mm）	±20	水准仪：每20m检查1点
4	竖直度或坡度（%）	0.5	吊垂线：每20m检查2点
5	断面尺寸（mm）	不小于设计	尺量：每20m量2个断面

续表

项次	检查项目		规定值或允许偏差	检查方法和频率
6	底面高程（mm）		±50	水准仪：每20m检查1点
7	表面平整度（mm）	块石	20	2m直尺：每20m检查3处，每处检查竖直和墙长两个方向
		片石	30	
		混凝土块、料石	10	

干砌挡土墙实测项目　　　　　表 3-11

项次	检查项目	规定值或允许偏差	检查方法和频率
1	平面位置（mm）	50	经纬仪：每20m检查墙顶外边线3点
2	顶面高程（mm）	±30	水准仪：每20m检查3点
3	竖直度或坡度（%）	0.5	尺量：每20m吊垂线检查3点
4	断面尺寸（mm）	不小于设计	尺量：每20m检查2处
5	底面高程（mm）	±50	水准仪：每20m检查1点
6	表面平整度（mm）	50	2m直尺：每20m检查3处，每处检查竖直和墙长两个方向

（3）外观鉴定

① 砌体坚实牢固，勾缝平顺，无脱落现象。

② 混凝土表面的蜂窝麻面不得超过该面面积的0.5%，深度不超过10mm。

③ 泄水孔坡度向外，无堵塞现象。

④ 沉降缝整齐垂直，上下贯通。

8. 石笼防护

（1）质量控制要点

① 铁丝笼的网眼尺寸应符合设计要求。

② 石笼的坐码或平铺应符合设计要求。

③ 材料规格和质量应符合有关规定。

④ 表面整齐，曲线圆滑，线条直顺。

（2）检测项目及标准，见表3-12。

石笼防护施工质量控制标准　　　　　表 3-12

项次	检查项目	规定值或允许偏差	检查方法和频率
1	平面位置（mm）	符合设计要求	经纬仪：按设计图控制坐标检查
2	长度（mm）	不小于设计长度-300	每个（段）用尺量
3	宽度（mm）	不小于设计长度-200	每个（段）用尺量5处
4	高度（mm）	不小于设计	每个用水准仪或尺量检查5处
5	底面高程（mm）	不高于设计	每段用水准仪检查5处

第4章 路面施工技术与管理

4.1 路面施工概述

4.1.1 路面及路面的结构层次

1. 路面

路面是指用各种筑路材料分层铺筑在路基上供车辆行驶的层状结构物。路面不仅直接承受行车荷载的作用,而且要经受自然因素和其他人为因素的作用。路面不仅应提供汽车全天候的行驶,而且应保证汽车以一定的速度,安全、舒适而经济地运行。因此,路面应具有足够的强度和刚度、良好的稳定性、足够的耐久性、较高的平整度和良好的表面抗滑性以及低噪声等性能。按面层所用材料的不同,路面可分为沥青路面、水泥混凝土路面、块料路面和粒料路面四类。通常按照各个层次功能的不同,路面结构可分为面层、基层、底基层和垫层四个层次。

2. 面层

面层是直接承受行车荷载反复作用和自然因素影响,并将荷载传递到基层的路面结构层。它承受行车荷载的垂直力、水平力和冲击力的作用,同时还受到雨水的浸蚀和气温变化的影响。因此同其他层次相比,面层应具有较高的结构强度和刚度、良好的稳定性,而且应当耐磨、不透水,其表面还应有良好的抗滑性能和平整度。面层由一层或数层组成。修筑面层的材料可分为四种类型:水泥混凝土、沥青混合料、碎(砾)石混合料、水泥混凝土嵌锁式块料、整齐或半整齐块石。

3. 基层

基层是指设置在面层之下,与面层一起承受行车荷载的反复作用,并将荷载传递到底基层、垫层、土基,起主要承重作用的结构层次。基层应具有足够的强度、刚度、水稳性和抗冻性。另外,基层应收缩性小、有足够的抗冲刷性和良好的平整度、与面层应有良好的结合能力。基层根据公路等级和交通量大小可设置一层或两层,上层称为上基层,下层则称为下基层。基层材料主要有无机结合料稳定类、有机结合料稳定类和无结合料的粒料类。无机结合料稳定类是指采用无机结合料(石灰、水泥)稳定集料或稳定土类,如水泥稳定类、石灰稳定类和石灰(或水泥)粉煤灰稳定类等;有机结合料稳定类包括沥青贯入式碎石基层、热拌沥青碎石或乳化沥青碎石混合料以及沥青稳定土等;粒料类包括泥结碎石、泥灰结碎石、填隙碎石和级配碎(砾)石等;此外,贫混凝土也可作基层使用。

4. 底基层

底基层是指设置在基层之下,与面层、基层一起承受行车荷载的反复作用,并将荷载传递到垫层、土基,起承重作用的结构层次。对底基层材料的强度指标要求比基层材料略低。视公路等级或交通量的大小,底基层可设置一层或两层,上层称为上底基层,下层则称为下底基层。设置底基层的目的在于分担承重作用以减薄基层厚度，并充分利用地方材料，以达到降低工程造价的目的。底基层可分为无机结合料稳定类和元结合料的粒料类。

5. 垫层

垫层是指为改善土基的湿度和温度状况，以保证面层和基层的强度、刚度和稳定性不受土基水温状况变化所造成的不良影响，而在基层和土基之间采用水稳性和隔热性好的材料修筑而成的结构层次。在排水不良和有冰冻翻浆的路段通常应设置垫层，起排水、隔水、防冻、防污等作用。另外，垫层还起扩散行车荷载应力、减小土基的应力和变形，阻止路基土挤入基层而影响基层等结构性能的作用。对垫层材料强度的要求不一定高，但水稳性和隔温性一定要好。常用垫层材料有两类：一类是用松散材料，如粗砂、砾石、炉渣、片石等修筑的透水性垫层；另一类是用整体性材料，如水泥或石灰煤渣稳定粗粒土、石灰粉煤灰稳定粗粒土等修筑的稳定性垫层。

4.1.2 路面等级及类型

1. 路面等级

按路面面层的使用品质、材料组成类型以及结构强度和稳定性，将路面分为四个等级，如表 4-1 所示。

各等级路面所具有的面层类型及其所适用的公路等级　　　　表 4-1

路面等级	面层类型	所适用的公路等级
高级	水泥混凝土、沥青混凝土、厂拌沥青碎石、整齐石或条石	高速、一级、二级
次高级	沥青贯入碎（砾）石、路拌沥青碎（砾）石、沥青表面处治、半整齐石块	二级、三级
中级	泥结或级配碎（砾）石、水结碎石、不整齐石块、其他粒料	三级、四级
低级	各种粒料或当地材料改善土，如炉渣土、砾石土和砂砾土等	四级

2. 各路面特点

（1）高级路面

高级路面的特点是强度高，刚度大，稳定性好，使用寿命长，能适应较繁重的交通量，路面平整，无尘埃，能保证高速行车。高级路面养护费用少，运输成本低，但初期建设投资高，需要用质量高的材料来修筑。

（2）次高级路面

次高级路面与高级路面相比，强度和刚度较差，使用寿命较短，所适用的交通量较小，行车速度也较低，次高级路面的初期建设投资虽较高级路面低些，但要求定期修理，养护费用和运输成本也较高。

（3）中级路面

中级路面的强度和刚度低，稳定性差，使用期限短，平整度差，易扬尘，仅能适应较小的交通量，行车速度低。中级路面的初期建设投资虽然很低，但是养护工作量大，需要经常维修和补充材料才能延长使用年限，运输成本也高。

（4）低级路面

低级路面的强度和刚度最低，水稳定性差，路面平整性差，易扬尘，故只能保证低速行车，所适用的交通量很小，在雨季有时不能通车。低级路面的初期建设投资最低，但要求经常养护修理，而且运输成本最高。

3. 路面类型

路面根据其采用材料不同可有多种类型。对于农村公路常用的类型有水泥混凝土路面、沥青路面、砂石路面、块石路面、砖路面、弹石路面等。

（1）水泥混凝土路面

水泥混凝土路面是指以水泥混凝土面板和基（垫）层所组成的路面。水泥混凝土路面包括普通混凝土、钢筋混凝土、连续配筋混凝土、预应力混凝土、钢纤维混凝土和装配式混凝土等几种，农村公路多采用普通水泥混凝土路面。由于水泥混凝土具有较高的强度和弹性模量，从路面力学特性上称为刚性路面。一般所说的水泥混凝土路面指无筋混凝土或素混凝土，除路面接缝区和局部范围外不配钢筋。与其他类型路面相比，水泥混凝土路面具有强度高、稳定性好、耐久性好、夜间行车有利等优点，但也具有水泥用量大，接缝多，开放交通迟和修复困难等缺点。

（2）沥青路面

沥青路面是指在基层上，用沥青作结合料铺筑面层的路面结构。与水泥混凝土路面相比，沥青路面具有表面平整、无接缝、行车舒适、耐磨、振动小、噪声低、施工期短、养护维修简便、适宜分期修建等优点，属于应用比较广泛的一种路面结构。但是，沥青路面在温度、水、风、阳光等气候及行车作用的影响下，易产生车辙、推移、壅包、开裂、松散、剥落等病害。采用柔性基层的沥青路面结构属于柔性路面，其强度与稳定性在很大程度上取决于土基和基层的特性。沥青路面种类很多，农村公路多采用贯入式沥青路面和沥青表面处治路面。

（3）砂石及改善土路面

① 砂石路面

以砂砾、碎（砾）石和工业废渣为骨料，以黏土或石灰（包括灰土）为结合料，按一定配比铺筑碾压而成的路面统称砂石路面。砂石路面主要有天然砂砾路面、泥（灰）结碎（砾）石路面、级配碎（砾）石路面、水结碎石路面。当交通量不大且资金较缺时，农村公路特别是乡、村道路常用砂石路面。

② 改善土路面

在粉碎的土中掺入适量的石灰或粉煤灰，按照一定技术要求拌合压实并养护成型的路面。改善土路面等级低、车速低、晴通雨阻灰尘大，但能就地取材，费用低，对交通量较小、要求较低、投资紧缺的农村公路较适宜。

③ 块石路面

块石路面是指用块石铺砌的，块石之间用黏结材料结合为整体的一种块状路面。块石路面施工简单，维修方便，造价低，能就地取材，使用寿命较长，是农村公路常用的一种路面结构。适用于交通量不大，石料丰富的地区。

④ 砖路面

砖路面是指在合格的路基表面直接用红砖铺砌不需设基层的简易路面。砖块路面施工简便、造价低。适用于交通量小且无重型车通过的无石料地区。

⑤ 弹石路面

弹石路面是铺在砂垫层上用人工铺砌经过粗凿以后形成的半整齐石块，通过嵌缝填隙压实，成为一种坚固耐久、清洁少尘，适应中重型车辆通行，易于翻修、养护维修和投资较少、方便群众投工投劳的一种路面。弹石路面适宜在石料丰富的山区公路铺砌，也可在道路急弯陡坡地段、沿线城镇、村寨附近的路面以及土基尚不稳定的桥头填土和高填土路基地段铺砌，可在新施工的路段或在老路面上加铺弹石路面面层。

4.1.3 路面施工准备工作

1. 施工放线

路面施工阶段的测量放样工作仍然包括恢复中线、放样高程和测量边线。

路面施工是在路基土石方施工完成以后进行的。在路面底基层（或者垫层）施工前，首先应进行路槽放样。路槽放样包括两方面的内容：中线施工控制桩恢复放样和中平测量；路槽横坡放样。除面层外，各结构层横坡按直线形式进行放样。

（1）路槽放线

在粗平的路基顶面上恢复中线，每隔 10m 加密中桩，再沿各中桩的横断面方向向两侧量出路槽宽度的一半 $C/2$，得到路槽的边桩，量出 $B/2$ 得到路肩边桩（曲线段设置加密时，要在加宽的一侧增加加宽值），然后用放样已知点高程的方法使中桩、路槽边桩、路肩边桩的桩顶面高程等于路面施工完成后的路面高程（要考虑路面和路肩的横坡以及超高）。在上述这些边桩的旁边挖一个小坑，在坑中钉桩，然后用放样已知点高程的方法使桩顶高程附合于考虑过路槽横向坡度后的槽底的高程（要考虑因压实而加入一定的虚方厚度），以指导路槽的开挖和整修。农村公路一般采用挖路槽的路面施工方式，路槽修整完毕后，便可进行培路肩和路面施工。

机械施工时，木桩不易保存，因此路中心和路槽边的路面高程可不放样，而在路槽修整完成后，在路槽底面上放置相当于路面加虚方厚度的木块作为路面施工的标准。

（2）路面放线

① 路边桩的放样

路面边桩的放样可以先放出中线，再根据中线的位置和横断面方向用钢尺丈量放出边桩。放出边桩位置后，在相邻边桩之间。牵上线绳，撒上石灰，标示出边线位置。

② 路拱放样

对于水泥路面，其路拱（即路面顶面横坡）按直线形式放样。

对于中间没有分隔带的沥青路面，其路拱（面层顶面横坡）一般采用抛物线形路拱。从中线开始，按坐标放样，一般把路幅宽分为 10 等分。计算公式如式（4-1）：

$$Y = \frac{4h}{B^2} \cdot X^2, \quad B' = \frac{B}{10},$$

$$h_1 = h = \frac{B}{2} \cdot i, \quad h_2 = 0.96h,$$

$$h_3 = 0.84h, \quad h_4 = 0.64h_1, \quad h_5 = 0.36h \tag{4-1}$$

式中　X——离中线横向距离；

　　　Y——相应于 X 各点的竖向距离；

　　　B——车道宽度（即路面宽）；

　　　h——路拱高；

i——横坡度（%），一般为2%～3%。

沥青路面的路拱放样一般采用路拱样板进行，在施工过程中逐段检查。

(3) 路面放样精度要求

路面放样的精度要求，应按照对不同路面的相应规定执行。具体可按《公路工程质量检验评定标准》JTG F80/1—2004 的相关条款执行，参见表 4-2～表 4-5 所示。

水泥路面面层放样精度要求　　　　　　　　　　表 4-2

序号	检查项目		水泥混凝土面层
1	中线平面全偏位（mm）		±20
2	纵断高程（mm）		±15
3	宽度（mm）	有侧石	±20
		无侧石	
4	横坡（%）		±0.25

注：表中数据为规定值或允许偏差。

沥青路面面层放样精度要求　　　　　　　　　　表 4-3

序号	检查项目		沥青贯入式面层	水泥混凝土面层
1	中线平面全偏位（mm）		±30	±30
2	纵断高程（mm）		±20	±20
3	宽度（mm）	有侧石	±30	±30
		无侧石	不小于设计值	不小于设计值
4	横坡（%）		±0.5	±0.5

注：表中数据为规定值或允许偏差。

石灰土基层和底基层放样精度要求　　　　　　　　表 4-4

序号	检查项目	基层	底基层
1	中线平面全偏位（mm）	±50	±50
2	纵断高程（mm）	+5，-15	+5，-20
3	宽度（mm）	不小于设计值	不小于设计值
4	横坡（%）	±0.5	±0.5

注：表中数据为规定值或允许偏差。

水泥稳定粒料基层和底基层放样精度要求　　　　　表 4-5

序号	检查项目	基层	底基层
1	中线平面全偏位（mm）	±50	±50
2	纵断高程（mm）	+5，-15	+5，-20
3	宽度（mm）	不小于设计值	不小于设计值
4	横坡（%）	±0.5	±0.5

注：表中数据为规定值或允许偏差。

2. 土基准备

(1) 施工前应确保运送材料通道基本平整畅通，不得延误运输时间、碾坏路基。新建或边通车边改建的路面工程，需要配备专人实行交通管制。混合料搅拌厂应有满足堆料和停车的场地，原材料运输和混合料运输车辆不应相互干扰，有独立的运料进出口。建立摊铺现场和搅拌场之间快速有效的通讯联络与调度指挥系统。

（2）下承层准备。施工前对下承层（土基或垫层）按质量检验标准进行验收，并精心加工。土基应稳定、密实、均质，对路面结构提供均匀的支承。对桥头、软基、高填方、填挖方交接等处的路基段，应进行连续沉降观测，并采取切实有效的措施保证路基的稳定性。检查验收的内容有高程、宽度、横坡度、平整度、压实度（路基或半刚性底基层）及弯沉值（柔性底基层）。下承层表面应平整、坚实，具有规定的路拱，没有任何松散材料和软弱地点。

不论是路堤或路堑的土基，必须用12～15t三轮压路机碾压3～4遍进行检验和平整度测定。在碾压过程中，如发现土过干，表层松散，应适当洒水；发现土过湿，有"弹簧"现象，应挖开晾晒、换土、掺石灰或粒料等措施处理。如果上路床填土使用了液限大于50的高液限黏土及有机质细粒土；在高速公路和一级公路的上路床使用了液限大于50的高液限粉土、塑性指数大于16或膨胀率大于3％的低液限黏土，均应掺加水泥、粉煤灰或石灰等结合料进行改善。在有泉水、渗水的路基段，应加设排水盲沟、渗沟或设排水垫层。

基层的下承层若是底基层，应进行压实度检查或碾压检查。对于柔性底基层还要进行弯沉值检测。凡不符合设计要求的路段，必须根据具体情况，分别采用补充碾压、加厚底基层、换填好材料、挖开晾晒等措施，使其达到标准。底基层上的低洼和坑洞，应仔细填补及压实，对搓板及辙槽应刮除，松散处应耙松、洒水并重新碾压。在槽式断面的路段，两侧路肩每隔一定距离（5～10m）应交错开挖泄水沟（或做盲沟）。要对每个断面检查其下承层高程是否符合要求。

4.2　路面基层、底基层施工

4.2.1　路面基层、底基层施工一般知识

1. 名词术语

（1）集料

也称骨料，指在混合料中起骨架或填充作用的材料，集料有粗集料和细集料之分。通常粒径大于2.36mm的集料，称粗集料，粒径小于2.36mm的集料，称细集料。在基层中常用的集料有碎石、砾石和砂砾石等。

（2）拳石

又叫不整齐块石，为道路路面建筑用石料制品，是由粗加工而得到的石块，是手摆块石底基层或基层的主要材料。

（3）级配碎石

粗、中、小碎石和砂各占一定比例的混合料，当其颗粒组成符合规定的密实级配要求时称级配碎石。

（4）碎石

符合工程要求，经加工的岩石，粒径一般大于5mm。

(5) 砾石

粒径在 2~60mm 之间的天然鹅卵石。

2. 基层的类型

路面的基层通常分粒料类基层和稳定类基层两大类。

(1) 粒料类基层

粒料类基层是指不加入结合料（水泥、石灰、粉煤灰等），直接用粒料构成的路面基层，农村公路常用的粒料类基层有如下几种：

① 级配碎（砾）石基层

按密实级配原理，采用级配碎（砾）石，经拌和、摊铺和压实形成的路面基层。由于级配碎（砾）石对粒料尺寸、级配要求较高，农村公路较少采用。

② 填隙碎石基层（又称干压碎石基层）

用单一尺寸的粗碎石作主集料，形成嵌锁结构，起承受和传递车轮荷载的作用，用石屑做填隙料，填满碎石间的空隙，增加密实度和稳定性，经碾压形成的路面基层称填隙碎石基层。

当碎石基层采用干压方法施工成型时，称为干压碎石基层。干压碎石要求填缝紧密，碾压坚实。如土基软弱，应先铺筑低剂量石灰土或砂砾垫层，以防止软土上挤和碎石下陷。为了减轻碾压工作量，有时在碾压碎石的过程中，也可适量洒水。

③ 手摆块石（拳石）基层

手摆块石是以块石（或拳石）用手工铺砌在垫层上，并用砂砾或碎石嵌缝，洒水碾压密实而成的路面基层。它具有较高的强度和水稳性，可作中级、次高级或高级路面的基层或底基层。

④ 天然砂砾基层

天然砂砾基层是指用含土少、水稳性好的天然砂砾铺筑的路面底基层或垫层。对于天然砂砾基层所用的砂砾材料，一般没有严格要求，但为了保证其干稳性及便于稳定成型，对于颗粒组成应予适当控制，其颗粒组成和细粒塑性指数应符合一定要求。一般仅用于路面底基层。

(2) 稳定类基层

稳定类基层是指采用一定的技术措施使土或粒料成为具有一定强度与稳定性的筑路材料，以此修筑的路面基层称为稳定类基层。稳定剂无机结合料主要是水泥、石灰、粉煤灰。其主要类型有水泥稳定土基层、石灰稳定土基层、石灰工业废渣类稳定土基层。

① 水泥稳定土基层

水泥稳定土基层是指用水泥作结合料所得的混合料所修筑的路面基层，在经过粉碎或原来松散的土中掺入适量的水泥和水，经拌合得到的混合料在压实和养生后，当其抗压强度符合规定的要求时，称为水泥稳定土，包括水泥稳定的各种细粒土、中粒土和粗粒土。当用水泥稳定细粒土作为路面基层时，视所用土类而定，可简称为水泥土、水泥砂和水泥石屑；当用水泥稳定中粒土或粗粒土作为路面基层时，视所用原材料而定，可简称为水泥碎石、水泥砂砾等。水泥土可用于高级路面的底基层和次高级路面的基层，水泥碎石、水泥砂砾一般用于高级或次高级路面的基层。

② 石灰稳定土基层

石灰稳定土基层是指用粉碎的或原来松散的土（包括各种粗、中、细粒土），掺入适量的石灰和水，经拌合、压实及养生后得到的强度符合要求的混合料所修筑的路面基层。用石灰稳定细粒土得到的强度符合要求的混合料所修筑的路面基层，称为石灰土基层。用石灰稳定中粒土和粗粒土得到的强度符合要求的混合料，作为路面基层时，视所用原材料而定，当原材料为天然砂砾或级配砂砾时，称为石灰稳定砂砾土基层；原材料为碎石土或级配碎石时，称为石灰碎石土基层。石灰稳定土基层广泛应用于高级路面的底基层和次高级路面的基层。石灰土基层具有就地取材、施工简便、平整度易控制、成本低等优点，非常适用于缺少路用材料地区的农村公路建设。但是在冰冻地区的潮湿路段以及其他地区的过分潮湿路段，不宜采用石灰土做基层。

③ 工业稳定废渣类基层

一些工业废渣如粉煤灰、煤渣、钢渣、高炉矿渣、煤矸石等含有一定的活性氧化钙和氧化镁，在加水后可与石灰发生火山灰反应，形成较高的强度，可以作为路面的基层或底基层。因此把这类材料做成的基层称为工业废渣稳定类基层。

通常把石灰粉煤灰（简称二灰）稳定土、稳定砂、稳定碎（砾）石所做的基层称为二灰类稳定基层。把石灰煤渣（简称二渣）稳定土称为二渣土，在二渣中掺入一定量的粗集料则称为三渣。目前，应用广泛的是二灰类基层，如二灰碎石、二灰砂砾等。

本节仅对农村公路较常用的天然砂砾底基层、填隙碎石基层、手摆块石基层、水泥稳定基层、石灰稳定基层等类型的施工加以介绍。

4.2.2 天然砂砾底基层

1. 施工要点

(1) 备料

备料前应根据施工段长度、宽度、厚度及砂砾密度，计算出需要的砂砾质量。根据料场砂砾的含水量以及运料车的吨位，计算出砂砾的堆放间距。运料车每车装料的数量应基本相等，卸料应由远及近，料堆距离应基本相等，避免摊平后砂砾过多或不够；运送砂砾在正式施工前几天完成即可，堆放时间不宜过长，运送砂砾在正式施工前一两天完成即可。

(2) 摊铺、洒水及整形

底基层施工宜分段进行，每个作业段长度以500m左右为宜。用推土机将砂砾料堆大致推平，超大粒径的砂砾要人工捡出。人工摊铺砂砾，其松铺系数约为1.4~1.5，平地机摊铺砂砾，其松铺系数约为1.25~1.35，具体施工时应通过试验段确定。

用洒水车均匀地洒足需要的水分；接着用平地机反复平整砂砾，直到砂砾均匀的摊铺在路基上并形成规定的路拱为止；平整过程中如发现水分不足，可继续洒水，但不能出现局部积水现象；同时人工配合找补，防止出现局部缺料或粗料集中现象。

(3) 碾压

砂砾整形完毕后，用压路机在砂砾层全宽范围内进行碾压，直线段和不设超高的平曲线段由两侧向路中心碾压，平曲线超高段由低处向高处碾压。碾压时应重叠1/2轮宽，先慢速静压1~2遍，然后振动碾压4~6遍，直至达到规定的压实度为止。

2. 质量控制与检测

（1）质量控制

① 严格控制含水量。施工中洒水要均匀，含水量过大，水分渗透至路基，造成碾压时路基强度降低，出现"弹簧"、"波浪"现象，影响混合料预期达到的密实度、平整度和强度；含水量过小，不易碾压成型，后期浮料较多，甚至出现坑槽。

② 在砂砾初步整形完毕后，先用轻型压路机在已初平的路段上快速碾压一遍，以暴露潜在的不平整，再用平地机进行整平和整形。

③ 严禁压路机在已完成和正在碾压的路段上"调头"和刹车。

④ 施工中注意人工捡出粒径过大的砂砾，及时清除粗细颗粒离析现象，并换填新料。

⑤ 施工中应严格控制底基层和高层，其路拱横坡应与面层一致，密实度要达到96％以上。

（2）质量检测

① 砂砾底基层施工过程中重点检测的指标为砂砾级配和含水量，应随时观察、试验，避免出现异常。

② 砂砾底基层检查验收项目除几何尺寸外，重点采用压实度和弯沉值进行"双控"，即压实度和弯沉值为硬性指标。压实度要达到96％以上，弯沉值符合设计要求。

4.2.3 填隙碎石基层

1. 施工要点

（1）摊铺碎石

用平地机或人工将粗碎石均匀地摊铺在预定的宽度上，表面上力求平整，并有规定的路拱、路肩同时铺筑。通过检查松铺材料层的厚度进行减料和补料。松铺系数为1.2～1.3。

（2）压实及嵌缝

第一次初压采用6～8t轻型两轮压路机碾压3～4遍，错轮时，每次重叠1/3轮宽，使粗碎石稳定就位。第一次碾压后再次找平，做到表面平整，具有规定的路拱和纵坡。采用石屑撒布机第一次均匀撒布干填隙料，松铺厚度为2.5～3.0cm。然后用人工或机械扫匀。第二次采用振动压路机（或重型振动板）慢速碾压。每次撒布机撒干石屑厚2.0～2.5cm。第三次采用振动压路机压实，要对局部填隙料不足之处人工找补，扫除局部多余填隙料，第四次振动压实时要保证全部孔隙被填满。多余的填隙料要全部清除，不应在表面自成一层。为了使上下层良好地结合在一起，不产生分层现象，表面必须能见粗碎石。如果填隙碎石层上为薄沥青面层，应使粗碎石棱角外露3～5mm。如果在其上要继续铺筑填隙碎石层，应使粗碎石棱角外露5～10mm。最后，在表面洒少量水（3t/m²以上），终压采用12～15t三轮压路机碾压1～2遍。

（3）湿法施工要点

若采用湿法施工，则在孔隙全部填满后，立即用洒水车洒水，直至饱和，但要注意不能使多余的水浸泡下承层。洒水车后跟随12～15t三轮压路机碾压。边压边添加填隙料，直到细集料和水形成粉砂浆并填满全部孔隙，在压路机轮前形成微波纹状为止。待结构层蒸发变干后，清除表面多余细料以及自成一薄层的细料覆盖层，然后才能摊铺第二层粗碎石。

2. 质量控制及检测

(1) 质量控制

① 材料质量控制

石料强度要求不低于规范要求，碎石最大粒径一般不超过厚度的0.7倍，50mm的大粒料应占70%～80%。0.5～20mm的粒料占5%～15%。其余为中等粒料。长形或扁平粒料含量不宜超过20%。否则应打碎作嵌缝料用。结构内部的填充料一般用砂或石灰土，数量约为20%～30%碎石体积。不同路面厚度每千平方米填隙碎石材料用量见表4-6。

干结碎石材料用量参考表　　　　　　　　　　　　　表4-6

路面厚度 (cm)	干结碎石材料用量 [m³/(1000m²)]					
	大块碎石		第一次嵌缝料		第二次嵌缝料	
	规格（mm）	用量	规格（mm）	用量	规格（mm）	用量
8	30～60	88	5～20	20	—	—
10	40～70	110	5～20	25	—	—
12	40～80	132	20～40	35	5～20	18
14	40～80	154	20～40	40	5～20	20
16	40～120	176	20～40	45	5～20	22

② 施工机具。如表4-7所示。

干结碎石机具参考表　　　　　　　　　　　　　表4-7

名称	规格	单位	数量	用途
三轮压路机	10～12t	台	1	碾压碎石
平地机	进口或国产自行车	台	1	摊铺碎石
洒水车	3.5～4t	辆	1	碾压碎石时洒水
翻斗车		辆	2	运碎石
小推车		辆	5	运碎石
喷壶		把	2	洒水
水桶		个	4	担水
铁叉	12齿	把	24	铺碎石
铁锹		把	8	整平碎石，撒嵌缝料
竹扫把		把	10	扫嵌缝料

(2) 质量检测

① 外观要求

表面平整密实，边线整齐，无松散现象。

② 检测项目，如表4-8所示。

填隙碎石（矿渣）基层和底基层实测项目					表 4-8
项次	检查项目		规定值或允许偏差		检查方法和频率
			基层	底基层	
			二级及以下公路	二级及以下公路	
1	固体体积率（%）	代表值	85	83	灌砂法：每200m每车道2处
		极值	82	80	
2	弯沉值（0.01mm）		符合设计要求	符合设计要求	
3	平整度（mm）		12	15	3m直尺：每200m测2处×10尺
4	纵断高程（mm）		+5，-15	+5，-20	水准仪：每200m测4个断面
5	宽度（mm）		符合设计要求	符合设计要求	尺量：每200m测4处
6	厚度（mm）	代表值	-10	-12	每200m每车道1点
		合格值	-20	-30	
7	横坡（%）		±0.5	±0.5	水准仪：每200m测4个断面

4.2.4 手摆块（拳）石基层

1. 施工要点

（1）摊铺垫层

在已整理好的路槽内，按设计用量均匀摊铺垫层材料，并用刮板整平，泼水湿润。每次摊铺长度保持超前铺砌层8~10m，以免破坏垫层的平整度。

（2）铺砌圆石

铺砌程序和工艺参见手摆石块。但要注意将圆石的1/4~1/3高度镶入垫层。铺砌后的圆石层未经碾压，禁止车辆通行。

（3）灌缝

在铺好的圆石层上，撒上灌缝料至圆石厚的1/3~3/4，用扫帚扫入缝中，洒水灌缝。用水量3~5kg/m²。

（4）第一次嵌缝

石砌铺砌到相当长度（一般不小于3m），用适当大小的碎石块楔入两石块空隙内，以一块插满为好，小头向上，用木槌击紧。切忌把楔石浮搁在空隙上，楔石完毕后，撒铺第一次嵌缝料。要求撒铺均匀，符合路面标准为止。嵌缝料未经压实之前，禁止车辆通行。

（5）稳压

用6~8t或8~10t压路机压2~3遍，使铺砌层基本稳定。

（6）第二次嵌缝

当铺砌层基本稳定以后，即撒第二次嵌缝料。

（7）压实

用12~15t或10~12t压路机进行压实。碾压次数据石质而定，软质石料6~8遍；硬质石料10~12遍，碾压至表面平实、无轮迹为止。如在碾压过程中发现石块有倾斜或松动，以及沉陷等不符合质量要求时，应重新铺砌和嵌缝，并碾压坚实。

2. 质量控制与检测

(1) 质量控制

① 厚度

手摆块(拳)石厚度,一般为14～25cm。作调平的垫层厚度一般为4～5cm。

② 材料控制

垫层一般采用粗砂、砂砾,含泥量不宜大于砂重的10%;炉渣,筛除粉末,并挑出大于20mm的颗粒,打碎才能使用;石灰土,含石灰剂量6%～8%拌合均匀,土粒不宜大于10mm,松方系数为1.2～1.4。

块(拳)石要求质地坚硬,强度不低于三级,冰冻地区还需考虑石料的耐冻性,圆石高度约等于铺砌层厚度的0.7～0.9倍,并选择尺寸大致相等的石料。

灌缝料一般采用粗砂或砂砾,质量要求同垫层材料,用量按圆石总量的30%～35%。

嵌缝料同手摆石块,每千平方米备料数量与手摆块石同,详见表4-9。

块石基层石料用量参考表　　　　　　表4-9

基层厚度 (cm)	石料用量 [m³/(1000m²)]				
	石块		嵌缝料用量		合计
	高度(mm)	用量	第一次嵌缝	第二次嵌缝	
25	180～230	275	58	24	82
20	140～180	220	46	20	66
16	110～140	176	28	12	40

(2) 质量检测

① 外观要求

边缘顺直,表面平整坚实,以12t压路机压后无明显轨迹。

② 检测项目,如表4-10所示。

块石基层检测项目　　　　　　表4-10

项次	检查项目		规定值或允许偏差		检查方法和频率
			基层	底基层	
1	固体体积率(%)	代表值	85	83	灌砂法:每200m每车道4处
		极值	82	80	
2	平整度(mm)		12	15	3m直尺:每200m测2处×10尺
3	纵断高程(mm)		+5,-15	+5,-20	水准仪:每200m测4点
4	宽度(mm)		不小于设计值	不小于设计值	尺量:每200m测4处
5	厚度(mm)	代表值	-10	-12	每200m每车道1点
		合格值	-20	-30	
6	横坡(%)		±0.5	±0.5	水准仪:每200m测4个断面

4.2.5 水泥稳定土基层

1. 施工要点

路拌法施工应流水作业,逐段依次施工,根据施工能力确定每个施工段的长度,一般以300～500m为宜。

(1) 准备下承层。

正式施工前应重点检测下承层的弯沉、压实度、平整度、宽度，尤其是不设垫层时更要严格检测旧路的各项指标。凡不合格的路段必须采取措施，使其达到质量检验标准。

(2) 施工放样。

恢复中线，设置中桩、边桩。由测量人员进行水平和高程测量，在两侧指示桩上标出边缘的设计高程。

(3) 备料、摊铺砂砾。

根据设计宽度、厚度及预定的干密度，计算各路段所用的干砂砾数量。根据砂砾天然含水量和运料车辆吨位，计算出每车料堆放距离，并在施工前堆放好砂砾。砂砾松铺系数、堆放间距等可参照垫层的施工方法确定。根据砂砾天然含水量情况，一般应在施工前4～5h前洒水闷料。

(4) 整平。

用平地机将土均匀地摊铺在预定的宽度上，表面力求平整，并有规定的路拱，及时检查松铺层的厚度，必要时进行减料和补料工作。如已整平的砂砾含水量过小，应洒水闷料。

(5) 摆放和摊铺水泥。

根据各段水泥稳定砂砾的厚度、预定的干密度及水泥剂量，计算$1m^2$水泥用量、每袋水泥的摊铺面积和每袋水泥的纵向间距，然后摊放水泥，打开水泥袋，把水泥倒在砂砾层上，将水泥均匀摊开，水泥摊铺后应没有空白位置，也没有水泥过分集中地点。

(6) 拌合。

拌合机械可采用稳定土路拌机，在没有专用拌合机械的情况下，可采用农用五铧犁翻拌。用五铧犁将铺好的水泥砂砾翻拌两遍，使水泥分布到砂砾中，第一遍由中间开始，将混合料向两边翻，机械慢速前进；第二遍相反，从两边开始，将混合料向外侧翻。翻拌过程中，应派专人将超大粒径的砂砾捡出；接着翻拌4遍，随时检查调整翻犁深度，使稳定土层全部翻透。若达不到拌合深度，要对多铧犁进行配重，使拌合深度达到基层底部并侵入砂砾垫层5～10mm，以利层间结合。避免出现拌合过深破坏路基，过浅出现夹层、拌合宽度不够及漏拌现象。

在上述拌合过程中，随时检测混合料的含水量，一般宜大于最佳含水量的0.5%～1%。如没有检测设备，也可用经验法观察，一般混合料手抓成团，扔即分散，说明水量是比较合适的。如果含水量不足，应补充洒水。补水后应再次进行拌和，使水分在混合料中分布均匀。拌合均匀的混合料应色泽一致，没有灰条、灰团和花面，无明显粗细料离析现象。

有条件的地区可在翻拌前两遍后用稳定土拌合机再拌合一遍。对于桥（涵）头等拌合不均之处，应人工拌合。

(7) 整型、碾压。

拌合完成后，应立即用平地机初步整型。直线段平地机由两侧向路中心进行刮平，平曲线超高段由内侧向外侧进行刮平，对于局部低洼处应用新拌的混合料人工找平；再用平地机整形一次，形成规定的坡度和路拱。平地机整形的遍数不宜过多，否则极易出现粗料集中的情况，施工中要特别注意。

用12～15t压路机静压1～2遍，接着用振动压路机在全宽内进行碾压，直线段和不设超高的平曲线段由两侧向路中心碾压，碾压时应重叠1/2轮宽，后轮必须超过两段接缝处，平曲线超高段由内侧向外侧碾压。一般需要4～6遍，碾压速度前两遍宜采用1.5～1.7km/h，以后宜采用2.0～2.5km/h。直到表面无明显轮迹并经现场检测达到规定的压实度为止。从拌合到碾压终了，水泥稳定土基层施工时间原则上不能超过3～4h，并应短于水泥的终凝时间。

在碾压过程中水泥稳定砂砾的表面应始终保持潮湿，如表层水蒸发过快应及时补洒少量的水。在碾压结束之前，用平地机再碾平一次，使其纵向顺适、路拱超高符合设计要求，碾平应仔细进行，必须将局部高出部分刮出路外，对于局部低洼之处不再进行找补，待铺筑沥青面层时处理。

(8) 养生。

每一施工段碾压完成后应立即开始养生，可用洒水车洒水养生，养生期一般为7d，整个养生期应始终保持基层顶面湿润，除洒水车外，任何车辆不得通行。有条件的施工单位可采用塑料薄膜覆盖养生的方法，以减少洒水次数，节约工程造价。

2. 堆拌法施工要点

农村公路项目多、地点分散、规模小，可以采用堆拌法施工，即用装载机对水泥和砂砾进行集中翻拌，然后均匀摊铺在施工路段上。该方法能够有效提高水泥砂砾的拌合均匀性，而且避免出现素砂砾层，保证了水泥稳定砂砾层的厚度。

水泥稳定砂砾基层堆拌法施工工艺除拌合方法与路拌法不同外，其余施工过程基本相同。堆拌过程主要包括准备场地、备料、摊料、洒水闷料、拌合、施工整平等。

(1) 准备场地。

堆拌可在施工路段进行（也可在施工路线附近找一地面平整的场地进行混合料拌合，以避免直接在下承层上拌合时对下承层造成破坏）。备料前，应将场地清理干净，并碾压密实。

(2) 备料、摊料。

按1m²的砂砾用量用自卸汽车将砂砾直接运至已完工成型的下承层上。卸料要整齐，纵向必须成行，必要时可预先标出每车的卸载位置。用推土机或装载机将备好的砂砾大致以梯形推开，在下承层上沿路线方向以条状码好，使其上表面形成槽状向前延伸，并保证推平后，各段厚度基本一致。

(3) 洒水闷料。

施工前用洒水车对砂砾进行洒水闷料，减少拌合时的水泥损失，并使混合料保持一定的含水量。注意一定要将砂砾闷透，使砂砾在拌合时能保持较好的湿度。但应控制洒水量不宜过大，以防止对下承层产生过度浸泡。一般来说，"手抓成团、扔即分散"，即可认为砂砾已达到合适的湿度。

(4) 拌合。

根据水泥剂量、砂砾含水量及最大干密度计算出每延米的水泥用量。在码好的砂砾边缘以2～3m宽的间隔打上标线，按计算的水泥用量用人工将水泥均匀地撒在标线范围内。

用装载机将结合料以堆状码放在下承层上，然后采用2～3台装载机进行翻拌。翻拌时，装载机应注意将混合料举到最大高度时，缓慢向下撒料，撒料时应连续抖动铲斗，不可一次性全部倒下，以免影响拌合质量。如在施工路段上翻拌，应将铲齿全部摘除，防止对下承层造成破坏。在施工路段以外拌合时，要用装载机配合自卸汽车倒运混合料。

翻拌时注意必须消除夹"素土"现象，拌合后，混合料要均匀，色泽一致，没有灰条、花面，没有粗细集料窝，且料质均匀，否则不得使用，应继续拌合至符合要求为止。

（5）整平施工。

混合料拌合均匀后，采用装载机按试验路段确定的松铺厚度在路两侧预先测好的高程样点高度摊开；采用平地机结合人工找补的方式整平。整平时控制桩用水准仪进行跟踪测设并及时用白灰或红油漆做出标记，指导平地机按设计高程进行整平，测设点分布密度一般为10m左右。

3. 质量控制与检测

（1）质量控制

1）材料质量控制

① 水泥

普通硅酸盐水泥、矿渣硅酸盐水泥和火山灰质硅酸盐水泥都可用于稳定土，但应选用终凝时间较长的水泥（宜在6h以上）。快硬水泥、早强水泥及已受潮变质的水泥不应使用，并宜用强度等级较低的水泥（如32.5级或42.5级）。

② 土

凡是能被经济地粉碎的土，都可用水泥稳定。有机质含量超过2%的土，必须先用石灰处理，闷料一夜，再用水泥稳定。硫酸盐含量超过0.25%的土，不应用水泥稳定。

水泥稳定粒径较均匀的砂时，宜在砂中添加少量塑性指数小于10的黏性土或石灰土，也可添加粉煤灰，加入比例一般为20%～40%左右，以使混合料的标准干密度接近最大值为依据确定。

③ 粗集料

稳定土用做二级和二级以下公路的底基层时，颗粒最大粒径不应超过53mm；用做基层时，集料粒径不应超过37.5mm。稳定土中碎石和砾石的抗压碎能力应符合表4-11的要求。

粗集料压碎值表　　　　　表4-11

材料类型	公路等级	二级公路	二级以下公路
水泥稳定土	基层	不大于35%	
	底基层	不大于40%	
石灰稳定土	基层	不大于30%	不大于35%
	底基层	不大于40%	
石灰工业废渣稳定土	基层	不大于35%	
	底基层	不大于40%	

用集料压碎值表示石料的抗压碎能力，便于工地试验室进行试验和控制。压碎值与集料中的扁平状、长条颗粒含量有关。

④ 水泥剂量

稳定土中的水泥量主要取决于混合料的强度。根据室内试配强度选定水泥或石灰剂量时要注意以下事项：

水泥稳定土：工地实际采用的水泥剂量应比室内试验确定的剂量多0%~1.0%，集中厂拌法施工时增加0.5%；路拌法施工时宜增加1.0%。水泥的最小剂量应符合表4-12的要求。

水泥参考剂量　　　　　　　　　　　　　表4-12

土类＼拌和方法	路拌法	集中拌和法
中粒土和粗粒土	4%	3%
细粒土	5%	4%

⑤ 混合料强度要求

在不同交通类别道路和不同的结构层中，试件在规定温度下保温养生6d，浸水1d后，进行无侧限抗压强度试验，其代表值应符合表4-13的要求。

混合料强度要求表　　　　　　　　　　　表4-13

土类	拌合方法	二级和二级以下公路（MPa）
水泥稳定土	基层	2.5~3
	底基层	1.5~2.0
石灰稳定土	基层	≥0.8
	底基层	0.5~0.7
二灰混合料	基层	0.6~0.8
	底基层	≥0.5

2）施工质量控制要点

水泥稳定土施工时应遵守以下规定：

① 土块应尽可能粉碎，土块最大尺寸不应大于15mm。

② 配料必须正确，水泥必须摊铺均匀（路拌法）。

③ 洒水、拌合必须均匀，并严格控制含水量。

④ 严格掌握基层厚度和高程，其路拱、横坡应与面层一致。

⑤ 水泥稳定土应在处于或略大于最佳含水量时碾压，石灰稳定土混合料应在处于或略小于最佳含水量时进行碾压，直至达到要求的压实度。

⑥ 用12~15t三轮压路机碾压时，每层压实厚度不超过15cm。18~20t三轮压路机碾压时，不超过20cm。对于水泥稳定中粒土和粗粒土，采用能量大的振动压路机碾压时，或对于细粒土采用振动羊足碾与三轮压路机配合碾压时，其每层的压实厚度可根据试验适当增加。压实厚度超过上述规定时，应分层铺筑，每层的最小压实厚度为10cm，下层宜稍厚。对水泥稳定细粒土，应先用轻型压路机后用重型压路机碾压。

⑦ 水泥稳定土施工尽可能缩短从加水拌和到碾压终了的延迟时间。路拌法施工时，此时间应超过3~4h，并应短于水泥的终凝时间。采用集中厂拌法施工时，延迟时间不超

过 2~3h。

⑧ 必须保湿养生，不使稳定土层面干燥，也不应忽干忽湿。

⑨ 水泥稳定土基层上未铺封层或面层时，除施工车辆可慢过通行外，禁止一切机动车辆通行。

⑩ 在稳定土基层施工时，严禁用薄层贴补法进行找平。

(2) 质量检测

1) 外观鉴定

① 表面平整密实、无坑洼。

② 施工接茬平整、稳定。

2) 检测项目，如表 4-14 所示。

水泥土基层和底基层实测项目　　　　　表 4-14

项次	检查项目		规定值或允许偏差		检查方法和频率
			基层	底基层	
			二级及以下公路	二级及以下公路	
1	压实度（%）	代表值	95	93	每200m每车道2处
		极值	91	89	
2	平整度（mm）		12	15	3m 直尺：每200m测2处×10尺
3	纵断高程（mm）		+5，-15	+5，-20	水准仪：每200m测4个断面
4	宽度（mm）		符合设计要求	符合设计要求	尺量：每200m测4个断面
5	厚度（mm）	代表值	-10	-12	每200m每车道1点
		合格值	-20	-30	
6	横坡（%）		±0.5	±0.5	水准仪：每200m测4个断面
7	强度（MPa）		符合设计要求	符合设计要求	

(3) 平整度检测

平整度检测可用 3m 直尺法，平整度仪法、车载仪法等，农村公路常用 3m 直尺法。该法设备简单、测试简便。

1) 原理及适用条件

本方法用规定的 3m 直尺测定距离路表面的最大间隙表示路基路面的平整度，以 mm 计。

本方法适用于测定压实成型的路面各层表面，基层表面和路基表面的平整度，以评定路面的施工质量及使用质量。

2) 仪具及材料

① 3m 直尺：硬木或铝合金钢制，底面平直，长 3m。

② 楔形塞尺：木或金属制的三角形塞尺，有手柄。塞尺的长度与高度之比不小于 10，宽度不大于 15mm，边部有高度标记，刻度精度不小于 0.2mm，也可使用其他类型的量尺。

③ 其他：皮尺或钢尺、粉笔等。

3) 方法步骤

① 在施工过程中检测时，按根据需要确定的方向，将 3m 直尺摆在测试地点的路面上。

② 目测3m直尺底面与路面之间的间隙情况，确定间隙为最大的位置。

③ 用有高度标线的塞尺塞进间隙处，量记其最大间隙的高度（mm），准确至0.2mm。

④ 施工结束后检测时，按现行《公路工程质量检验评定标准》JTG F80/1—2004的规定，每1处连续检测10尺，按上述步骤测记10个最大间隙。

⑤ 单杆检测路面的平整度计算，以3m直尺与路面的最大间隙为测定结果。连续测定10尺时，判断每个测定值是否合格，根据要求计算合格百分率，并计算10个最大间隙的平均值。

(4) 弯沉检测（贝克曼梁法）

本方法适用于测定各类路基路面的回弹弯沉，用以测定其整体承载能力，可供路面结构设计使用。

沥青路面的弯沉以路表温度20℃时为准，在其他温度测试时，对厚度大于5cm的沥青路面，弯沉值应予以温度修正。

1) 仪具与材料

本试验需要下列仪具与材料：

① 标准车：双轴、后轴双侧4轮的载重车，其标准轴荷载轮胎尺寸、轮胎间隙及轮胎气压等主要参数应符合要求。测试车可根据需要按公路等级选择，高速公路、一级及二级路应采用后轴。10t的BZZ-100标准车；其他等级公路可采用轴6t的BZZ-60标准车。

② 路面弯沉仪：由贝克曼梁、百分表及表架组成，贝克曼梁由合金铝制成，上有水准泡，其前臂（接触路面）与后臂（装百分表）长度比为2:1，弯沉仪长度有两种：一种长3.6m，前后臂分别为2.4m和1.2m；另一种加长的弯沉仪长5.4m，前后臂分别为3.6m和1.8m。当在半刚性基层沥青路面或水泥混凝土路面上测定时，宜采用长度为5.4m的贝克曼梁弯沉仪，并采用BZZ-100标准车。弯沉采用百分表量得，也可用自动记录装置进行测量。

③ 接触式路表温度计：端部为平头，分度不大于1℃。

④ 其他：皮尺、口哨、白油漆或粉笔、指挥旗等。

2) 方法与步骤

① 在测试路段布置测点，其距离随测试需要而定。测点应在路面行车车道的轮迹带上，并用白油漆或粉笔画上标记。

② 将试验车后轮轮隙对准测点后约3~5cm处的位置上。

③ 将弯沉仪插入汽车后轮之间的缝隙处，与汽车方向一致，梁臂不得碰到轮胎，弯沉仪测头置于测点上（轮隙中心前方3~5cm处），并安装百分表于弯沉仪的测定杆上，百分表调零，用手指轻轻叩打弯沉仪，检查百分表是否稳定回零。弯沉仪可以是单侧测定，也可以是双侧同时测定。

④ 测定者吹哨发令指挥汽车缓缓前进，百分表随路面变形的增加而持续向前转动。当表针转动到最大值时，迅速读取初读数 L_1。汽车仍在继续前进，表针反向回转，待汽车驶出弯沉影响半径（3m以上）后，吹口哨或挥动指挥红旗，汽车停止。待表针回转稳定后，再次读取终读数 L_2。汽车前进的速度宜为5km/h左右。

⑤ 计算公式如式（4-2）

$$回弹弯沉值 = (L_1 - L_2) \times 2 \quad (0.01\text{mm}) \tag{4-2}$$

4.2.6 石灰稳定土基层

1. 施工要点

（1）施工季节选择

石灰土宜在春末和气温较高季节组织施工，施工期的日最低气温应在5℃以上，并在第一次重冰冻（-3～-5℃）到来之前一个月至一个半月完成。在雨季施工时，应采用措施保护石灰免遭雨淋。

（2）材料要求

1）石灰剂量

工地实际采用的石灰剂量应比室内试验确定的剂量多0.5%～1.0%，采用集中厂拌法施工时，可只增加0.5%；采用路拌法施工时，宜增加1.0%。

一般剂量参考下面比例，通过试验具体确定：

① 做基层用

砂砾土和碎石土：3%，4%，5%，6%，7%。

塑性指数小于12的黏性土：10%，12%，13%，14%，16%。

塑性指数大于12的黏性土：5%，7%，9%，11%，13%。

② 做底基层用

塑性指数小于12的黏性土：8%，10%，11%，12%，14%。

塑性指数大于12的黏性土：5%，7%，8%，9%，11%。

2）土

土的塑性指数在15～20的黏性土以及含有一定数量黏性土的中粒土和粗粒土均适用于用石灰稳定。

用石灰稳定不含黏性土或无塑性指数的土时，应添加适量黏性土。严禁使用腐殖土、河淤土和重黏土。

用石灰稳定塑性指数偏大的黏性土宜采用闷料工艺；当塑性指数在10以下的砂质粉土和砂土用石灰稳定时，不仅石灰掺量要多，也难于碾压成型，应采取适当的施工措施或采用水泥稳定。硫酸盐含量超过0.8%和有机质含量超过10%的土不宜用石灰稳定。

3）石灰

石灰的技术指标应符合《建筑生石灰》JC/T 479—92、《建筑生石灰粉》JC/T 480—92、《建筑消石灰粉》JC/481—92的要求。等外石灰、贝壳石灰、珊瑚石灰等，应通过试验，只要石灰土混合料的强度符合石灰稳定土强度标准，就可以使用。

使用石灰时通常将生石灰块加水，使之消解为消石灰，并过筛后使用。生石灰粉也就是磨细生石灰，使用时不需经过消解，但拌入土中后，需等2～3h再进行碾压。

露天堆放石灰，对石灰质量有很大的影响，石灰中有效镁、钙含量随露天放置时间而下降，因此，石灰运到现场后应尽快使用。如需堆放较长时间，应堆放在地势较高处，并用土或其他覆盖物封存。

(3) 施工注意事项

① 石灰土基层要严格防止水侵害，在养生期结束后应立即喷洒透层沥青或做下封层。透层和下封层可采用石油沥青或乳化沥青，1m² 用量 0.8~1.0kg。喷洒沥青后应撒布粗砂或 5~10mm 的小碎（砾）石，形成一个封闭层防止水分进入石灰土基层中。

② 严格控制石灰和土的质量。石灰在使用前必须充分消解。否则，在养生过程中，未充分消解的石灰将继续吸水消解，引起局部胀松鼓包，影响稳定土层的强度和平整度。

③ 严格控制含水量。现场掌握最佳含水量可采用"手抓成团、扔即分散"的方法。过干的灰土无法碾压成型，过湿的灰土发生"弹簧"也无法碾压成型和达到规定的密实度。发生局部"弹簧"时要及时处理，可在天气好时将"弹簧"部分翻起，掺拌少量消石灰晾晒 2~3h 后重新碾压。

④ 石灰摊铺均匀是石灰在混合料中分布均匀的前提，只有在平整和具有一定密度的土层上，摊铺石灰才能均匀。松铺系数要通过试验段确定，一般路拌法的松铺系数可采用 1.53~1.58，厂拌法为 1.65~1.70。

⑤ 高度重视养生工作。石灰土强度具有随龄期增长而增大的特点，一般初期强度低，前期（1~2 个月）增长速率较后期为快，因此应特别注意石灰土的养生条件。当高温和一定潮湿条件下养生，强度增长快，反之强度增长慢。石灰土成型后应及时进行压实度检测，检测合格后就开始进行保湿养生，杜绝石灰土表面干湿交替现象发生。养生不好会产生干缩裂缝，破坏板体结构，容易产生病害。

⑥ 石灰土易发生收缩裂缝，在产生收缩裂缝时要及时进行灌缝处理，防止从裂缝处啃边掉角和地面水侵入。

2. 施工质量控制要点

(1) 水泥选择：硅酸盐、矿渣、火山灰，均可用于稳定类；终凝时间宜选长，低标水泥优先选。

(2) 石灰选择：存放时间要控严，钙镁含量要检测；严密覆盖严防雨，充分消解是第一。

(3) 土的选择：用土标准要牢记，土质不同有差异；腐土、杂土不能用，按类选用要严格。

(4) 集料选择：集料坚硬又洁净，级配塑指合规定；针片颗粒控标内，施工质量能保证。

(5) 施工季节选择：施工气温掌握好，强度形成有保证；冰冻季节勿施工，春末秋初施工好。

(6) 防雨要点：注意气象知信息，做好准备防下雨；一旦受到雨水淋，即时处理很重要。

(7) 施工顺序：工艺流程要记牢，切莫颠倒与混淆；机具配备应齐全，有条有序效率高。

(8) 堆料：准确堆料有规矩，压实系数最重要；不多不少刚刚好，多退少补不好搞。

(9) 剂量：摊铺面积要算好，石灰、水泥量剂好；材料用量要准确，拌合均匀不可少。

(10) 摊铺：水泥、石灰摊铺匀，方法得当很重要；规定地点直接卸，颜色均匀质量好。

(11) 湿拌：洒水宜慢严控制，忽多忽少拌不好；水量略大莫太干，湿润均匀压实好。

(12) 整形：整形工艺是关键，压实平整是先导；机具配套不可少，按规操作质量保。

(13) 碾压：碾压工艺要牢记，机械配套压实好；压实标准严掌握，密实平整最重要。

(14) 接缝：纵横接茬妥处理，高低落差要平顺；拌和碾压缠紧密，不留后患行车畅。

(15) 养生：恰当养生不可少，覆盖常温效果好；强度增长不破坏，七天龄期应确保。

4.3 水泥混凝土路面施工

4.3.1 水泥混凝土路面施工一般知识

1. 名词术语

(1) 路面水泥混凝土

满足路面摊铺工作性、弯拉强度、表面功能、耐久性及经济性等要求的水泥混凝土材料。

(2) 混凝土路面接缝

混凝土路面接缝是指水泥混凝土路面板为减少伸缩变形和翘曲变形受到约束而产生的内应力，并满足施工需要所设置的各种类型的接缝。水泥混凝土路面的接缝可分为纵缝、横缝两大类。纵缝指平行于路面行车方向的接缝纵缝，可分为纵向缩缝和纵向施工缝。一次铺筑宽度大于4.5m时，应设纵向缩缝。一次铺筑宽度小于路面宽度时，应设置纵向施工缝。纵向施工缝采用平缝，并应设置拉杆。为利于板间传递荷载，也可采用企口式纵缝，但企口缝易产生破坏。横缝指垂直于行车方向的接缝，横缝一般分为横向缩缝、胀缝和横向施工缝。

(3) 胀缝

为保证水泥混凝土板在温度升高时能部分伸张，以避免路面板在热天产生拱胀和折断破坏而设置的人工缝称为胀缝。胀缝也能起到缩缝的作用。胀缝一般宽2.0~2.5cm，缝隙上部3~4cm深度内浇灌填缝料，下部则设置富有弹性的接缝板。

在邻近桥梁或其他固定构筑物处、与柔性路面相接处、板厚改变处、隧道口、小半径平曲线和凹形竖曲线纵坡变换处，均应设置胀缝。邻近构造物处的胀缝，应根据施工温度至少设置2条，上述位置以外的胀缝应尽量不设或少设。

(4) 缩缝

缩缝是指为避免水泥混凝土板因温度和湿度的降低，在收缩时产生不规则裂缝而设置的接缝。缩缝可以采用平缝或假缝的形式，按位置也可分为横向缩缝与纵向缩缝两种形式。

横向缩缝一般采用假缝。所谓假缝，是指在水泥混凝土路面板上设置的不贯通整个板厚的缝。在特重交通的公路上，宜加设传力杆；其他各级交通的公路上，在邻近胀缝或路面自由端部的3条缩缝内，宜加设传力杆。有时为便于板的翘曲，将传力杆半段涂以沥青，称为滑动传力杆，而这种缝称为翘曲缝。纵向缩缝一般采用假缝，并应设置拉杆。缩缝在板的上部设缝隙，缝隙宽3~8mm，深度约为板厚的1/5~1/4。当板收缩时将沿此最薄弱面有规则地自行断裂。

(5) 施工缝

因施工需要设置的接缝称为施工缝。每日施工终了或浇筑混凝土过程中因故中断浇筑时，必须设置施工缝。施工缝分为横向施工缝与纵向施工缝两种形式。

施工缝采用平缝或企口缝的构造形式。平头缝上部应设置深为3～4cm，宽为5～10mm的沟槽，内浇灌填缝料。为利于板间传递荷载，在板厚的中央应设置传力杆；如不设传力杆，则需用专门拉毛模板，把混凝土接头处作成凹凸不平的表面，以利于传递荷载；或者可采用企口缝的形式。设在缩缝处的施工缝应采用平缝加传力杆型。

(6) 水泥混凝土路面的优点

① 强度高。

水泥混凝土路面具有很高的抗压强度和较高的抗弯强度以及抗磨耗能力。

② 稳定性好。

水泥混凝土路面的水稳性、热稳性均较好，特别是它的强度能随着时间的延长而逐渐提高，不存在沥青路面的"老化"现象。

③ 耐久性好。

由于水泥混凝土路面的强度和稳定性好，所以它经久耐用，一般能使用20～40年，而且它能通行包括履带式车辆等在内的各种运输工具。

④ 有利于夜间行车。

水泥混凝土中路面色泽鲜明，能见度好，对夜间行车有利。

(7) 水泥混凝土路面的缺点

① 对水泥和水的需要量大。

修筑0.2m厚、7m宽的混凝土路面，每1000m要耗费水泥约400～500t和水约250t，尚不包括养生用的水在内，这为水泥供应不足和缺水地区带来较大困难。

② 有接缝。

一般混凝土路面要建造许多接缝，此接缝不但增加施工和养护的复杂性，而且容易引起行车跳动，影响行车的舒适性，接缝又是路面的薄弱点，如处理不当，将导致路面板边和板角处破坏。

③ 开放交通较迟。

一般水泥混凝土路面完工后，要经过28d的潮湿养生，才能开放交通，如需提早开放交通，则需采取特殊措施。

④ 修复困难。

水泥混凝土路面损坏后，开挖很困难，修补工作量也大，且影响交通。

2. 水泥混凝土路面一般施工方法

普通水泥混凝土路面可采用以下几种方法铺筑：

(1) 小型机具摊铺和振实；

(2) 道式摊铺机摊镐和振实，配以其他工序的配套机械；

(3) 模式摊铺机摊铺和振实，配以其他工序的配套机械；

(4) 辊轴机组的摊铺和振实，配以其他工序的配套机械。

这四种方法的主要特点见表4-15。

四种方法的主要特点　　　　　　　　　表 4-15

参数	小型机具	轨道式	滑模式	三辊轴式
立侧模	需要	需要	不要	需要
基层需加宽（m）	0.50	0.5	1.4～1.6	0.50
混凝土组成	无特殊限制	无特殊限制	连续级配	无特殊限制
坍落度（cm）	1～5	1～5	2～3	
振动方式	插入式＋平板式＋振动梁	振动梁	插入式、可调节	插入式
振动频离（Hz）	±50	55～66	100～200	150～200
最大工作速度（m/min）	0.30	0.60	2.8	13.5
实际日平均产量（m/d）	20～120	125	400	
劳动工（日/km）	200	＞2	18	

根据农村公路的条件一般多采用小型机具配合人工的施工方法，有条件时可考虑选用三轴机组施工的方法。

3. 水泥混凝土路面典型结构与尺寸

（1）参考典型结构

在路面设计中，通过设计计算和实践经验的积累，形成适合不同自然条件和使用要求的路面典型结构。应用路面典型结构图时，要充分考虑当地自然条件，包括气候、水文、地质、土质，筑路材料的生产与供应，汽车交通情况，如交通量、轴载，以及地区经济社会情况，必要时进行分析计算。

表 4-16 列举了县乡公路的几种常用混凝土路面结构，可结合使用要求和当地实际情况选用。

县乡公路的几种常用混凝土路面结构　　　　　　表 4-16

公路等级 结构层次	二级	三级			四级	
面层	24cm 普通混凝土	22cm 混凝土			20cm 混凝土	
基层	20cm 水泥稳定粒料	20cm 二灰稳定粒料	18cm 水泥稳定粒料	18cm 二灰稳定粒料	20cm 级配碎（砾）石	16cm 级配碎（砾）石
底基层	需要时设，可用天然砂砾或无机结合料稳定天然砂砾、无机结合料稳定土				—	
路基	干燥或中湿状态					

注：1. 当路基处于潮湿或过湿状态，可选用粗粒土、石灰或水泥稳定细粒土作为路床填料，设置砂砾垫层，在边沟下设置排水渗沟等降低地下水位措施来处理。
　　2. 在季节性冰凉地区产生冻胀翻浆地段，应设砂砾垫层，垫层的厚度为路面总厚度与最小防冻厚度的差值，并不小于15cm。
　　3. 在路基容易产生不均匀沉降或变形的地段，需设置无机结合料稳定土垫层或天然砂砾垫层，以减小不均匀沉降或不均匀变形对路面的不利影响。

（2）主要尺寸

① 路面厚度

农村公路水泥混凝土路面厚度一般为 20～24cm，最小厚度 18cm，当土基条件较好，交通车辆较轻，等级较低时，极限最小厚度为 15cm。

② 混凝土板尺寸

一般混凝土板宽 3.0～4.5cm，板长 4～6cm 为宜。

③ 路拱

水泥混凝土路面路拱坡度一般为1%～2%，并采用折线形路拱。

4.3.2 水泥混凝土路面施工工艺

1. 施工准备

(1) 施工组织及场地准备

① 施工组织

根据设计文件、施工条件和有关规范，确定施工方案，编制详细的施工组织设计。包括施工工艺、材料使用计划、劳动力组织安排、临时设施、现场组织管理计划、安全措施等。材料供应、模板数量、混凝土的搅拌能力和运输能力必须和施工技术方案相适应。施工前应做好技术准备，对人员进行认真的培训。

② 场地准备

妨碍施工的建筑物、灌溉渠道、地下管线等，应在施工前拆迁完毕。施工前要解决好水电供应、交通道路、搅拌和堆料场地、办公生活用房、工棚、仓库和消防设施等问题。拌合场地的选择要考虑运距最短，方便原材料的运进及拌合物的运出，一般选在施工路段的中间。

(2) 施工机具准备与选择

① 施工所需机具的型号和数量，可参考表4-17。

小型机具配套推荐表　　　　　表4-17

工作内容	主要施工机具	
	机具名称、规格	数量、生产能力
钢筋加工	钢筋锯断机、折弯机、电焊机	根据需要确定规和数量
测量	水准仪、经纬仪	根据需要确定规和数量
搅拌	强制式搅拌机，单车道≥25（m³/h），双车道≥50（m³/h）	总搅拌生产能力及搅拌数量根据施工规模和进度计算确定
运输	50～10t自卸汽车	数量由匹配计算确定
振实	插入式振捣棒，功率≥1.1kW	每2m宽不少于1根
	平板振动器，功率≥2.2kW	每车道路不少于1根
	振动梁，2个振动器功率≥1.1kW	每车道路面不少于1个振动器，每车道路面不少于1根梁
	现场发电机，功率≥30kW	不少于2台
提浆整平	提浆滚杠	长度应适应摊铺宽度，一次摊铺单车道路面1根，双车道路面2根
	叶片式或圆盘式抹面机	每车道路不少于1台
	3m刮尺	每车道路面不少于2根
	抹刀	每车道路面不少于1把
抗滑构造	拉毛器、压槽机和刻槽机	根据需要确定数量
	人行工作桥	不少于3个
切缝	软锯缝机	根据需要确定数量
	手推锯缝机	根据进度确定数量

续表

工作内容	主要施工机具	
	机具名称、规格	数量、生产能力
磨平	水磨石磨机	需要处理欠平整部位时
灌缝	灌缝机	根据需要确定规格和数量
养生	4.5～8.0t 洒水车	根据需要确定数量
	压力式喷洒机和喷雾器	根据需要确定规格和数量
	工地运输车	根据需要确定数量

② 拌合机

应采用配有自动计量设备的间歇式搅拌的强制式搅拌机，有双卧轴式、单卧轴式和立轴式，优先选用双卧轴式。条件不具备时，四级公路也可采用自落式搅拌机，但要严格控制加水量。为减少不同搅拌机造成的拌合物的不均匀性，一般同时使用的搅拌机不宜超过两台，最多不超过 4 台。搅拌机的规格和品牌尽可能统一。单车道施工时搅拌机的拌和能力应不小于 25m³/h。双车道施工时搅拌机的拌合能力应不小于 50m³/h。不同摊铺方式的最小理论搅拌站配套生产容量应满足表 4-18 要求。

不同摊铺方式的搅拌站最小配套生产容量（m³/h）　　表 4-18

	小型机具	三辊轴摊铺
单车道 3.75～4.5m	≥25	≥50
双车道 7.5～9m	≥50	≥100

③ 运输车辆

宜采用自卸汽车运输拌合物，自卸汽车的车厢应平整光滑，不露浆。有条件时可采用混凝土搅拌车运输。坍落度大于 5cm 的拌合物及长距离运输宜采用搅拌车。运输车辆的数量应满足连续生产的需要，装载质量不小于 5t。

低等级道路小规模施工时，如果没有条件也可采用推车运输拌合物。各种运输设备的技术参数见表 4-19。

混凝土运输设备　　表 4-19

类型	容积范围（m³）	运输距离（m）	通道宽度（m）	适用场合
手推车	0.10～0.16	30～50	1.6～1.8	小规模施工、低等级道路，修补作业
机动翻斗车	0.40～1.20	100～500	2.0～3.0	中、小规模施工
自卸汽车	2～4	500～2000	3.5～4.0	大中、小规模施工
搅拌车	4.9～11.8	500～5000	2.5～3.5	大中、小规模施工

④ 振捣机具

需配备插入式振捣棒、平板振动器和振动梁。插入式振捣棒的直径为 50～70mm，振动频率为 150～200Hz，功率不小于 1.1kW，平板振动器的振动频率为 50～60Hz，功率不小于 2.2kW。振动梁的振捣频率宜为 50～100Hz，功率不小于 1.1kW，应具有足够的刚度。

⑤ 整平饰面机具

整平饰面机具有提浆滚杠、叶片式或圆盘式抹面机，3m 刮尺和抹刀。无抹面机则需配备一定数量的大木抹或大铁抹。提浆滚杠主体为一根直径 100~150mm 的无缝钢管,表面光滑,壁厚不小于 3mm,长度应比摊铺宽度略大。

⑥ 抗滑构造制作设备

可以采用拉毛器、滚筒纹理机、压槽机或硬刻槽机。硬刻槽机的功率宜不小于 7.5kW,质量宜重不宜轻,一次刻槽的作业宽度不宜小于 50cm。

⑦ 辅助设备及用具

除了上述设备外,还应配备:钢筋加工用具,如钢筋锯断机、折弯机、电焊机;测量仪器,包括水准仪、经纬仪;搅拌机的配套机具,包括装载机、供水泵等;以及切缝机、灌缝机、洒水车、人行工作桥和发电设备等。

另外,雨季施工时,应准备有足够数量的防雨塑料布。遇雨时,要对全部未硬化的路面进行覆盖。

2. 施工工艺

(1) 模板安装

安装模板前,根据设计图纸放样定出路面中心线和路边线。

模板宜采用钢模。模板应当平直,拆装方便,有足够的刚度和强度,且其高度与混凝土板厚相同。模板的拼接必须平顺、紧密。采用木模板时,板厚宜为 5cm 以上,弯道上的木模板可薄些,以利于制作成弧形。严格控制模板的安装质量,保证稳固、顺直、平整,桩间无起伏。相邻模板高差大于 3mm、有错位及不平整的模板应重新安装。模板支撑必须牢固,采用钢钎打入基层固定,不能有任何变位,宜提前 24h 安装模板并按要求检查调整好,若与地面接触处出现缝隙则用砂浆封好。安装完毕后,在内侧面均匀刷涂一层肥皂液、沥青或废机油等以利脱模。模板的数量应根据施工进度配备,必须足够保证施工的连续进行,并不少于 3d 的摊铺用量。

(2) 混凝土拌合

混凝土拌合通常采用混凝土拌合机。拌合物应拌合均匀、充分,拌合时间根据搅拌机的类型、转速、拌合物的种类和投料顺序决定,根据拌合物的黏聚性、均质性及强度稳定性经试拌确定。一般情况下,单立轴式搅拌机总拌合时间宜为 80~120s,原材料全部投入后的纯拌合时间不宜短于 35s;连续双卧轴搅拌楼的最短拌合时间不宜短于 40s;最长总拌合时间不宜超过高限值的 2 倍。

混凝土拌合的要点是:配料必须计量准,顺序加料拌合均匀;外加剂宜加溶液,溶液均匀充沉淀;拌合时间不能少,时间过长也不好。

为获得合格的拌合物,必须对各组成材料进行准确的计量。各组成材料的计量精度为:水泥、水、外加剂和掺和料±2%;粗、细集料±30%。

(3) 混凝土运输

拌好的拌合物应尽快运送到摊铺现场。混凝土拌合物的运输,要保证现场有足够的摊铺时间。根据施工温度的不同,最长运输时间可参照表 4-20。掺加缓凝剂后,可适当延长,但需通过试验确定。在运输过程中,应尽量避免拌合物的污染和离析。自卸车的车厢应清洗干净,并洒水润湿。运输过程中,尽量匀速行驶,保持平稳,减少颠簸。夏季高温、大风、雨天和冬季施工,运输时应对拌合物进行遮盖。装料时,搅拌楼的卸料落差不应超过 2m。

拌合物允许最长运输时间　　　　　　　　　　　　表 4-20

气温（℃）	无搅拌设施运输（min）	有搅拌设施运输（min）	气温（℃）	无搅拌设施运输（min）	有搅拌设施运输（min）
5	90	90	20	30	60
10	60	75	30	20	45

高温季节施工时，可对砂石料堆加盖遮阳篷；抽用地下冷水或冰水拌合；拌合物中加缓凝剂、保塑剂或加大缓凝减水剂用量。夏季气温高于 30℃时，宜避开中午时间，选择在早晨、傍晚或夜间施工。

遇雨时，应对砂石料堆加以覆盖。

（4）混凝土摊铺

摊铺混凝土拌合物前，应做好检查准备工作：确认模板的位置、高程、润滑、支撑稳固等情况符合要求；模板底面与基层之间密实无缝隙；传力杆、拉杆等已经正确安设；基层表面平整、干净，如有破损应进行修复，摊铺前清扫干净并洒水润湿；建好运输道路等。

现场应有专人指挥卸料，使卸下的拌合物分成几个分布均匀的小堆，以方便摊铺。如果运到现场的拌合物有离析，应用铁锹翻拌均匀，但严禁再次加水。用铁锹送料时需反扣，严禁抛掷和耧耙。在模板附近，用铁锹插捣几下，以防止出现孔洞蜂窝现象。人工摊铺拌合物的坍落应控制在 0.5~2cm 之间，拌合物松铺系数通过现场试验确定，控制在 1.10~1.25 之间。料偏下、坍落度较小时，松铺系数应取偏大值；反之，取偏小值。

人工摊铺混凝土的要点是：摊铺之前细检查，位置准确支撑稳；人工摊铺要均匀，铁锹送料要反扣；发生离析摊铺停，重新翻拌再铺平；模板附近要认真捣，蜂窝狗洞严防止。

（5）振捣

拌合物摊铺均匀后，采用插入式振捣棒、平板振动器和振动梁配合进行振捣成型。每 2m 断面应配备 2 根振捣棒。先用振捣棒对拌合物进行振捣，振捣位置呈梅花状交错分布。每次振捣时间不宜少于 30s，以拌合物停止下沉，表面不再冒气泡和泛出水泥浆为准，不应过振。振捣棒的移动间距不宜大于其作用半径的 1.5 倍；至模板边缘的距离不应大于其作用半径的 0.5 倍，并应避免碰撞模板、钢筋、传力杆和拉杆。对边角位置应特别注意仔细加以振捣。振捣棒插入角度宜为 30°~45°，插入深度离基层 3~5cm，振捣棒应轻插慢提，不得猛插快拔，严禁在拌合物中推行和拖拉振捣棒振捣。

插入式振捣棒振捣过后，再用平板式振动器在混凝土表面全面振捣，每 4m 断面应配备 1 块振动板，纵横方向各振捣一遍，振捣位置应重叠 10~20cm。振动板在每一位置的振动时间以振动板底部和边缘泛浆厚度 3~5mm 为限，并不宜少于 15s。振动板应由 2 人拉起振捣和移位，注意不能过振。振捣过程中，应随时对缺料的部位进行人工找平。

平板振动器振捣完后，可用振动梁进一步振实并整平提浆。振动梁放在侧模上，沿混凝土表面拖拉振实，移动速度应均匀缓慢，一般往返 2~3 遍，最终使混凝土表面泛出砂浆均匀平整。振动梁应具有足够的刚度和质量，底面平直，并焊接或安装深度 4mm 左右的粗集料压实齿，每 4m 断面应配备 1 根 2 个振动器的振动梁。

振捣过程中，对缺料的部位进行人工找平，多余的料应适当铲除。人工找平时应使用同批拌合物，严禁使用纯砂浆。应随时检查模板、拉杆、传力杆和钢筋的移位、变形、松动、露浆等情况并及时纠正。

（6）提浆和抹面

振实作业完成后，进行整平工作。首先使用滚筒提浆整平，平均每4m宽路面需配备1根滚筒。整平时，第一遍应短距离缓慢一进一退拖滚或推滚，以后应较长距离匀速拖滚2遍，并将水泥浆始终赶在滚杠前方。因水灰比过大泌水而产生的过稀多余水泥浆宜铲除，也可等稀水泥浆的水分蒸发到适宜拖滚时，再进行拖滚。

滚杠整平后，使用抹面机压浆整平饰面。抹面机应往返2~3遍压浆并整平抹面。如果不配备抹面机，应在滚杠整平后，用大木抹进行2~3次抹面，直到表面无泌水为止，修整时前后两次刮痕应重叠一半。两次抹面的间隔时间参考表4-21。

抹面的间隔时间　　　　　　　　　　　　　　　　　　　　表4-21

施工温度（℃）	0	10	20	30
间隔时间（min）	35~45	30~35	15~25	10~15

抹面完成后，最后用抹刀和刮尺进行精抹饰面。应做好人工清边整缝，清除黏浆，修补缺角、掉角。先使用抹刀将抹面留下的痕迹抹平，再用3m刮尺，纵横各1遍精抹饰面。作业时工作人员要站在工作桥上，不要随便踏入混凝土中。精抹饰面后的面板表面应无任何抹面印痕，平整度应达到规定要求。

混凝土拌合物运输、铺筑的完成时间应不超过表4-22的要求。

小型机具施工时混凝土拌合物铺筑完毕允许最长时间　　　表4-22

施工时气温（℃）	5~9	10~19	20~29	30~35
铺筑完毕允许最长时间（h）	2.0	1.5	1.25	1.0

（7）抗滑构造施工

抗滑构造的施工宜优先选用硬刻槽。二级及其以下公路构造深度，一般路段0.5~0.9mm，弯道等特殊路段0.60~1.0mm。路面摊铺7d后或抗压强度达到设计抗压强度的40%后方可刻槽，并宜在两周内完成。刻槽机应匀速行走，不得中途抬起或改变方向，路面板的边缘应设有托架，使刻槽机能行走到板边，制作的纹理贯通整个板宽。刻槽深度应为2~3mm，槽宽3~5mm，槽间距15~25mm。刻槽后应及时冲洗干净路面，并恢复养生。

也可采用拉毛与拉槽结合的方法制作抗滑构造，并应在整平饰面后及时进行。拉槽的几何尺寸与刻槽相同。

（8）混凝土养生

整平饰面完成后，应及时进行养生。常用的养生方法包括湿法养生、塑料薄膜养生和喷洒养生剂养生，不宜采用围水养生方式。

在雨季或养生用水充足的情况下，可采用湿法养生，在混凝土表面全面覆盖保温养生膜、土工毡、土工布、麻袋、草袋或草帘等，并每天均匀洒水数次，使覆盖物底部始终保持潮湿状态。

采用覆盖保温养生膜、塑料薄膜养生时，应在混凝土表面不见浮水，手指压无痕迹时进行。养生期间应保持薄膜的完整，如有破裂，应立即补盖；薄膜厚度应适宜，宽度大于覆盖面约60cm。两条薄膜对接时，重叠厚度不宜小于40cm。

采用喷洒养生剂方式时，应在混凝土表面不见泌水时进行。喷洒的剂量、成膜厚度、喷洒时间等应通过现场试验确定。喷洒厚度以足以形成完全封闭路表面的薄膜为准。喷洒尽量均匀，保证成膜厚度一致，喷洒后的表面不应有颜色的差异。喷洒高度控制在0.5~1m，单独采用一种养生剂时，有效保水率应大于90%，喷洒剂量不应小于$0.3kg/m^2$（原液）。当采用一种养生剂喷洒上述剂量达不到要求的保水率时，可使用两种养生剂喷洒两层或者喷洒一层养生剂并加保湿覆盖的方法。

在昼夜温差大于10℃的地区或在日平均气温低于5℃施工混凝土路面时，应采取保温保湿养生方式，即先将路面洒水湿透，覆盖塑料薄膜保湿，并覆盖泡沫塑料垫或干厚草帘保温。

养生时间根据混凝土强度增长情况而定，在达到设计弯拉强度的80%以上时结束养生，一般为14~21d，热天不少于14d，冷天不宜少于21d。前7d混凝土强度增长最快，应特别注意加强养生，严禁出现混凝土路面发白的情况。

养生期间和填缝前严禁车辆和行人通行，在达到设计强度的40%后（约3d），方可准许行人通行。

（9）拆模

混凝土的立方体试件抗压强度达到8MPa以上时，应及时拆模。混凝土成型后至拆模的时间称为允许拆模时间，可参考表4-23确定。

允许拆模时间　　　　　　　　　　　　　　　表4-23

昼夜平均温度（℃）	5	10	15	20	25	30
拆模时间（h）	72	48	36	30	24	18

拆模时，注意不得损伤混凝土板的边角，拆下的模板不得压在刚拆完模的路面上。

（10）接缝施工

1）缩缝施工

缩缝施工优先采用切缝的方法，当混凝土立方体强度达到8MPa以上时，应及时进行硬切缝。工地上可参考表4-24进行试锯确定切缝时间，以锯片磨耗小、缝边不发生碎裂崩边为准。

参考切缝时间　　　　　　　　　　　　　　　表4-24

昼夜平均温度（℃）	5	10	15	20	25	30
切缝时间（h）	45~50	30~45	22~26	18~21	15~18	13~15

2）纵向施工缝

当一次摊铺宽度小于路面总宽度时，设纵向施工缝。位置宜与车道线一致，构造采用平缝加拉杆型。当板厚度大于26cm时，可采用企口型纵向施工缝。施工时，应在振实过程中从侧模预留孔中扶正插入拉杆。拉杆在路面硬切缝前，禁止碰撞和松动，在施工过程中，若发现拉杆松动或未插入，应在横向连接摊铺路面前，钻孔重新植入。

3) 横向施工缝

每日施工结束时，或因特殊情况造成施工中断时间超过 30～45min 时，应设横向施工缝。横向施工缝采用平缝加拉杆型。浇筑端头施工缝拌合物时，先浇一层能到传力杆高度以上，安放传力杆并固定好，检查传力杆的位置符合要求后，再浇上层，并用振捣棒仔细捣实。

4) 胀缝

在摊铺至胀缝位置前方 1～2m 处时，将胀缝支架准确定位锚固，摊铺混凝土拌合物并用振捣棒振实胀缝两侧的拌合物。胀缝板应连续贯通整个路面宽度，钢筋支架两侧应比摊铺宽度各短 3cm，胀缝板的高度应保证密封槽的尺寸符合要求，密封槽先采用木条嵌填，嵌入的木条和胀缝板暂时连成一体，填缝时再取出。

5) 填缝

混凝土板养生期满后，应及时填缝。先用切缝机将密封槽加工成规定的尺寸，加工胀缝密封槽时，先取出胀缝上部的木条，将缝边做成圆弧或成 45°角。密封槽应用铁钩和压力水彻底清洗，并用热空气烘干，确保缝壁及内部清洁、干燥。缝壁以擦不出灰尘为准。用专用工具将衬垫材料嵌入到规定的深度，嵌入衬垫材料后，缩缝和施工缝的密封槽的深宽比为 1～2，胀缝为 1。

4.3.3 质量控制与检测

1. 质量控制

(1) 材料质量控制

① 水泥

水泥是混凝土的主要材料，应采用强度高、收缩性小、耐磨性强、抗冻性好的水泥，其物理性能和化学成分应符合国家有关标准的规定。对于公路、城市道路应采用强度等级不应低于 42.5 级的硅酸盐水泥或普通硅酸盐水泥；对特重交通道路的路面宜采用 52.5 级水泥，中等以下交通的路面也可采用不低于 42.5 级的矿渣水泥，并严格控制用水量，适当延长搅拌时间和加强养护工作。

② 细集料（砂）

混凝土混合料的细集料可采用洁净、坚硬、符合规定级配、细度模数在 2.5 以上的粗、中砂。

③ 粗集料（碎、砾石）

混凝土混合料中的粗集料（>5mm）为碎（砾）石，应质地坚硬，符合规定级配，最大粒径不超过 40mm。采用砾石混合料时其强度低于碎石混合料，使用时宜掺 1/3～1/2 以上轧碎砾石。粗集料中针片状含量不宜大于 15%，含泥量不大于 1%，硫酸盐含量不宜大于 1%。

④ 水和外加剂

混凝土搅拌和养生用水应清洁，宜采用饮用水。使用非饮用水时，硫酸盐含量（按 SO_3 计）不得超过 2700mg/L。

混凝土掺用的外加剂应经配合比试验符合要求。为减少混凝土拌合物的用水量，改善和易性，节约水泥用量，提高混凝土强度，可掺入减水剂；夏季需要延长施工作业时间时，可掺入缓凝剂；冬季施工为提高或缩短养护时间时，可掺入早强剂；严寒地区为抗冻，可掺入引气剂。

（2）混凝土配合比质量控制

水泥路面混凝土混合料配合比设计的目的是根据路面的强度、耐久性、耐磨性、施工工作性和经济的要求，确定混合料中各组分的最佳配合比例。

配合比设计中，在确定水泥、水、细集料、粗集料和外加剂时，首先要选择好水灰比、用水量和砂率这三步骤的参数。

① 根据已有的混合料配合比试验参数或以往的经验，得出初拟设计配合比。

② 按初拟设计配合比进行试拌，观察混合料的工作性，按符合要求的情况作适当的调整，而后进行强度和耐久性试验，按符合要求的情况再作必要的调整，得到设计配合比。

③ 根据混凝土的现场施工具体条件，如集料供应情况（级配、含水量等）、摊铺机具、气候条件等进行调整，提出施工配合比。

（3）施工质量控制

① 土基完成后应检查其密实度；基层完成后应检查其强度、刚度和均匀性。

② 按规定要求验收水泥、砂和碎石；测定砂、石的含水量，以调整用水量；测定坍落度，必要时调整配合比。

③ 检查磅秤的准确性；抽查材料配量的准确性。

④ 摊铺混凝土之前，应检查基层的平整度和路拱横坡；检查模板的位置和高程；检查传力杆的定位。

⑤ 冬季和夏季施工时，应测定混凝土拌合及摊铺时的温度。

⑥ 观察混凝土拌合、运输、振捣、整修和接缝等工序的质量。

⑦ 每铺筑 400m³ 混凝土，同时制作两组抗折试件，其龄期分别为 7d 和 28d，每 1000～2000m。混凝土增做一组试件，龄期为 90d 或更长，各做验收或检查后期强度时用。抗压试件可利用抗折试件的断头进行试验，抗压试验数量与抗折试验数量相对应。试件在现场与路面相同的条件下进行湿养。

（4）水泥混凝土路面夏季施工质量控制要点

1）混凝土坍落度损失控制措施

① 使用缓凝减水剂、缓凝剂或保塑剂，但不得使用高效减水剂。

② 加强管理，统一指挥，发现问题要及时，调度灵活，处理果断准确。

③ 保证运输道路畅通无阻。

④ 备好各种机械易损配件，发现故障，及时排除，使机械正常运转。

2）温差裂缝控制措施

① 降低搅拌温度，在任何气温下，水泥进罐温度不大于 55℃，搅拌温度不高于 35℃，水泥本身引起温度升高不大于 3℃。

② 热天施工使用低热水泥，禁止使用 R 型早强水泥。

③ 砂、石料采取遮阳、淋水降温措施。

④ 可使用井水、冰水降温。

⑤ 避开中午施工，可在夜间施工。

⑥ 夜间路面覆盖保温，石英岩混凝土允许温差不大于 10℃，石灰岩混凝土允许温差

不大于20℃，超过此温度时要覆盖保温。

白天气温高于35℃，夜间气温低于30℃时，采取保温防裂措施，否则温度裂缝无法避免。

⑦ 掺粉煤灰降低水化热峰值，延长水化时间。

(5) 水泥混凝土路面冬季施工质量控制要点

1) 根据施工地气温资料，当室外日平均气温连续5d低于5℃时，混凝土板应按冬季施工进行。

2) 若在日平均温度低于5℃或最低气温0℃时施工，必须采用冬季施工措施；若日平均气温低于0℃，一般应停止施工。

3) 严重受冻的混凝土可能形成一堆互不起作用的混合物。因此，混凝土路面应尽可能在气温高于5℃时进行施工。当昼夜平均气温在5℃与-5℃之间时，为保证混凝土受冻前至少能达到设计强度的70%左右，应采取如下措施：

① 采用高强度等级（42.5级以上）硅酸盐水泥或普通水泥，快凝水泥或掺早强剂，或增加水泥用量，水灰比不应大于0.45。

② 混凝土混合物浇筑的温度不低于5℃。当气温在0℃以下或混凝土温度低于5℃时，应将水加热或将水和集料同时加热，但混合料拌合物不应超过35℃，水不应超过60℃，砂、石不应超过40℃，加热拌合时，水泥应最后投入。

③ 混凝土面层上覆盖蓄热保温材料，必要时加盖养生暖棚。

(6) 水泥混凝土路面雨季施工质量控制要点

① 重视天气预报，科学组织，调整计划，准备好应急措施；

② 搭设防雨棚，避免路面被冲刷；

③ 搅拌站设防雨棚，场地排水通畅；

④ 运输、摊铺、制作软抗滑构造前，路面不准被雨水冲出砂粒；

⑤ 砂、石含水量变化应及时调整，确保混凝土浇筑质量。

(7) 水泥混凝土路面防止早期裂缝要点

混凝土板浇筑完后几天内出现的裂缝，称为早期裂缝。早期裂缝的出现，主要是由于水分蒸发及温度降低过快，以及混凝土本身的水化反应，造成混凝土产生较大的收缩，而早期混凝土的强度较低，因此产生裂缝。

如果施工不当，或者在气候恶劣、温差较大、风速大的施工地区，早期裂缝出现的概率是比较高的，必须在施工过程中采取相应措施加以预防。

① 尽量减少单位水泥用量，并使用发热量和收缩性小的水泥，不使用高温水泥（70℃以上）。

② 减少混凝土的单位用水量，可以通过拌合物中加缓凝剂、保塑剂或加大缓凝减水剂用量以及改善集料级配来实现。

③ 混凝土浇筑时一般宜在气温30℃以下进行，夏季气温高于30℃时，宜避开中午时间，选择在早晨、傍晚或夜间施工。

④ 高温时，对拌合物采取下列降温措施：对砂石料堆加遮阳篷；抽用地下冷水或冰水拌合；使用长时间在太阳下暴晒的干燥集料时，应充分洒水润湿；在每日气温最高和日照最强烈的时候遮阳施工；加快各施工环节的衔接，尽量缩短各环节所耗时间。

⑤ 基层顶面在混凝土摊铺前要充分洒水润湿。

⑥ 可通过加铺一层塑料薄膜以减弱基层顶面的摩擦力。

⑦ 控制好切缝的时间，不能过迟。为防止切缝时出现早期裂缝，可采用跳仓切的方法，即先每隔1～2条缝切一条，然后再切余下的缩缝；也可通过压缝的方法进行控制。高温施工时，应比常温施工适当提前切缝时间。

⑧ 混凝土表面修整过程中，要避免日光直射，防止混凝土温度上升很大或表面干燥。

⑨ 混凝土成型后应及时养生，养生应保证混凝土表面受到全面覆盖，并始终潮湿。采用覆盖洒水养生时，高温季节要加强洒水，确保混凝土表面保持足够的湿度，严禁出现表面发白的现象。

⑩ 在刮风天气施工时，要加快施工速度，加强养生措施。使用养生剂养生时，应加大喷洒剂量，必要时加盖塑料薄膜或湿草袋。当风力达到6级以上时，必须停止施工。

2. 质量检测

（1）外观鉴定

① 混凝土板的断裂数不超过4‰，对于断裂板应采取适当措施予以处理。

② 混凝土板表面不得有脱皮、印痕、裂纹、石子外露和缺边掉角等病害现象。

③ 路面侧石应直顺、曲线应圆滑。

④ 接缝填筑应饱满密实。

⑤ 胀缝不应有明显缺陷。

（2）检测项目及标准（表4-25）。

水泥混凝土面层实测项目　　　　表4-25

项次	检查项目		规定值或允许偏差 其他公路	检查方法和频率
1	弯拉强度（MPa）		在合格标准之内	
2	板厚度（mm）	代表值	−5	每200m每车道2处
		合格值	−10	
3	平整度	σ（mm）	2.0	平整度仪：全线每车道连续检测，每100m计算σ、IRI
		IRI（m/km）	3.2	
		最大间隙 h（mm）	5	3m直尺：半幅车道板带每200m测2处×10尺
4	抗滑构造深度（mm）		一般路段不小于0.5且不大于1.0；特殊路段不小于0.6且不大于1.1	铺砂法：每200m测1处
5	相邻板高差（mm）		3	抽量：每条胀缝2点；每200m抽纵、横缝各2条，每条2点
6	纵、横缝顺直度（mm）		10	纵缝20m拉线，每200m测4处；横缝沿板宽拉线，每200m测4条
7	中线平面偏位（mm）		20	经纬仪：每200m测4点
8	路面宽度（mm）		±20	抽量：每200m测4处
9	纵断高程（mm）		±15	水准仪：每200m测4断面
10	横坡（%）		±0.25	水准仪：每200m测4断面

注：表中σ为平整度仪测定的标准差；IRI为国际平整度指数；h为3m直尺与面层的最大间隙。

4.4 沥青路面施工

4.4.1 沥青路面施工一般知识

1. 名词术语

（1）沥青碎石面层

该面层是指由一定级配的集料与适量的沥青均匀拌合，经摊铺碾压而成的路面结构层。在 20 世纪 70 年代以前沥青碎石面层是我国沥青面层的主要结构形式。与沥青混凝土面层相比，沥青碎石路面的主要特点是材料的级配组成比较简单，矿粉含量较少，沥青混合料的剩余空隙率较大（>10%），其路面的高温稳定性、低温抗裂性、耐水性以及耐久性均较差。沥青碎石路面属于高级路面，适用于二级及二级以下公路的沥青面层，有时也用作联结层。沥青碎石的配合比设计应根据实践经验和马歇尔试验的结果，并通过施工前的试拌与试铺确定。

（2）路拌沥青碎石面层

该面层是指在各路面基层上采用人工或机械沿路拌合沥青碎石进行摊铺压实的一种沥青路面结构层。路拌沥青碎石面层与厂拌沥青碎石路面相比，其特点是成本低、施工简单、方便，20 世纪 60～70 年代在我国较为常用。在现阶段的低等级公路的养护中常用路拌沥青碎石。但是由于矿料级配组成、沥青用量控制极为粗糙，使其质量无法控制，因而导致使用寿命较短。

（3）贯入式沥青碎石面层

该面层是指在初步碾压并已稳定的矿料层上洒布沥青，再铺撒嵌缝料并碾压，借助行车压实而成的一种沥青路面结构层。沥青贯入式面层厚度一般为 4～8cm。该路面结构是我国 20 世纪 60 年代的主要路面结构。与沥青表面处治路面相比，沥青贯入式路面由于矿料的嵌挤作用和沥青的黏结力，使其具有较高的强度和稳定性。沥青贯入式路面的最大优点是施工比较简单，易操作，工期短等。但是由于沥青贯入式路面是一种多空隙结构，地表水容易渗入面层内部甚至基层，造成水稳定性降低，沥青贯入式路面的水稳性是该路面需要解决的主要问题。沥青贯入式碎石路面适用于二级及二级以下公路的沥青面层。

（4）沥青上拌下贯式面层

该面层是指将沥青贯入碎（砾）石作下面层，用拌制的沥青混合料作封层或上面层的路面面层。作为沥青面层的沥青贯入式是一种多孔隙结构，为了防止地表水的渗入和增强路面的水稳性，其面层的最上层必须加铺封层。当沥青贯入式的上部加铺拌合的沥青混合料时，就称为上拌下贯，此时拌合层的厚度宜为 3～4cm，其总厚度为 7～10cm。

（5）沥青表面处治面层

该面层是指用沥青和细粒矿料按层铺法或拌合法铺筑而成的厚度不超过 3cm 的沥青结构层。沥青表面处治面层一般不具备提高强度作用，其主要作用是抵抗行车的磨耗，增强防水性，提高平整度，改善路面的行车条件，其厚度一般为 1.5～3.0cm。层铺法沥青表处按照洒布沥青及撒铺矿料的层次多少，可分为单层、双层和三层。单层表处厚度为 1.0～1.5cm，双层表处厚度为 1.5～2.5cm，三层表处厚度为 2.5～3.0cm。沥青表面处治最需要注意的地方是表处面层的初期养护。沥青表处主要适用于三级、四级公路的面层、旧沥青面层上加铺罩面或抗滑层、磨耗层等。

(6) 透层

该结构层是指为使沥青面层与非沥青材料基层良好结合，在基层上浇洒低黏度液体沥青而形成的透入基层表面的薄层。透层的作用是将沥青路面的基层与沥青下面层粘结成一个整体。透层沥青宜采用慢裂的洒布型乳化沥青，也可采用中、慢凝液体石油沥青或煤沥青。表面致密的半刚性基层宜采用渗透性好的较稀的透层沥青，级配砂砾、级配碎石等粒料基层宜采用较稠的透层沥青。高速公路、一级公路的透层沥青应采用沥青洒布车喷洒、二级及二级以下公路也可采用手工沥青洒布机喷洒。

(7) 粘层

该结构层是为加强路面的沥青层与沥青层之间、沥青层与水泥混凝土路面之间的粘结而洒布的沥青材料薄层。粘层的作用在于使上下沥青层或沥青层与构造物完全粘结成整体。它主要应用于已被污染的沥青面层下面层、加铺沥青层于旧沥青面层上、水泥混凝土路面上铺筑沥青面层时以及新铺沥青混合料接触的路缘石、雨水进水口、检查井的侧面等。国外规定层与层之间必须洒粘层沥青。粘层的沥青材料宜采用快裂的洒布型乳化沥青，也可采用快、中凝液体石油沥青或煤沥青。

(8) 封层

该结构层是为封闭表面空隙、防止水分浸入面层或基层而铺筑的沥青薄层。铺筑在面层表面的称为上封层，铺筑在面层下面的称为下封层。在沥青面层上铺筑上封层主要用于：沥青面层的空隙较大，透水严重；有裂缝或已修补的旧沥青路面；需加铺磨耗层改善抗滑性能的旧沥青路面；需铺筑磨耗层或保护层的新建沥青路面。而在沥青面层下铺筑下封层是由于该路段位于多雨地区且沥青面层空隙较大，渗水严重或者在铺筑基层后，不能及时铺筑沥青面层，且须开放交通。上封层及下封层可采用拌合法或层铺法施工的单层式沥青表面处治，也可采用乳化沥青稀浆封层。

(9) 热拌沥青路面

该路面是指在沥青拌合站（厂），将沥青加热与骨料拌合好后，运送至工地摊铺碾压形成的沥青路面形式。主要包括沥青混凝土路面、热拌沥青碎石等路面。

2. 沥青路面特点及适用条件

(1) 一般特征

沥青类路面是用沥青材料作结合料，粘结砂料或混合料修筑面层与各类基层和垫层所组成的路面结构。沥青面层使用沥青结合料，因而增强了矿料间的粘结力，提高了混合料的强度和稳定性，使路面的使用质量和耐久性都得到提高。沥青类路面具有表面平整、无接缝、行车舒适、耐磨、振动小、噪声低、施工期短、养护维修简便、适宜于分期修建等特点。沥青类路面属柔性路面，其强度与稳定性在很大程度上取决于土基和基层的特性。其温度稳定性差，抗变形能力低。低温时，沥青材料易变脆而导致路面开裂；夏天高温时，沥青材料变软，强度下降而导致路面出现车辙、推移、波浪。沥青面层透水性小，路面水不易渗透到路基，土基和基层内的水分也难以蒸发排出，导致土基变软。沥青面层易于机械化施工。其混合料的生产可以工厂化，质量较易保证，施工速度快，但施工受季节和气候影响较大。在低温季节和雨季，除乳化沥青外，不能施工。

（2）各类沥青路面的特点及适用条件（表 4-26）

各类沥青路面的适应条件及其作用特点 表 4-26

路面类型	适应条件及其作用特点
沥青表面处治	对于新（改）建或经过整修的中级路面，损坏较少的沥青路面和水泥混凝土或石块路面，可直接铺筑。在水温条件良好，不受冻害影响、稳定而坚实平整的路上，也可直接铺筑。一般能适应 500～1500 辆/昼夜以下的交通量，使用年限 6～10 年。主要作用是抵抗车辆的磨耗、增强路面防水性、提高路面平整度、减少扬尘、改善路面行车条件
沥青贯入式路面	用于新建、改建或大修的道路上，能提高路面的强度和稳定性，一般能适应 1000～3000 辆/昼夜交通量，使用年限 10 年
上拌下贯式路面	与沥青贯入式路面相同，但面层成型快、平整度好
黑色碎石路面	路面强度主要依靠石料本身强度和石料之间的嵌挤锁结作用。与沥青混凝土相比，除强度、抗磨能力与抗水性略差一些外，其具有稳定性好，矿粉少、沥青用量少和摊铺简单的特点，用于新建、改建或大修道路上，能适应 1000～3000 辆/昼夜的交通量，使用年限 10 年
沥青混凝土路面	用于高等级道路的新建、改建和大修。强度高，抗磨能力强，防水性好，稳定性及平整度好，能适应 3000～5000 辆/昼夜以上的交通量，使用年限 15 年

4.4.2 热拌沥青混合料路面施工

1. 施工要点

（1）沥青混合料拌制

沥青混合料必须在沥青拌合厂（站）采用拌合机机械拌制，尽量采用间歇式拌合机。

沥青混合料拌合应根据沥青标号及黏度、铺装层厚度、施工时实测温度、地温、风速等情况，拟定合理的沥青、矿料加热温度及混合料出厂温度、储存温度、摊铺温度、碾压温度等。沥青结合料的施工温度可参照表 4-27 的范围选择，并根据实际情况确定使用高值或低值。

热拌沥青混合料的施工温度（℃） 表 4-27

施工工序		石油沥青的标号			
		50 号	70 号	90 号	110 号
沥青加热温度		160～170	155～165	150～160	145～155
矿料加热温度	间歇式拌合机	集料加热温度比沥青温度高 10～30			
	连续式拌合机	矿料加热温度比沥青温度高 5～10			
沥青混合料出料温度		150～170	145～165	140～160	135～155
混合料储料池储存温度		储料过程中温度降低不超过 10			
混合料废弃温度，高于		200	195	190	185
运输到现场温度，不低于		150	145	140	135
混合料摊铺温度，不低于	正常施工	140	135	130	125
	低温施工	160	150	140	135
开始碾压的混合料内部温度，不低于	正常施工	135	130	125	120
	低温施工	150	145	135	130

续表

施工工序		石油沥青的标号			
		50号	70号	90号	110号
碾压终了的表面温度,不低于	钢轮压路机	80	70	65	60
	轮胎压路机	85	80	75	70
	振动压路机	75	70	60	55
开放交通的路表温度,不高于		50	50	50	45

注:1. 沥青混合料的施工温度采用具有金属探测针的插入式数显温度计测量或表面接触式温度计测定。当采用红外表面温度计可采用表面接触式温度计算定。当采用红外线温度计测量表面温度时,应进行标定。
2. 表中未列的130号、160号及30号沥青的施工温度由试验确定。

沥青混合料拌合时间应以混合料拌合均匀、所有矿料颗粒全部均匀裹覆沥青结合料为度。间歇式拌合机每盘的生产周期不宜小于45s(其中干拌时间不少于5s),连续式拌合机的拌合时间由上料速度及拌合温度调节。要求拌合出厂的沥青混合料要求均匀一致、无花白料、无结团成块或严重的离析现象。

拌合机宜备有保温性能良好的成品储料仓,储存期间混合料温降不得超过10℃,不能有沥青滴漏,储存时间不得超过72h。

(2) 沥青混合料的运输

热拌沥青混合料运输应考虑拌合能力、运距、道路情况、车辆吨位等因素,合理确定车辆类型和数量,尽量采用大吨位的运料车运输。运料车的运力应稍有富余,施工过程中摊铺机前方至少应有4~5辆运料车等候。车厢应清扫干净,侧板和底部可涂喷防粘薄膜混合液,也可涂刷油水(柴油与水的比例为1:3),但不得有余液积聚在车箱底部。装料时,应多次挪动汽车位置平衡装料,以减少混合料离析。运料车运输沥青混合料宜用棚布覆盖保温、防雨、防污染。

(3) 沥青混合料的摊铺

农村公路路面宽度普遍较窄,施工时应尽量封闭交通,并采用整幅摊铺。摊铺机开工前应提前0.5~1h预热熨平板不低于100℃。铺筑过程中应选择熨平板的振捣或夯锤压实装置具有适宜的振动频率和振幅,以提高路面的初始压实度。按工程要求选择确定摊铺机熨平板宽度、设定摊铺厚度和拱度。

摊铺机必须缓慢、均匀、连续不间断地摊铺,速度宜控制在2~6m/min范围内,并与拌合能力、运输能力基本匹配。摊铺过程中应设专人清扫摊铺机两条履带前的基层,保证摊铺机平稳行走。操作手随时注意观察供料情况,两卸料车间歇时间尽可能的短。摊铺过程中,需设专人对摊铺温度和松铺厚度进行实测控制与记录。

沥青混合料摊铺整平后,应立刻对其进行碾压。碾压分为初压、复压和终压三个阶段。

初压应紧跟摊铺机后进行,并保持较短的初压区长度,尽快使表面压实,减少热量散失,用6~8t钢筒压路机以1.5~2.0km/h的速度碾压1~2遍,初步稳定混合料;碾压时应从外侧向中心碾压,在超高段则由低向高碾压,在坡道上应将驱动轮从低处向高处碾压。采用振动压路机可免去初压,直接进行复压工序。

复压应紧跟初压后进行,不得随意停顿。复压的总长度通常不超过80m,12~15t三轮钢筒式压路机(轮胎式或振动压路机)复压4~6遍,三轮钢筒式压路机速度碾压为

2.5～3.5km/h，轮胎式压路机为 3.5～4.5km/h，碾压至稳定基本无明显轮迹为止。

终压应紧接在复压后进行，如经复压后已无明显轮迹时可免去终压。终压可选用双轮钢筒式压路机或关闭振动压路机以 3～4km/h 速度碾压不宜少于 2 遍，碾压温度 90～110℃。

碾压过程中，压路机驱动轮应面向摊铺机，开行方向应基本平行于路中线，从外侧向中心碾压，在超高路段则由低向高碾压，在坡道上应将驱动轮从低处向高处碾压。压路机宜采用高频率低振幅，以防止集料破碎。采用三轮钢筒式压路机或轮胎式压路机碾压时，每次应重叠后轮宽的 1/2；振动压路机则每次重叠 10～20cm，压路机折返时应先停止振动。对路面边缘、加宽等大型压路机难于碾压的部位，宜采用小型振动压路机或振动夯板作补充碾压。

（4）接缝

农村公路沥青路面施工一般可采用全幅摊铺。在需要半幅施工时，可采用自然碾压的斜接缝，有条件的宜加设挡板或加设切刀切齐。横向接缝应与路中线垂直，并宜采用垂直的平接缝。平接缝宜趁尚未冷透时人工垂直刨除端部层厚不足的部分或用切割机制作，使工作缝成直角连接。

（5）开放交通

热拌沥青混合料路面应待摊铺层完全自然冷却，混合料表面温度低于 50℃后，方可开放交通。需要提早开放交通时，可洒水冷却降低混合料温度。铺筑好的沥青层应严格控制交通，做好保护，保持整洁，不得造成污染，严禁在已铺沥青层上制作水泥砂浆。

2. 质量控制与检测

（1）质量控制要点

① 严格控制沥青混合料质量，面层用各种原材料质量应严格把关，须经检验合格后方可用，集料与沥青混合料取样应符合试验规程的要求。拌合厂应设有试验室，并安排专职试验人员负责检查混合料质量。外观上发现油多发亮、油少松散、过火或拌合不均有花白料和有离析现象的混合料不得摊铺。若混合料不符合施工温度要求或已经结成团块、已遭雨淋的不得铺筑。

② 严格控制施工各阶段的温度，运输拌合料过程中应特别注意加以覆盖保温。

③ 按试验段确定的松铺系数控制摊铺厚度，摊铺现场应安排专人随时检查松铺厚度并形成记录。

④ 注意运输、摊铺过程中混合料离析现象的控制。一是装料时应多次挪动汽车位置；二是料车卸料时应控制卸料速度，缓慢、均匀卸料；三是摊铺机应缓慢、匀速行进，螺旋布料器稳定、均衡地转动，两侧应保持有不少于送料器 2/3 高度的混合料；四是局部离析可人工找补，离析严重的部位或段落应铲除，重新填料碾压。

⑤ 适于沥青路面摊铺的夏季也是每年的雨季。施工过程中要注意气象预报，加强工地现场、沥青拌合厂及气象台（站）之间的联系，控制施工长度，各项工序紧密衔接；运料车和工地应备有防雨设施，并做好基层及路肩排水；严禁冒雨摊铺，已摊铺的沥青层因遇雨未进行压实的应予铲除，雨后基层表面潮湿不得进行面层摊铺。

⑥ 摊铺过程中发现混合料出现明显的离析、波浪、裂缝、拖痕时，应分析原因，予以消除。

⑦ 压路机临时停车或碾压结束后，不能停留在已完工但温度没有降到要求温度的路段内。

(2) 材料质量控制

① 沥青

沥青到货时应附有炼油厂的质量检验单。沥青路面的沥青材料可采用道路石油沥青、乳化石油沥青、液体石油沥青等，使用时应根据交通量、气候条件、施工方法、沥青面层类型、材料来源等情况选用，改性沥青应经过试验论证取得经验后使用。

道路石油沥青适用于各类沥青面层，农村公路采用B级或C级道路石油沥青即可。鉴于农村公路沥青混凝土路面一般为单层且厚度较薄，因此有条件的应尽可能采用A级道路石油沥青。各类沥青面层所用的沥青标号，宜根据地区气候条件、施工季节气温、路面类型、施工方法等结合当地的使用经验选取。

沥青必须按品种、标号分开存放。除长期不使用的沥青可放在自然温度下储存外，沥青在储罐中的储存温度不宜低于130℃，并不得高于170℃。桶装沥青应直立堆放，加盖苫布。

② 粗集料

沥青面层用粗集料包括碎石、破碎砾石、筛选砾石、钢渣和矿渣等。粗集料应洁净、干燥、无风化、无杂质，具有足够的强度、耐磨耗性。对受热易变质的集料，宜采用经拌合机烘干后的集料进行检验。粗集料与沥青的粘附性应不小于3级。

③ 细集料

沥青路面的细集料包括天然砂、机制砂和石屑。农村公路可采用天然砂和石屑。细集料应洁净、干燥、无风化、无杂质，并有适当的颗粒级配。天然砂通常宜采用粗、中砂。沥青混合料中天然砂的用量通常不宜超过集料总量的20%。石屑是采石场破碎石料时通过4.75mm或2.36mm的筛余部分。

④ 填料

沥青混合料的矿粉宜采用石灰岩或岩浆岩中的强基性岩石等憎水性石料经磨细得到的矿粉。

(3) 配合比控制

沥青混合料的矿料级配应符合工程设计规定的级配范围。密级配沥青混凝土宜根据公路等级、气候及交通条件选择采用粗型（C型）或细型（F型）混合料，并确定工程设计级配范围。一般应采用马歇尔试验配合比设计方法。

农村公路沥青混合料的配合比应在调查以往同类材料的配合比设计经验和使用效果的基础上，按以下步骤进行设计：

① 目标配合比设计阶段。用工程实际使用的材料按施工技术规范要求，优选矿料级配、确定最佳沥青用量，符合配合比设计技术标准和配合比设计检验要求，以此作为目标配合比，供拌合机确定各冷料仓的供料比例、进料速度及试拌使用。

② 生产配合比设计阶段。对间歇式拌合机，应按规定方法取样测试各热料仓的材料级配，确定各热料仓的配合比，供拌合机控制室使用。同时选择适宜的筛孔尺寸和安装角度，尽量使各热料仓的供料大体平衡。并取目标配合比设计的最佳沥青用量 OAC、OAC±0.3%等3个沥青用量进行马歇尔试验和试拌，通过室内试验及从拌合机

取样试验综合确定生产配合比的最佳沥青用量，由此确定的最佳沥青用量与目标配合比设计的结果的差值不宜大于±0.2%。对连续式拌合机可省略生产配合比设计步骤。

③ 生产配合比验证阶段。拌合机按生产配合比结果进行试拌、铺筑试验段，并取样进行马歇尔试验，同时从路上钻取芯样观察空隙率的大小，由此确定生产用的标准配合比。标准配合比的矿料合成级配中，至少应包括0.075mm、2.36mm、4.75mm及公称最大粒径筛孔的通过率接近优选的工程设计级配范围的中值，并避免在0.3~0.6mm处出现"驼峰"。

经设计确定的标准配合比在施工过程中不得随意变更。生产过程中应加强跟踪检测，严格控制进场材料的质量，如遇材料发生变化并经检测沥青混合料的矿料级配、马歇尔技术指标不符合要求时，应及时调整配合比，使沥青混合料的质量符合要求并保持相对稳定，必要时重新进行配合比设计。农村公路建设中，当所用材料、混合料类型与以往工程相同时，配合比设计可以直接引用成功的经验。

(4) 质量检测

① 原材料质量检查

沥青混合料生产过程中，必须对各种原材料进行抽样试验，每个检查项目的平行试验次数或一次试验的试样数必须按相关试验规程的规定执行。

② 混合料生产过程质量检测

a. 从料堆和皮带运输机随时目测各种材料的质量和均匀性，检查泥块及超粒径碎石，检查冷料仓有无窜仓。目测混合料拌合是否均匀、有无花白料、油石比是否合理，检查集料和混合料的离析情况。

b. 检查控制室拌合机各项参数的设定值、控制屏的显示值，核对计算采集和打印记录的数据与显示值是否一致。

c. 检测沥青混合料的材料加热温度、混合料出厂温度、筛分检测混合料的矿料级配、含油量。

d. 取样成型试件进行马歇尔试验，测定空隙率、稳定度、流值，计算合格率。

③ 铺筑过程质量评定

沥青路面铺筑过程中必须随时对铺筑质量进行评定，质量检查的内容除几何尺寸及纵、横坡度外，重点检测厚度、压实度和弯沉值。

④ 工程完工后，施工单位应将全线以1~3km作为一个评定路段对沥青面层进行全线自检。完工的沥青混合料路面表面应平整密实，不应有泛油、松散、裂缝和明显离析现象。拱接处应紧密、平顺，烫缝不应枯焦。面层与路缘石及其他构筑物应密贴接顺，不得有积水或漏水现象。

(5) 质量检测项目及要求

① 外观鉴定

a. 面应平整密实，不应有泛油、松散、裂缝、粗细料集中等现象，其面积之比不得超过0.05。

b. 表面无明显碾压轮迹。

c. 搭接处应紧密、平顺、烫缝不应枯焦。

d. 面层与路缘石及其他构筑物应接顺，不得有积水现象。

② 质量检测项目及标准见表 4-28。

沥青混凝土面层和沥青碎（砾）石面层实测项目 表 4-28

项次	检查项目		规定值或允许偏差 其他公路	检查方法和频率
1	压实度（%）		试验室标准密度的 96%（*98%）；最大理论密度的 92%（*94%）；试验段密度的 98%（*99%））	每 200m 测 1 处
2	平整度	σ（mm）	2.5	平整度仪：全线每车道连续按每 100m 计算 IRI 或 σ
		IRI（m/km）	4.2	
		最大间隙 h（mm）	5	3m 直尺：每 200m 测 2 处×10 尺
3	弯沉值（0.01mm）		符合设计要求	
4	渗水系数		—	渗水试验仪：每 200m 测 1 处
5	厚度（mm）	代表值	$-8\%H$	双车道每 200m 测 1 处
		合格值	$-15\%H$	
6	中线平面偏位（mm）		30	经纬仪：每 200m 测 4 点
7	纵断高程（mm）		±20	水准仪：每 200m 测 4 断面
8	宽度（mm）	有侧石	±30	尺量：每 200m 测 4 断面
		无侧石	不小于设计	
9	横坡（%）		±0.5	水准仪：每 200m 测 4 处

注：1. 表内压实度可选用其中的 1 个或 2 个标准评定，选用两个标准时，以合格率低的作为评定结果，带 * 号者是指 SMA 路面，其他为普通沥青混凝土路面。
2. 表列厚度仅规定负允许偏差。H 为沥青层设计总厚度（mm），h 为沥青上面层设计厚度（mm）。

4.4.3 沥青贯入式路面施工

1. 施工要点

（1）前后两车喷洒的接茬处、洒布第二层及第三遍沥青的接头处要错开，用铁板或建筑纸铺 1～1.5m，使搭接良好，避免出现油料集中的现象。

（2）对于不规则的部位或沥青洒布车无法洒布的部位可采用人工使用手喷枪进行喷洒，但必须保证油量均匀且满足用量要求。

（3）主层料堆底容易堆积石粉，施工中应派专人认真清理。

（4）主层料规格和稳压是保证贯入层稳定、避免坑槽的关键，施工中应严格控制。

（5）沥青洒布应控制起、终点，实际洒布的长度应略小于计算的长度，洒布车内留余少量的沥青，确保沥青油量的洒布均匀，沥青贯入应深透。

（6）各层料及各层沥青都必须严格按照路面宽度施工，碾压到边，防止出现啃边病害。雨天、外界气温较低时不得进行洒布沥青施工。

（7）路基边沟尤其是挖方段或超高段内侧边沟必须排水畅通，避免面层、基层之间存水，在行车作用下产生动力水，冲刷面层、基层，并产生路面病害。

（8）贯入式面层等级较低，交通量少，表层沥青泛油时间较长，尤其在施工完成后、交工验收前一段时间，施工单位要切实加强初期养护。

2. 质量控制与检测
(1) 质量控制
① 施工季节控制

施工应选择在干燥和较热的季节，并在日最高温度降低至15℃以前半个月结束，使贯入式结构层通过开放交通碾压成型。沥青贯入式路面最上层应撒布封层料，乳化沥青贯入式路面应铺筑下封层。

② 材料要求

沥青贯入式路面集料应选择有棱角、嵌挤性好、强度高的石灰岩等碱性材料，不宜使用石英岩、花岗岩等酸性石料，同时严格控制石英含量，其规格和用量应根据贯入式的厚度选用。主层集料最大粒径宜与贯入层厚度相当。当采用乳化沥青时，主层集料最大粒径可采用厚度的0.8~0.85，数量宜按压实系数1.25~1.30计算。各层嵌缝料除了满足主层料质量要求外，还应严格控制石粉含量，其规格应满足规范要求。

沥青可采用110号、130号或160号石油沥青或乳化沥青，90号以下的石油沥青不宜采用。施工中应根据气温及沥青标号等适当调整，本着总量控制、下层走下限、上层走上限原则，结合各地气候特点和交通量的实际情况，灵活掌握。

③ 其他质量控制要求同热拌沥青混合料路面或沥青表处路面。

(2) 检测项目与标准

沥青贯入式路面应平整密实、不应有松散、裂缝、油包、波浪、泛油等现象；表面无明显碾压轮迹；面层与路缘石及其他构筑物应密贴接顺，无积水现象。施工中，重点检测厚度、沥青用量、弯沉值和平整度等指标；其余同热拌沥青混凝土或沥青表处。

4.4.4 沥青表面处治路面施工

1. 沥青表面处治路面基本知识
(1) 沥青表处路面

沥青表面处治是用沥青和细粒矿料按层铺或拌合的方法修筑的厚度不大于3cm的一种薄层面层。其一般适用于三级及三级以下公路。沥青表处施工简单、造价低、行车性能好，广为农村道路所应用，成为提高农村道路行车质量和通行能力的主要类型。

(2) 沥青表处路面按不同路面结构的分类：
① 单层式表面处治路面

浇洒一次沥青，撒布一次集料铺筑而成的厚度为1~1.5cm（乳化沥青表面处治为0.5cm）的层铺法沥青表面处治路面。

② 双层式表面处治路面

浇洒两次沥青，撒布两次集料铺筑而成的厚度为1.5~2.5cm（乳化沥青表面处治为1cm）的层铺法沥青表面处治路面。

③ 三层式表面处治路面

浇洒三次沥青，撒布三次集料铺筑而成的厚度为2.5~3cm（乳化沥青表面处治厚度为1.5cm）的层铺法沥青表面处治路面。

(3) 沥青表处路面按不同施工方法的分类：

① 层铺法沥青表处路面

路面施工按分层浇洒沥青、撒布集料、碾压成型的沥青表处路面。该种路面施工简便，不需较昂贵的拌合设备，是农村公路常用的路面结构类型。

② 拌合法沥青表处路面

路面施工事先将沥青和矿料用人工或机械拌合成沥青混合料再进行摊铺、碾压成型的路面结构类型。这种路面整体性好、质量较高，但对施工拌合设备要求较高，有条件时可在农村公路上采用。

（4）特点

沥青表处面层很薄，结构简单、施工简便、造价低、行车性能好，因层面很薄，一般不起强度作用。它的主要作用是抵抗行车的磨耗，保护承重层免受行车破坏；作沥青面层或基层的封面，起到封闭表面，防止地下水渗入基层及土基，提高平整度，增强抗滑性能，改善行车条件，延长路面使用寿命的作用。沥青表面处治面层属次高级路面，因其具有造价低廉，施工工艺简单，进度快，使用质量较高等优点，在农村公路建设中广为采用。

2. 施工方法

（1）基本方法

层铺法是当前农村公路建设中使用比较普遍的路面施工方法。沥青表面处治层铺法施工一般多采用"先油后料"法。当路肩过窄不能堆放全部矿料或临近低温施工，为使路面加速反油成型时，才采用"先料后油"法，在这里将重点讲述"先油后料"法。

"先油后料"法是在清理好的基层上用沥青洒布车按要求的速度浇洒沥青，然后在沥青层上用集料撒布机趁热迅速铺撒矿料的施工方法。即先洒布一层沥青，后铺撒一层矿料的施工方法。

（2）施工要点

1）基层准备

路基是按照路线位置和一定技术要求修筑的带状构造物，是路面的基础，承受由路面传递下来的行车荷载。在表面处治层施工前，应将路面基层清扫干净，使基层的矿料大部分外露，并保持干燥，同时还要对路面基层或旧路面的强度、宽度、平整度、横坡度等进行检查，其标准应符合施工技术规范的要求。

对有坑槽、不平整的路段应先修补和整平，若基层整体强度不够，则应先予补强。当这类现象占路段车行道面积的10%以上时，要进行大面积的翻修。对在旧沥青路面上的加铺，则其坑洞修补应适当撒布有机结合料与矿料粘结，并夯实压平。

2）沥青加工

① 将运至工地的沥青按不同标号分别堆放，并分别抽样检验，合格后方可使用。

② 布设沥青加热站。

沥青加热在加热站进行。加热站布设于路侧适当位置，当采用洒油车施工时，其间距宜15～20km；当采用手动式小型车时，其间距宜2～4km。布设时应注意选好场址、砌置好炉灶、开挖预热火道。布置好燃料堆放和沥青材料堆放工作。

加热站为一种简易中型规模的加热站，共布设三排油锅，其尺寸约为长120cm、宽100cm、深50cm，日产量可达11t。

③ 沥青加热。

一般桶装沥青的加热熔化过程大致是利用斜坡道滚动推送沥青桶放置在侧面设有火道的墙上，使桶顶朝向溜油槽，出油孔朝下，同时拧开出油孔上的桶盖，然后在火道下方加热熔化，再经溜油槽流入熔化锅化油，并转入加热锅升温至规定温度。需要配油时，可在配油锅中掺配，即再增加一口熔锅供掺配入的另一种沥青事前熔化加热用，然后转入保温锅中备用；熔化尽的空桶应及时移开。加热可在专门的沥青加热厂进行。

3) 矿料准备

按计划需备足各种矿料，对不同规格的矿料应分别堆置，不得混杂。各种矿料运至工地后，应对其规格和质量进行检查，如不符合要求时，应重新过筛再行检查，若有污染者，应用水冲洗干净。当人工铺撒矿料时，矿料可分类分段按用量堆放在路肩（或人行道）上，间距20～30m一堆。而当用机械铺撒矿料时，则可分类集中堆放。注意防止材料污染、雨淋。

4) 机具准备

沥青表面处治的施工机具主要指沥青洒布车、集料撒布机和压路机。对于沥青洒布车，应检查其油泵系统和喷油管道有无故障，油罐上的量油表是否灵敏，以及保温设备、手喷灯和手喷枪是否完好，如有故障，应进行检修。然后将一定数量的沥青灌入油罐，在路上先行试喷，以检验喷出沥青的数量是否与预定的数量相符。喷油工人应根据试喷时的数量控制洒油量。每天收车后，应用少量柴油清洗油泵系统和喷油嘴，并将喷油管的端节卸下，浸在一专制的油槽内。每次喷油前应保持喷嘴干净、管道畅通，喷嘴角度应一致，并与喷管成$15°\sim25°$的夹角。施工时应多备几套喷嘴。

在农村公路施工中还可用手压式沥青洒布机，它可以和简易的移动式沥青熔炉配套使用。这种机械操作简单、使用灵活、造价低。对于压路机，沥青表面处治压路机的吨位应以能使集料挤紧密而又不致较多压碎为度。通常采用6～8t及8～10t的压路机进行碾压。施工前应检查压路机的规格和机械性能（如转向、起动、倒退、停驶等方面），检查滚筒表面的磨损情况，如有凹陷或坑槽不得使用。

5) 洒透层油

洒透层油前，应沿路面边缘拉线，在线外铺撒约10cm宽的土或砂砾料，或沿线设置可移动的挡板，以避免沥青浇洒不齐影响路面景观。为了做到按定量均匀浇洒，不产生露白或渍油现象，宜划分区段浇洒，以控制用油量。洒油后，应禁止行人和车辆通行，若发现渍油处，可用鬃刷及时刷匀；遇雨受损或有空白时应做补洒工作。此外，洒油前，对已设的路缘石及地下管网井盖等加以遮盖，以防污染。

6) 洒主层油

浇洒主层油前，应根据施工气温及沥青标号来选择沥青的浇洒温度。洒布车的实际浇洒量取决于浇洒带的宽度、洒布车行驶速度以及结合料的稠度和加热温度等，在浇洒前应做试验性洒油，以确定单位面积的实际油量。

洒布车通常根据浇洒定额、路面宽度、路段允许回车长度和施工地点可否中断交通等来确定选择全宽半宽或分几次进行纵向洒油。当纵向分多次行程浇洒时，应注意使纵向接缝处前后两次洒油的重叠宽度控制在10～15cm左右，横向接缝处则可重叠20～30cm。为了防止相邻路段起终点间重叠过多或不匀，则可用铁板铺盖在接头处，洒完后将板上沥青立即刮除。浇洒主层油时，要沿路面边缘拉线，使沥青洒布整齐；对道路人工构造物及各种井盖、侧平石、路缘石等外露部分以及人行道路面要加以遮盖，防止污染。

洒布时应控制好沥青温度，石油沥青宜为130～170℃，煤沥青宜为80～120℃，乳化沥青不得超过60℃。

7）撒布集料

洒布主层沥青后应立即用集料撒布机或人工撒布第一层集料，并及时扫匀，达到全面覆盖、厚度一致、集料不重叠也不露出沥青的要求。局部缺料处适当找补，积料过多处应将多余集料扫出。两幅搭接处，第一层洒布沥青应暂留100～500mm宽度不撒石料，待第二幅一起撒布。

撒布主集料后，不必等全段撒布完，立即用6～8t钢筒双轮压路机从路边向路中心碾压3～4遍，每次轮迹重叠约300mm。碾压速度开始不宜超过2km/h，以后可适当增加。

8）第二、三层施工

第二、三层的施工方法和要求与第一层相同，但应采用8t以上的压路机碾压。最后在表面上作封层撒嵌缝料。

双层式或单层式沥青表面处治浇洒沥青及撒布集料的次数相应减少，其施工程序和要求参照三层式沥青表面处治进行。

9）成型碾压

成型碾压应用8t以上的压路机，由两侧向中间碾压，碾压要求与分层碾压要求相同。由于面层是路面的外观层，应特别注意路面的平整，外形及横坡应符合设计的规定，逐步碾压使之形成抛物线拱。

10）初期养护

初期养护是确保路面质量的重要工序。碾压成型后即可开放交通，并通过开放交通进行补充压实，逐步成型稳定。在通车初期应设专人指挥交通或设置障碍物控制行车，限制行车速度不超过2km/h，严禁畜力车及铁轮车行驶。

沥青表面处治应注意初期养护。当发现有泛油时（泛油是指沥青过多，冒出路面的积油现象），应在泛油处补撒与最后一层石料规格相同的嵌缝料并扫匀，过多的浮料应扫出路外。

3. 质量控制

（1）材料质量控制

沥青表面处治路面材料主要有沥青和矿料两种，路面材料质量好坏直接影响路面施工的质量，路面施工前应严格控制、检查各种材料的性能，满足有关技术指标要求，把好材料关，是质量控制的重要环节。

1）沥青材料性能要求

沥青表面处治所用沥青材料应有良好的技术性能，应满足以下要求：

① 应具有一定的稠度。沥青的稠度对沥青混合料的摊铺、和易性以及施工难易影响很大，应严格控制。沥青表处用的沥青黏度较低，常用黏滞度计进行质量控制。

② 应有较好的温度稳定性。即在温度冷热变化情况下，其稠度和粘结能力的变化大小的性能。要求在高温季节不能发软，低温时不至于变脆。温度稳定性常用测定软化点来控制。

③ 应有极好的水稳定性。即沥青材料当路面处于潮湿状态下，仍能保持足够粘结力而不被破坏的能力。

④ 应有较好的抗老化性。沥青路面在大气中长期因阳光照射、空气氧化和水分侵袭而老化变脆的性质。老化现象的避免常通过合理选择沥青材料来控制。

⑤ 应有较好的施工可操作性。沥青加工后应便于施工运送、洒布、碾压，洒布时应有便于施工的稠度，稠度过大不能均匀洒布油料，稠度过小则不便于施工压实。可操作，主要通过控制沥青的稠度和油温来掌握。

2) 沥青用量控制

沥青表处使用的沥青多采用石油沥青、煤沥青和乳化沥青。为防止施工过程对环境的污染和散发有害气体，最好不用煤沥青。

沥青用量可结合施工气温、沥青标号、基层情况参考表 4-29 选择。

沥青表面处治材料规格和用量表 表 4-29

沥青种类	类型	厚度(cm)	集料（m³/1000m²）						沥青或乳液用量（kg/m²）		
			第一层		第二层		第三层		第一次	第二次	合计用量
			粒径规格	用量	粒径规格	用量	粒径规格	用量			
石油沥青	单层	1.0	S12	7～9					1.0～1.2		1.0～1.2
		1.5	S10	12～14					1.4～1.6		1.4～1.6
	双层	1.5	S10	12～14	S12	7～8			1.4～1.6	1.0～1.2	2.4～2.8
		2.0	S9	16～18	S12	7～8			1.6～1.8	1.0～1.2	2.6～3.0
		2.5	S8	18～20	S12	7～8			1.8～2.0	1.0～1.2	2.8～3.2
	三层	2.5	S8	18～20	S10	12～14	S12	7～8	1.6～1.8	1.2～1.4	3.8～4.4
		3.0	S6	20～22	S10	12～14	S12	7～8	1.0～1.2	1.8～2.0	4.0～4.6
									1.2～1.4	1.0～1.2	
乳化沥青	单层	0.5	S14	7～9					0.9～1.0		0.9～1.0
	双层	1.0	S12	9～11	S14	4～6			1.8～2.0	1.0～1.2	2.8～3.2
	三层	3.0	S6	20～22	S10	9～11	S12	4～6	2.0～2.2	1.8～2.0	4.8～5.4
							S14	3.5～4.5	1.0～1.2		

当采用煤沥青时，可按石油用量增加 15%～20%。

3) 沥青类型选择

根据施工经验，可参考表 4-30 选择。

沥青类型选择表 表 4-30

用途		沥青种类
主层	寒冷地区	石油沥青 煤沥青
	温和地区	乳化沥青、石油沥青 煤沥青、乳化沥青
	较热地区	石油沥青 煤沥青 乳化沥青

(2) 沥青洒布质量控制

施工前应检查沥青洒布车的油泵系统、输油管道、油量表、保温设备等,并将一定数量沥青装入油罐进行试洒,确定喷洒速度及洒油量。每次喷洒前应保持喷油嘴干净,管道畅通,喷油嘴角度要一致,并与洒油管成15°~20°夹角,洒油管的高度应适当,使同一地点接受两个或三个喷油嘴的沥青,不得出现花白条。在有风的天气条件下不宜使用三重喷油高度。

(3) 矿料撒铺质量控制

浇洒主层沥青后（不必待全段洒完）应立即用集料撒布机或人工撒布第一层次集料,且应符合下列要求:

①当使用乳化沥青时,集料撒布应在乳液破乳之前完成。

②撒布后应及时扫匀,达到全面覆盖一层、厚度一致、集料不重叠并不露出沥青的要求。局部缺料时,用人工找补,积料过多时,将多余集料扫出。

③沥青浇洒长度应与集料撒布能力相配合,应避免沥青洒布后等待较长时间才撒布集料。

④当采用乳化沥青时,第二层撒布S12（5~10mm）碎石作嵌缝料后尚应增加一层封层料,其规格为S14（3~5mm）,用量为3.5~5.5m³/1000m²。

(4) 施工操作安全事项

①施工现场必须设置移动轻便的安全护栏,慢行或禁止通行的标志牌,以及插立红旗和晚间点放红灯等。

②压路机工作时,担任刷油的人员要注意压路机的碾压速度,尤其在改变碾压方向时,更应特别注意。

③使用手摇沥青洒布机时,要注意风向。人须站在上风操作。

④手摇沥青洒布车要经常注意喷枪使用是否正常。如发现管路堵塞、接头不牢时,应立即检查改善,以免接头崩开喷油伤人。喷枪使用时,喷嘴方向只能向下,不能朝其他方向,以保安全。

4. 质量检测

沥青表面处治面层的质量检测主要包括外观检测、材料试验检测、路面压实度检测、平整度检测、几何尺寸检测和线位检测等方面。

① 路面材料检测

路面材料质量应符合规范的要求,不合格材料一律不得用作路面材料。材料试验应取样送交专业试验室检测。

② 外观检测

外观是路面质量最直观的反映,它是质量检测时不可缺少的一项工作。沥青表面处治的外观检测主要包括以下几个方面:表面平整密实,不应有松散、油包、波浪、泛油、封面料明显散失等现象,有上述缺陷的面积之和不应超过受检面积的0.2%;无明显的碾压痕迹;面层与路缘面及其他构造物应顺接,不得有积水现象。

③ 路面压实度检测

路面压实度检测方法很多,主要有挖坑灌砂法、环刀法、核子仪法、钻芯法四种。通过试验测出路面的压实度,并计算结果。

④ 平整度检测

平整度是路面施工质量的重要指标之一。不平整的表面将造成行车颠簸，影响行车的速度和安全及驾驶的平稳和乘客的舒适；同时还会加剧路面和轮胎的磨损，并增大油耗。因此，平整度的检测与评定是公路施工的一个重要环节。

检测平整度的方法有：3m 直尺法、平整度仪法、测试车法。现仅对 3m 直尺法加以简介。

用 3m 直尺法检测时，按需要确定方向，将直尺摆在测试地点的路面上；目测 3m 直尺尺底与路面之间的间隙情况，确定间隙最大的位置；用有高度标线的塞尺塞进间隙处，量记最大间隙的高度，精确至 0.2mm。每一处连续检测 10 尺，判断每个测定值是否合格，并计算合格率和 10 个最大间隙的平均值。

⑤ 位置及几何尺寸检测

路面完工后其位置及几何尺寸应符合设计要求，检测结果是竣工验收的基本依据。

4.5 砂石路面施工

4.5.1 砂石路面施工一般知识

1. 名词术语

（1）级配砾石（碎石）路面

按密实级配原理选配的砾（碎）石集料，经拌合、摊铺、压实而成的路面结构层。在级配砾（碎）石路面中，不同规格的砾（碎）石集料和石屑（砂）按一定比例配合，并用黏土粘结，经压实后，形成密实的结构，其强度由摩阻力和黏结力构成，具有一定的强度和水稳性。

当采用高质量的优质碎石，按最佳级配原理修筑而成的路面结构层，称为优质级配碎石路面。其结构层强度主要来源于碎石本身强度和碎石颗粒之间的嵌挤力。因此，对于碎石的质量、级配及施工的压实都有较高的要求。

（2）泥结碎石路面

以碎石作为集料，泥土作为填充料和黏结料，经压实修筑成的一种路面结构称为泥结碎石路面。泥结碎石路面厚度一般为 8~20cm。其力学强度和稳定性不仅有赖于碎石的相互嵌挤作用，同时也有赖于土的粘结作用。泥结碎石路面虽用同一尺寸石料修筑，但在使用过程中由于行车荷载的反复作用，石料会被压碎而向密实级配转化。

泥结碎石路面按施工方法不同，有灌浆法泥结碎石、拌合法泥结碎石及层铺法泥结碎石路面三种。灌浆法具有较高的强度和稳定性，目前采用较多。泥结碎石可以用作中级路面的面层，也可用用作路面的基层，但其水稳性较差，当用作沥青路面基层时一般只适用于干燥路段。

（3）泥灰结碎石路面

以碎石为集料，用一定数量的石灰和土作粘结填缝料铺筑的路面结构称泥灰结碎石路面。泥灰结碎石路面的黏土质量规格要求与泥结碎石相同；石灰质量不低于 3 级。石灰与土的用量不应大于混合料总重的 20%，其中石灰剂量为土重的 8%~12%。施工方法与泥结碎石路面相同。采用拌合法时，应先将石灰与黏土拌合均匀，再撒在石料上拌合，摊铺均匀，边压边洒水，使石灰与土在碾压中成浆并充满碎石空隙。

泥灰结碎石中由于加入了石灰，其水稳性要比泥结碎石好，可以用作中级路面的面层或次高级沥青路面的基层。

（4）水结碎石路面

用大小不同的轧制碎石从大到小分层铺筑，经洒水碾压而成的一种路面结构称水结碎石路面。其强度是由碎石之间的嵌挤作用以及碾压时所产生的石粉与水形成的石粉浆的粘结作用而形成的。由于石灰岩或白云岩石粉的粘结力较强，是水结碎石的常选石料。水结碎石路面厚度一般为10~16cm。水结碎石的水稳性较好，可以用作中级路面的面层或次高级沥青的路面的基层。

（5）改善土路面

在土路面中掺加一定数量的当地粒料，如砂石、礓石、碎砾石等，采取一次性铺筑或按设计厚度分几层铺筑而成的路面。它是低级路面的一种形式，能改善土路面的行车条件，达到晴天能提高车速，雨后能缩短阻车时间，以致晴雨均能通车的要求。该类路面造价较低，适应的交通量较小，需要经常养护维修，一般作为四级公路的路面。

（6）磨耗层

磨耗层是指面层顶部用坚硬的细粒料或掺加结合料铺筑的薄结构层。沥青路面和碎（砾）石路面应铺筑磨耗层，碎（砾）石路面的磨耗层用以抵抗由车轮水平力和轮后吸力所引起的磨损和松散，以及大气温度、湿度变化等因素的破坏作用，并提高路面平整度。磨耗层应具有足够的坚实性和稳定性，通常多用坚硬、耐磨、抗冻性强的级配粒料来铺筑。

沥青路面的磨耗层是为了改善行车条件，防止行车对沥青面层的磨耗，延长路面的使用寿命而在沥青面层上用坚硬的细集料和结合料铺筑的薄结构层。一般情况下，沥青路面不单独设置磨耗层，而是将表面层的最上面一层作为其使用。

（7）保护层

用粗砂或砂土混合料铺在中、低级路面上的薄层。保护层用来保护面层或磨耗层，减少车轮对面层或磨耗层的磨损。加铺保护层是一项经常性措施，其厚度一般不大于1cm。

按使用材料和铺设方法的不同，保护层分为稳定保护层与松散保护层两种。前者是使用含有黏土的混合料，借行车碾压，形成稳固的硬壳，粘结在磨耗层上；后者是只用粗砂或小砾石而不用黏土，在磨耗层上呈松散状态。

稳定保护层有砂土混合料和土砂封面两种。土砂封面是指用黏土封面后，再撒一层砂，在湿润条件下借行车碾压形成密实的表层。土、砂体积比大致为1:1。

2. 砂石路面的特点及类型

以砂砾、碎（砾）石和工业废渣为骨料，以黏土或石灰（包括灰土）为结合料，按一定配比铺筑碾压而成的路面统称砂石路面。

（1）砂石路面的特点

砂石路面多在交通量小、地质条件差、经济欠发达的农村公路中使用，在路基不稳定地段也可以作为过渡性路面结构采用。优点是投资小、便于就地取材、施工简易、养护维修方便，缺点是晴天起尘、雨天泥泞、养护工作量大。

(2) 砂石路面的类型

砂石路面包括天然砂砾路面、泥结碎石路面、级配碎（砾）石路面、水结碎石路面和改善土路面等形式。天然砂砾路面、泥结碎石和级配碎（砾）石是常见路面型式，使用广泛。

砂石路面按材料不同可分为中级路面和低级路面；中级路面有泥结碎石和级配碎（砾）石路面；低级路面有天然砂砾料、粒料加固土和改善土路面。

砂石路面结构分为面层、磨耗层和保护层。面层是直接铺筑在路基上的较厚结构层，可直接行车也可作为单独的结构层。磨耗层铺筑在面层之上，保护层铺筑在磨耗层上，组成路面结构，共同抵御行车碾压。面层厚度一般为10～20cm，磨耗层一般为1.5～2cm，保护层为0.5～1.0cm。

3. 砂石路面主要施工工序

(1) 备料

备料分为场内集中备料和顺路堆放两种。路面堆料要留下雨季排水的通道。

(2) 闷料

路拌法直接在码方后的集料中开槽放水闷料，场拌法直接在料场进行洒水或挖槽闷料。

(3) 拌合

拌合分路拌法和场拌法。路拌法是在路边备好料后，用机械或人工拌合。场拌法是在路外集中备料，用稳定土拌合机或装载机集中拌合。无论采取哪种方式，拌合均匀后，混合料应较最佳含水量略大1‰～2‰，以防施工过程中水分挥发。

(4) 摊铺

摊铺（整平和接缝处理）

将集料均匀地摊铺在预定的宽度内，并按路拱调整铺筑厚度进行整平。摊铺过程中，将大于5cm的颗粒及有机杂物拣除，可人工摊铺或用整平机摊铺。

横缝处理：两作业段的衔接处，应搭接拌合；第一段拌合后，留3.0～8.0m不进行碾压；第二段施工时，前段留下未压部分与第二段一起拌和整平后进行碾压（前段留下未压部分要注意洒水）。

纵缝处理：应避免纵向接缝，尽量采取满幅铺筑；在必须分两幅拌时，纵缝应搭接；前一幅全宽碾压密实，在后一幅拌合时，应将相邻的边部约30cm刨松拌合并搭接，整平后一起碾压密实。

(5) 碾压

直线和不设超高的平曲线段，由两侧路肩开始向路中心碾压；在设有超高的平曲线段，由内侧路肩向外侧路肩进行碾压。碾压发现路面局部不平整应及时进行补实修整。

碾压结束时路面表面无明显轮迹。

严禁压路机在已完成的或正在碾压的路段上调头或急刹车。

(6) 铺筑磨耗层

① 铺筑磨耗层

磨耗层是铺在面层上面的一层薄层，利用粗砂、砂砾（要过1cm的筛）等地方材料铺筑，使得原路面不直接遭受行车和自然因素的破坏作用，从而保证路面的强度和稳定性。

② 磨耗层拌合法施工

a. 要修整路拱，清除浮土和松散颗粒，洒水后反撒一薄层黏土，使磨耗层能与原路面密切结合。

b. 备料。按10m长度配备粒料，堆积路旁，黏土要打碎过筛。

c. 拌合。先干拌，后湿拌，将黏土和石料拌合均匀。用水量要比最佳含水量略高1%～2%。

d. 铺料。在路面上先洒水湿润，然后铺料，压实系数为1.3～1.4。

e. 碾压。采用轻型压路机一般碾压4～6遍，碾压后，初期须洒水养护，并利用行车压实。

(7) 铺筑保护层

① 设置保护层

保护层一般分为松散保护层和稳定保护层。

② 保护层施工

松散保护层施工是用松散的粗砂、石屑或过筛砂砾，均匀撒铺在路面上。稳定保护层拌合法施工，将砂与黏土拌合均匀，铺撒在路上，略加压实。

稳定保护层层铺法施工，清扫原路面，洒水湿润，铺撒黏土约为5～7mm厚，行车碾压后再洒水，再铺石屑等细料，碾压平整。

(8) 养护

碾压结束后，要控制车速和车辆通行，洒水进行养护。掺石灰的粒料路面要在施工后养护一周，方可通行车辆。

4.5.2 各类砂石路面施工要点

1. 天然砂砾路面施工要点

(1) 天然砂砾路面是将采集的砂砾不经过筛分、只剔除超粒径粒料后，掺加少量的黏土或灰土后，直接摊铺在路基上，经整平碾压而形成的一种路面。

(2) 天然砂砾路面适应于砂砾丰富，交通量不大的农村公路。天然砂砾路面的优点是就地取材、施工简单、造价低、水稳性好、养护简便，缺点是砂砾没掺加粘结料整体性较差。

(3) 砂砾应干净无杂质、含土少、颗粒均匀。砂砾料中，大于20mm的粗骨料要占总量的40%以上，除掉大于50mm的石块，小于0.50mm的细料含量应小于总量的15%。

(4) 路基平整密实

铺筑路面之前，首先整平路基，低凹处用砂砾补平。

(5) 闷料

砂砾码方后挖槽放水进行闷料。放水时间宜在铺筑前的1～2d进行，根据试验段铺筑结果，掌握好含水量。经验办法是将混合料握成一团，从1m高度自然落地即散为宜。

(6) 拌合

砂砾料拌合后要达到干湿均匀，颜色一致。

(7) 摊铺砂砾料

摊铺前，先清扫路基、洒水湿润，再按松铺厚度均匀摊铺。

(8) 碾压

路面边缘要多铺不小于20cm宽度的砂砾料。

碾压应达到充分密实。对于局部低洼处要细料嵌缝，用齿耙或镐头将其表层5cm以内耙松，并用新拌的混合料及时进行找平；有湿软弹簧现象的部分，要挖掉并换含水量适中的砂砾料重新铺筑。

2. 泥结碎石路面施工要点

泥（灰）结碎（砾）石路面的施工方法有灌浆法、拌合法及层铺法三种。灌浆法是最优先采用的施工方法，其次是机械拌合法施工。

(1) 灌浆法施工要点

① 备料

可按每段10m计算材料用量，备足碎（砾）石、黏土材料或石灰土。碎（砾）石备在路基上，黏土则堆在路肩上。

② 摊铺碎（砾）石

用铁锹铺撒碎（砾）石。撒铺要均匀，并用四齿耙耙平。当用一种尺寸的碎（砾）石时，可一次铺撒。当采用两种尺寸碎（砾）石时，应将大尺寸的料铺在下面，小尺寸的料铺在上面。其压实系数一般为1.2~1.3。对砂质土基，应避免砂土混入碎（砾）石层中，在铺撒石料以前，应先铺一层石屑或砂砾作隔离层，用量为$2.7m^3/100m^2$。

③ 初步预压

碎石铺好后，用轻型压路机碾压，碾速要慢，每分钟约25~30m，轮迹重叠25~30cm，一般碾压6~10遍，直至石料无松动为止。

④ 制配泥浆

泥浆一般按水与土为0.8：1~1：1的体积比进行拌合配制。如过稠，则灌不下去，泥浆要积在石层表面；若过稀，则易流淌于石层底部，干后体积缩小，粘结力降低，都将影响路面的强度和稳定性。

⑤ 浇灌泥浆

在预压的碎石层上，灌注泥浆，浆要浇得均匀、浇得透，以灌满孔隙、表面与碎石齐平为准，但碎石棱角仍应露出泥浆之上。

⑥ 撒铺嵌缝料

灌浆后经过1~2h，在表面未干燥前，即撒铺嵌缝料，用量$1~2m^3/100m^2$，撒好后用扫帚扫入碎（砾）石空隙内。

⑦ 最后碾压

撒铺嵌缝料以后，碾压应掌握泥浆干湿状态。泥浆过稀时碾压，碎石易在泥浆中移动，产生波浪；过干则难达到压实效果。碾压时，随压随用竹扫帚将嵌缝料扫匀，压到表面无波浪和无显著轮迹为止。如表面太干，可略洒水碾压。

⑧ 开放交通

压实后最好待3~5d路面稍干后，再开放交通。

(2) 机械路拌法施工要点

① 铺料

掺灰时，先将备好的土按计算用量在路基全宽内均匀摊平，再将所需石灰和石料按体积比均摊在土上面，在混合料上均匀洒水。

② 拌和

用推土机或拖拉机牵引多铧犁拌合，第一遍由两边向中、向里翻料，第二遍由中间向两边、向外翻料反复拌合均匀。一般需犁拌 4～6 遍。

其余施工要点同灌浆法。

3. 级配砾石路面施工要点

(1) 材料要求

级配碎（砾）石路面主要材料为符合级配的天然砂砾和碎（砾）石，级配碎（砾）石中石料的最大粒径不应超过 50mm，细长及扁平颗粒的含量不应超过 20%。

对碎（砾）石的颗粒组成，可通过交通部门协助进行筛分试验，保证原材料符合质量要求。

(2) 铺料

首先摊铺石料，若石料过干，则可在摊铺后洒水湿润，然后铺黏土（其应事先打碎并不大于 1cm 或用拌合好的石灰土），最后铺砂，摊铺时要平整均匀。

采用不同粒级的碎石和石屑时，应将大碎石铺在下层，中碎石铺在中层，小碎石铺在上层，洒水使碎石湿润后，再摊铺石屑。

(3) 拌合

每施工段落以不小于 100m 为宜。可用拖拉机、装载机牵引的多铧犁进行拌合，反复拌合直到拌匀为止。

(4) 铺封层

碾压结束后，在完成的面层上，浇洒黏土泥浆一层或在预先润湿好的路面上直接撒铺粉碎的黏土。然后洒水并用扫帚扫匀，随即覆盖粗砂或石屑。扫匀后用轻型压路机碾压 3～4 遍，即可开放交通。封面厚度不应大于 1cm。砂的粒径应不小于 5mm。黏土和砂的用量各约为 $5m^3/1000m^2$。

4. 水结碎石路面施工要点

(1) 材料要求

碎石应具有较高的强度、韧性和抗磨能力。碎石应具有棱角且近于立方体，长条扁平的石料不超过 20%。碎石应干净、不含泥土杂物。

(2) 撒铺石料并摊平

可分一次或二次撒铺，摊平工作可用四齿耙进行。

(3) 预碾碎石

采用轻型压路机碾压，碾压时并不洒水，以免形成胶结物和碎石的移动而阻碍进一步压实。碎石受压路机的作用直至挤紧而不移动为止。

(4) 碾压碎石并洒水

碾压分三个阶段，第一阶段为稳定期，先用 6～8t 压路机先干压 2～3 遍后，再随压随洒水。洒水可减少石料之间的摩阻力，其目的是使碎石在压路机作用下就位落实，直到碎石挤紧不再移动为止。

第二阶段为压实期，采用 6～8t 压路机进行洒水碾压。此一阶段碾压直到碎石不再松动，不起波浪，表面无轮迹为止。

第三阶段为成型期,需要撒铺嵌缝料、洒水,并采用12t以上的重型压路机碾压,直到形成密实的表面层不出现碾压轮迹为止。

(5) 撒铺嵌缝料并洒水碾压

撒铺嵌缝料,洒水并用较重型压路机碾压,直到形成密实的表面层时为止。

(6) 最后撒铺石屑或砂,并洒水再进行碾压成型。

4.5.3 各类改善土路面施工要点

1. 用黏性土壤稳定粉砂土路面的施工要点

(1) 在粉砂质土壤地带,缺乏粒料时,可用黏性土壤稳定处理。一般要求气候比较干燥,雨量不多的地区以及地上水位不高或具有适当高度,毛细水不致影响路基与改善层的稳定性。

(2) 改善土的施工方法是:在改善前须整平路基,洒水压实,然后将黏性土壤覆盖或用黏性土壤与路基土壤拌合均匀铺平,做成规定横坡度,在最佳含水量情况下,用轻型压路机碾压,基本压实后,再控制行车碾压。

2. 用砂性土壤稳定黏性土路面的施工要点

为改善土路的行车条件,在不易取得粗粒料地区,用砂来改善黏性土壤,以提高稳定性,并可缩短雨天阻车时间。添加的砂料,以粗砂或中粒砂的效果为最好,一般其体积比例为:黏土30%～40%,砂60%～70%,混合料塑性指数以8～12为宜。

用砂改善土路面施工步骤:

(1) 用砂改善土路面拌合法施工工序为:翻松路基土(按改善层厚度)→打碎→整平→掺入定量砂料→拌合→整平→碾压→开放交通→控制行车碾压。

(2) 用砂改善土路面撒铺法施工工序为:备料(在路肩上备料并洒水湿润路基)→洒水(路基和路面要具有一定水分)→撒铺砂料(撒铺厚度约2～3cm)→碾压(用压路机将新撒的砂料逐渐压入路基土壤中)→再洒水再撒铺砂料再碾压。

(3) 再洒水再撒料再碾压,多次分层撒铺,分层碾压,加铺至所需厚度为止。每次铺砂以后,要碾压到路面上无明显轮迹,铺砂3～5次后,即可达到稳定的要求。

3. 用盐渍土改善土路面的施工要点

(1) 用盐渍土稳定土壤必须先通过试验,含有氟盐、碳酸盐类的盐渍土,含盐量以占土壤总成分的1%～3%为佳,不宜采用含有硫酸盐的土壤。单用盐渍土稳定土壤不能雨天通车,如将盐渍土与粗粒料并用,则可收到雨后通车的效果。

(2) 用盐渍土稳定土壤的厚度及其施工方法,可参照黏性土壤稳定粉砂质土壤的方法进行。

4. 用坚硬粗粒料改善土路面的施工要点

(1) 备料

一般是用天然碎(砾)石、砂和黏土三种材料,或用碎(砾)石(粗砂)和黏土两种材料。配合铺筑,用三种材料的质量比为:碎(砾)石55%～60%,砂25%～30%,黏土10%～25%。若采用两种材料,要求黏土的体积不要超过砾石(或粗砂)体积的30%。

(2) 层铺法施工

层铺法是把黏土和砂干拌均匀，堆置在路肩上，每次雨后，利用材料和路面都湿润的时机，撒铺一薄层，厚2cm，利用行车压实，使每次雨后一层一层的撒铺，达到所需的改善厚度。

(3) 拌合法施工

拌合法是将各种材料配合好，干拌两遍后，再湿拌两遍，然后铺平碾压。

5. 用软质材料改善土路面的施工要点

(1) 用碎砖（瓦）改善土路

掺用结合料的黏土，尽量选择塑性指数不低于12者。黏土为碎砖（瓦）体积的20%～30%，采用拌合法铺筑。

(2) 用软石改善土路

选用较软的并带有一定黏土的软石，可直接铺在土路上，用轻型压路机碾压4～5遍，将压碎的礓石渣和粉末扫进缝隙里充分洒水后，再碾压5～7遍。

选用较硬的礓石，可在铺平压实后用稠泥浆在上面灌浆，或掺泥土拌合均匀，铺平压实。

(3) 用风化石改善土路

对石料要加以鉴定或试验，以确定各种材料的配合数量及施工方法。

①采用拌合施工时，可按最佳混合料要求范围掺入适量的黏土和砂料，拌合后，一次铺筑或分层铺筑。

②采用嵌挤压实施工时，如颗粒尺寸大于级配最大允许尺寸时可将颗粒分大中小三类，分层摊铺，嵌挤压实。

③当采用的风化石较小且有良好的粘结性时，即可将此项材料直接铺筑路面，经适量洒水并充分碾压，使其嵌挤密实。

6. 用工业残（废）渣改善土路面的施工要点

(1) 用炉（煤）渣改善土路

采用与黏土拌合铺筑，一般按体积其比例为：炉（煤）60%～70%、黏土30%～40%进行配制，混合料松铺系数约为1.4。

施工工序为：备料→配料（充分洒水湿润）→拌合→铺料→整型→碾压→均匀洒水养护。

(2) 用矿渣改善土路

一般常用的有炉（煤）渣、矿渣、石灰渣等。采用与黏土拌合铺筑。矿渣应打碎在5cm以下，夹杂的炉灰，不能超过矿渣的25%，多的要筛除，材料的体积比例为：工业废渣60%～70%，黏土30%～40%。

施工工序为：备料→配料→拌合→摊铺→整型→碾压→均匀洒水养护。

(3) 用石灰渣、电石渣改善土路

石灰渣和电石渣中的氧化钙含量，不宜低于30%，使用时应翻松充分消解，使消解好的石灰成粉粒状，以利摊铺拌合，采用与路基土拌合或另用黏土拌合铺筑，即备料→配料→摊铺→整型→碾压→均匀洒水养护。

4.5.4 砂石路面质量控制与检测

(1) 各类砂石路质量控制检测内容参照相应的基层、底基层要求执行。

(2) 原路基质量检测见表 4-31。

路基质量检测实测项目　　　　　　　　表 4-31

项次	检查项目	规定值或允许偏差	检查方法和频率
1	压实度（%）	91	灌砂法：每 200m 每压实层测 4 处
2	弯沉（0.01mm）	≤150	弯沉车：双车道不超过 1km 测 80～100 点
3	纵断高程（mm）	+10，-20	水准仪：每 200m 测 4 断面
4	中线偏位（mm）	100	经纬仪：每 200m 测 4～6 点
5	宽度（mm）	符合设计要求	米尺：每 200m 测 4 处
6	平整度（mm）	20	3 米直尺：每 200m 测 2 处×10 尺
7	横坡（%）	±0.5	水准仪：每 200m 测 4 断面

(3) 面层质量检测见表 4-32。

路基质量检测实测项目　　　　　　　　表 4-32

项次	检查项目	规定值或允许偏差	检查方法和频率
1	平整度（mm）	10	3 米直尺：每 200m 测 2 处×10 尺
2	弯沉（0.01mm）	≤150	弯沉车：双车道不超过 1km 测 80～100 点
3	纵断高程（mm）	±20	水准仪：每 200m 测 4 断面
4	中线偏位（mm）	30	经纬仪：每 200m 测 4 点
5	宽度（mm）	不小于设计	尺量：每 200m 测 4 处
6	沥青用量（kg/m²）	±0.5%	每工作日每层洒布查 1 次
7	横坡（%）	±0.5	水准仪：每 200m 测 4 断面
8	厚度（mm）	代表值 -5 合格值 -10	尺量：每 200m 每车道 1 点

4.6 砌块路面

4.6.1 砌块路面施工概述

1. 名词术语

(1) 砌块路面

砌块路面指用块状石料、砖块或混凝土预制块铺筑的路面。根据砌块路面使用材料性质、形状、尺寸、修琢程度的不同，分为砖块、条石、小方石、弹石、粗琢石及混凝土预制块路面。

(2) 块石路面填缝料

用来填充块料间缝隙，嵌紧块料，加强路面的整体性，并起着保护块料边角与防止路面水下渗作用的材料。一般采用砂作块料路面的填缝料，但有时也根据需要用水泥砂浆或沥青玛琋脂。水泥砂浆具有良好防水和保护块料边角的作用，但翻修困难，有时每隔 5～

20m 还需设置胀缩缝。

(3) 块石路面

块石路面是指用石铺砌，块石之间用粘结材料结合成为整体的一种块状路面。

(4) 砖路面

砖路面是指在合格的路基表面直接用立砖铺砌的简易路面。它适用于缺少筑路石料且砖资丰富的地方，主要用于交通量小并且无重型车通过的村与村连接的农村公路。砖路面施工简单，便于养护。

(5) 弹石路面

弹石路面是摊铺在砂垫层上用人工铺砌经过粗凿以后形成的半整齐石块，通过嵌缝填隙压实，成为一种坚固耐久、清洁少尘，适应中、重型车辆通行，易于翻修、养护维修和投资较少、方便群众投工投劳的一种路面。

2. 砌块路面的特点

砌块路面的主要优点是坚固耐久，清洁少尘，养护修理方便。由于这种路面易于翻修，因而特别适用于土基不够稳定的桥头高填土路段，铁路交叉口以及有地下管线的城市道路上。又由于其粗糙度较好，故可在山区急弯、陡坡路段上采用，能提高抗滑能力。

砌块路面的构造特点是必须设置整平层，块料之间还需用填缝料嵌填，使块料满足强度和稳定性的要求。砌块路面适于石料及砖块丰富的山区农村公路和便于群众投工投劳施工的地方道路。

4.6.2 块石路面施工

1. 块石路面的种类、特点、铺设要求及适用情况

(1) 整齐块石条石路面

① 特点

路面平整度好，具有足够的强度，使用寿命长，施工要求较高，成本高。

② 铺设要求

要求有足够强度的基层和垫层。基层一般可采用 C20 水泥混凝土铺筑，垫层用 10 号水泥砂浆。

③ 适用情况

适用于高级路面，或具有较高要求的广场。

(2) 半整齐块石路面（条石、方石路面）

① 特点

坚固耐久，清洁少尘，养护修理较方便，但用手工铺砌，耗工多，施工进度较慢，成本较高。

② 铺设要求

铺砌在水泥混凝土、级配碎石或水泥（或石灰）稳定粒料等基层上。基层与石砌路面之间应铺设砂垫层。

③ 适用情况

适用于汽车、履带车混合行驶的道路或一般城镇道路。

(3) 不整齐块石路石（拳石、片弹街石路面）
① 特点
石料只需经过粗加工，故用工相对较少，成本较低。
② 铺设要求
铺设在级配碎石、水泥（或石灰）稳定土基层上，用砂充作垫层及填缝料。
③ 适用情况
适用于汽车、履带车混合行驶的道路或城镇道路。

2. 块石路面的厚度尺寸

块石路面的厚度尺寸见表 4-33。

块石路面一般厚度 表 4-33

序号	块石路面种类	石料一般厚度（cm）	垫层厚度（cm）
1	整齐块石和条石路面	25	5
2	半整齐块石路面	8～16	2～3
3	不整齐块石路面	10～25	5～20

3. 块石路面的施工要点

(1) 清扫分段

砌筑前要清扫路基范围的浮土并洒水湿润。砌筑时分段施工，分段长度以 5～10m 为宜，并每隔 5～10m 设 1 道施工缝。

(2) 拌合砂浆

浆砌法施工所用水泥砂浆要准确配料，有木斗或水桶按体积配比，混合料干拌均匀后，再加水湿拌均匀，随砌随拌。砂浆比例依据当地交通部门施工数据而定，或由交通部门负责提供。水泥与砂子一般参考比例为 1∶3～1∶7。

(3) 砌筑

① 砌筑顺序

直线平坦路段先从两侧往中间依次砌筑；纵坡路段从低处往高处依次砌筑；弯道路段从内侧向外侧依次砌筑。选择比较整齐的石块，先铺路边导向石，以利工程线控制高度和平整度。

② 砌筑方法

砌筑分干砌法和浆砌法。干砌法块石下面不铺砂浆，块石之间要嵌挤紧密，空隙之间用铁锤将小的石头敲实，再用砂砾或石渣把空隙填实。浆砌法施工块石下面要坐一层砂浆，块石之间空隙用水泥砂浆填充并插入小石块插实。

③ 砌筑要领

块石路面的质量很大程度上取决于砌筑的质量，砌筑不容许将薄的石片重叠摆放，也不可摆下一堆石料一起砌筑，要摆一块砌一块，砌一块填实一块，丁顺相间或两顺一丁排列，互相交错不得有通缝，错缝不小于 0.08m。石块摆放要保证上面平整、下面稳定，下面空隙较大的，须用小石块支垫牢固。砌筑时石块之间空隙用水泥砂浆填充，用木棒插实，较大空隙之间用铁锤将小的石头敲实，即充分密实又节约水泥砂浆，以此保证每一块片石的砌筑质量。

(4)养护

铺砌之后要禁止车辆通行,水泥砂浆填缝后要进行一星期的养护,用洒水或湿土覆盖的办法,保证潮湿,使砂浆和石块结合成一个整体。养护期间车辆不得通行。

干砌法不需要进行养护,砌完一段就可通行。

(5)混凝土砌块路面

在缺少石料地区,可考虑采用混凝土砌块路面。该种路面施工方法,与块石路面相同,路面质量高,平整度好,但造价较高。通常采用六角形混凝土砌块施工。

4.6.3 弹石路面施工

1. 结构组成及厚度

(1)路面结构组成

弹石路面的结构一般采用:弹石面层+砂垫层+基层+调平层(也可直接路基调型)。

(2)厚度

弹石路面层弹石块厚度一般采用12~14cm,路面计算主要是确定级配碎石基层的厚度。建议计算时弹石路面的材料抗压回弹模量E_p值为240~260MPa。除弹石面层外,其强度不足部分应以铺筑基层给予补强或增加补强层设计。

2. 材料要求

(1)面层弹石料

使用开采的天然石料或路基开挖石方的利用料,其石质不得低于3级(30MPa),材质坚硬,经粗琢打制后,石块的长度不宜大于高度,高度不宜超过宽度的2倍,石块的顶面与底面应基本平行,并且顶面应略大于底面,石料规格要均匀,石料顶面积为90~150cm^2,底面面积为60~130cm^2。经多年实践,弹石块的高度采用12~14cm为宜,较小尺寸的弹石使用质量比大块弹石好,病害少。

弹石块侧面不宜有显著的突出,以免铺砌时妨碍互相靠紧。用于铺筑的石料高度不得大于或小于设计高度的2cm,尺寸不符的弹石或尖楔状、扁平的石块、偏歪的石块,易碎与裂缝过多的石块、鹅卵石均不得使用。石块尺寸应符合表4-34的要求。

石块尺寸表　　　　　表4-34

石块大小		一般用石			边缘用石	
		大块	中块	小块	大块	中小块
高度(cm)	平均	18	16	14	+4	+4
	最小~最大	16~20	14~18	12~16	-2~+2	-2~+2
顶面长度(cm)		10~20	10~18	10~15	16~22	16~20
顶面宽度(cm)		7~15	7~13	7~10	10~15	10~14
底面尺寸(cm)		长宽比顶面尺寸小1~3cm				

(2)砂垫层

弹石路面的砂垫层是嵌接块石使之成为整体的一个层次,也是排除地表水的渗透层,必须具有一定厚度和强度,砂垫层松铺厚控制在6~8cm,压实厚在3~5cm,以不超过5cm为宜。

(3) 嵌缝砂

路面垫层和嵌缝用的砂子，要求用坚硬的中、粗砂粒（最大粒径10mm，级配良好）。严禁用黏土和风化碎石屑及粒径较细、强度较差的细砂、粉砂，控制含泥量在规定范围内。

(4) 基层

基层是路面结构中主要承重层，弹石路面基层一般采用级配碎石，级配碎石基层的施工按照部颁相关规范的要求执行。对于部分地区有良好级配的天然砂砾时也可采用，但要注意强度、压碎值和含泥量。

3. 弹石路面的施工工序

弹石路面施工的基本工序：弹石加工→路基整形→基层施工→垫层到位→块石排砌→成型碾压进行初期养护。

4. 弹石路面施工要点

(1) 弹石加工

弹石加工是整个块石路面最基本的施工。要求用抗压强度不得小于30MPa的石料做弹石路面。禁止使用节理发育、风化、低强度岩石。

块石要求石块无明显节理、裂隙，规格按设计尺寸通过加工粗凿成六面梯形台体，尺寸为：高10～14cm、顶面宽8～10cm、长12～15cm、底面宽7～9cm、长10～14cm，如按顶面和底面控制块石的尺寸时，顶面积不应小于100cm^2，底面积不应小于70cm^2，同时也不应太大。

块石的加工程序：开山堆码→分解均匀→细凿顶面平整→粗凿底面→凿棱线→修鼓包→堆码整齐。

(2) 摊铺砂垫层

级配碎石（或天然砂砾）基层施工完成后，在基层上按设计厚度（一般为3cm）及压实系数（一般为压实厚度的1.3～1.4倍）均匀摊铺具有最佳湿度的中、粗砂或石屑，并用轻型压路机略加滚压，整平而不压实，摊铺不宜太长，一般保持在铺砌弹石工作前10～20m为宜，特别是对雨季施工，应当天摊铺砂垫层，当天铺完弹石并即时碾压。禁止边下雨边施工。

垫层砂的要求：

① 天然砂其含量不大于10%，细砂含量不大于15%，中砂含量不大于30%，其余为粗砂。

② 机制砂和石屑、粗砂筛大于60%，扁平料不大于20%，含泥量控制在10%～15%以内。砂垫层禁止使用黏土，而且潮湿状态不得摊铺。

(3) 弹石铺筑

① 抄平定桩。在铺砌之前，应沿路中线每隔5～10m定横断各点桩（根据路面宽度而定）。其中路线的整桩及加桩应用水准仪测定，中间桩应预设路拱横坡高度（一般横坡为3%～4%）挂线抄平确定。由于路面滚压后将发生若干沉落，故桩高应较路面高程高出2～4cm。

② 撒布块石。垫层摊铺好后，将堆放在路肩以外的弹石块按同等规格、同等石质、同种颜色移置到垫层上，提倡分公里同石质同颜色，块石移置数量以够铺满为准，不宜

过多。

③ 将准备好的石料中方正、较大石块作缘石，弹石间应错缝铺砌并在铺砌过程中固定弹石位置，以不摇晃为宜。沿路线两边设宽度为30cm以上土路肩或路缘石包边，起嵌紧作用。

④ 铺砌弹石。弹石路面的铺砌首要是控制好路面的平整度，铺砌中平整度是靠拉线来控制，铺砌弹石遵循先边缘后中间，边缘石要超前铺5～10m，相对大的石料铺边缘，趋向中心的块石要相对减小，相邻石块不许有顶面积偏大、高度相差大于2cm的现象。纵坡大于1‰时铺砌工作应由低端向高端进行。相邻块石应有最大可能的接触面，下部填砂饱满。块石紧密度应达到手拉不出为准。半整齐块石铺砌应横向成行，行间块石与块石紧靠，每3块或3行错缝，错缝顶面应在5cm以上，半整齐块石不得用侧面为顶面。

⑤ 在铺砌完当天所放的一个单幅线后，通过检查排出个别低落块石或局部不平整、颜色不一致、大小不均匀的弹石（提高或低落块石）。再用3m尺检查在排砌容许误差内才算是完成排砌。接着是拥肩，用碎石或硬质土将块石路面边缘夯填，其宽度不小于30cm。如需做路缘石的路要先铺弹石再做路缘石，以免在碾压过程中压坏或者边缘块石漏压给路面使用中造成块石反弹、松动等病害（如用浆砌块石则不存在此问题）。

（4）撒料压实放车通行

每路段铺好以后，即撒铺石渣嵌缝。再用轻型压路机进行初步压实找平，若发现个别石块突出或凹陷，碎裂应将其剔除，调整砂垫层更换石块后即撒布粒径为1～5mm级配良好的中砂于其上，然后细心将其扫入石块缝隙内（用料约为$1m^3/100m^2$）。随后进行碾压，最初用轻压4～5次，然后用重型压路机碾压2～3次。碾压工序应先由两边开始，移向中央，在缝内未塞嵌缝料时，决不允许滚压。

最后撒铺粒径为5mm以下中砂或石屑一层，厚度为1～2cm，即可放车通行。

4.6.4 质量检测

1. 块石路面检测

（1）质量控制

块石路面施工过程中，要严格把关。参照《块石路面实测项目表》和质量要求，对不符合施工工艺要求的操作，不符合施工质量要求的路段立即进行纠正。

（2）检测项目及标准（表4-35）。

块石路面检测项目及标准　　　　表4-35

检查项目	单位	允许误差	检验范围	检验方法与要求
平整度	cm	2	每200m为一段	每段至少测2处，用3m直尺检验
路面厚度	cm	−1，+3	每200m为一段	每段测3处
纵断	cm	±2	每200m为一段	按桩号检查纵断高程
横断	%	±1%	每200m为一段	每段至少测3处，用路拱板检查
最大缝宽	cm	≤5	每200m为一段	每段至少量5处，用米尺量
路面宽度	cm	不小于设计宽度	每200m为一段	每段测3处

2. 砖路面检测

检测项目及标准参照块石路面执行。

3. 弹石路面检测

(1) 质量控制

选用质地坚韧、无杂质的半整齐块石料、砂粒,砂垫层级配及细度模数应符合要求;砂垫层粒料均匀;碾压应遵循先轻后重,先慢后快的原则。外观鉴定:表面平整、紧密,边线整齐,弹石无松动摇晃现象。

(2) 检测项目及标准(表4-36)。

弹石路面检测项目及标准   表 4-36

检查项目	单位	允许误差	检验方法与要求
平整度	cm	±2	用 3m 直尺量,每公里至少测 10 处。每处不少于 3 次
横坡度	%	±0.5%	每公里测 10 处(标准横坡度 2%~3%)
最大缝宽	cm	1.5	每公里量 10 处。检测石料表面以下 1cm 周缝,即四个边
宽度	cm	不小于设计宽度	每公里选 10 处进行检查,用皮尺由中心向两边量测
高度	cm	不低于设计最小值	每公里检查 5 处,每处查 4 个弹石
顶面尺寸	cm	不低于设计最小值	每公里检查 5 处,每处查 4 个弹石
底面尺寸	cm	不低于设计最小值	每公里检查 5 处,每处查 4 个弹石
用砂质量	cm	符合设计要求	每公里检查 5 处

第 5 章 桥梁涵洞施工技术与管理

5.1 桥涵施工测量

5.1.1 施工测量的任务和要求

1. 任务

桥涵施工测量，主要包括施工控制测量和施工放样两项工作，其主要任务是：通过施工测量建立桥涵高程控制网、补充施工需要的水准点、精确地测定墩台中心位置、桥轴线测量、构造物各细部构造的定位和放样以及桥台和墩台的竣工测量。对大型桥梁来讲，首先必须建立平面控制网、高程控制系统并测量桥轴线的长度，以确保桥梁走向、跨距、高程等符合规范和设计要求。

2. 工作内容及要求

实施桥涵测量前应查对监理单位所交付的桥涵中线位置三角网基点及水准基点等桩志和有关测量资料，如有桩志不足、不妥、位置移动或精度与要求不符，均须进行补测、加固，并将校测结果通知监理单位及业主。为使测量工作顺利进行，测量人员必须重视测量工作，要有熟练的操作技能、良好的协作精神及严格遵守测量规范的良好习惯，并做好测量人员的分工、仪器的校验、测设步骤的拟定等项准备工作。

桥涵施工测量的具体内容和要求，详见表 5-1。

桥涵施工测量的内容和要求 表 5-1

项目	工作内容和要求
检查、复核测量桩志	1. 查对复核建设单位所交付的桥涵中线位置、三角网基点及水准基点等桩志和有关测量资料，如有桩志不足、不妥、位置移动或精度与要求不符，均须进行补测、加固，并将校测结果通知建设单位
测量工作基本内容	2. 补充施工需要的桥涵中线桩； 3. 测定墩、台中线和基础桩的位置； 4. 测定涵锥坡、翼墙及导流构造的位置； 5. 补充施工需要的水准点； 6. 在施工过程中，测定并检查施工部分的位置和高程； 7. 其他施工测量与放样定位
桩志布设	8. 为防止差错，施工单位自行测定的重要标志，必须至少由两组相互检查核对，并作测量和检查核对记录； 9. 桥涵施工的主要控制桩志（或其护桩），均应稳固可靠，保留至工程结束； 10. 大桥、特大桥的主要控制桩志（或其护桩），均应测定其坐标、相互间的距离、角度、高程等，以免弄错和便于寻找

续表

项目	工作内容和要求
量距要求	11. 桥涵中线位置、桩间距离的检查校核及墩台位置放样，当有良好的丈量条件时，均应直接丈量或用检验过的电磁波测距仪测量。丈量距离时，应对尺长、温度、拉力、垂度和倾斜度进行改正计算
三角网基线的设置	12. 三角网的基线不应少于2条，依据当地条件，可设于河流的一岸或两岸，基线一端应与桥轴线连接，并尽量近于垂直。当桥轴线长超过500m时，应尽可能两岸均设基线。基线一般采用直线形，其长度一般不小于桥轴长度的0.5～0.7倍。设计单位的基线桩应予以利用；三角网所有角度宜设在30°～120°之间，困难情况下不应小于25°。测设精度应符合有关规范规定和要求

5.1.2 桥梁施工测量

1. 桥梁墩台定位测量

（1）内容

在桥梁施工测量中，主要的工作是准确地定出桥梁墩、台的中心位置和它的纵横轴线，这些工作称为墩台定位。直线桥梁墩台定位所依据的原始资料为桥轴线控制的里程和墩、台中心的设计里程，根据里程算出它们之间的距离，按照这些距离即可定出墩、台中心的位置。曲线桥所依据的原始资料，除了控制桩及墩、台中心的里程外，尚有桥梁偏角、偏距及墩距或结合曲线要素计算出的墩、台中心的坐标值。

（2）方法

一般常用的方法有：直接丈量法和方向交汇法两种。直接丈量法简易可行，通常多用于桥墩台处于干旱处的桥梁。

水中桥墩的基础施工定位时，由于水中桥墩基础的目标处于不稳定状态，在其上无法使测量仪器稳定，一般采用方向交会法；如果墩在干枯或浅水河床上，可用直接定位法；在已稳固的墩台基础上定位，可以采用方向交会法、距离交会法、极坐标法或直角坐标法。

2. 桥梁墩台及基础放样

桥梁墩台及基础放样主要包括平面位置放样和调和高程放样，平面位置放样与石拱桥墩台放样方法相同。

（1）桥梁墩台高程放样

对于砌石（或混凝土）桥墩、桥台，当施工到一定高度后，应及时放样墩、台顶面高程，以确定墩、台顶面距设计高程的差值。由于此时墩、台顶距地面已有相当高度，用常规的水准测量方法已无法施测，需用特殊方法。

（2）桥梁基础高程放样

桥梁基础高程放样分为水下和旱地两种。

① 水下基础高程放样（如钻孔灌注桩基础）

一般采用测绳下悬挂重物进行施测。方法是：在测绳端悬挂一锥形铁块，放测绳，当感觉测绳变轻（注意不要让测绳太靠近钻杆或钢筋笼）后，读取测绳读数（由于测绳每米一刻划,故应量取尺尾零长度并加上尺头重物长),则桩底处高程＝护筒处高程－测绳长度 L。

② 旱地基础高程放样

旱地基础高程放样分为浅基础和深基础两种情况。

(3) 桥梁锥坡放样

桥梁锥坡是一个 $\frac{1}{4}$ 的椭圆锥体,放样的方法很多。

当锥坡高度很高,坡脚在河岸陡峻位置,地形起伏不平时,必须根据地形因地制宜修成阶梯式底面,以适应地形和节省工程费用。此时采用前述各种方法放样都有困难,可采用放射线式放样,其法从椭圆中心,用经纬仪量角定方位,用水平仪测坡脚底高程定脚点,用皮尺量距离定辐射线长度。

(4) 梁体施工时细部测量工作

墩台施工时,对其中心点位、中线方向和垂直方向以及墩顶高程都作了精密测定,但当时是以各墩台为单元独立进行的。梁体施工需要将相邻墩台联系起来,考虑其相关精度,中心点间的方向、距离和高差应符合设计要求。

① 桥梁中心线方向测定,在直线部分采用准直法,用经纬仪正倒镜观测,刻画方向线。如果跨距较大(＞100m),应逐墩观测左、右角。在锥线部分,则采用测定偏角或坐标法。

② 相邻墩中心点间的距离用光电测距仪观测,在已刻画的方向线的大致位置上,适当调整使中心点里程与设计里程完全一致。在中心点架设经纬仪放出里程线,与方向线正交,形成墩台十字中心线。以此精确放出支座底板中心线,并以墨线弹出。

③ 墩台顶面高程用精密水准测定,构成水准路线,附合到两岸基本水准上。梁体施工过程中的测量工作有:

a. 对大跨度钢桁架或连续梁采用悬臂或半悬臂安装架设的桥梁,在拼装架设前,应在梁顶部和底部中点作出标志,架梁时用以测量梁体中心线与桥梁中心线的偏差值。在梁的拼装开始后,应通过不断的测量,保证梁体在正确的平面位置上。高程控制一般以大节点挠度和整跨拱度为主要控制。对需要在跨中合龙的桥梁,合龙前的控制重点应放在两端悬臂的相对位置上。

b. 对于预制安装的箱梁、板梁、T 梁等,测量的主要工作在于平面位置的控制上。在架设前,应在梁顶部和底部中点作出标志,架梁时用以测量梁体中心线与支座中心线的偏差值。在梁体安装基本到位后,应通过不断的微调使梁体在正确的平面位置上。

c. 对于支架现浇的梁体结构,测量的主要工作在于高程控制上。对于支架预压前后的高程应进行连续测量,以测得弹性变形,消除塑性变形;同时应根据设计保留一定的预拱度。在梁体现浇的过程中,应对支架的变形进行跟踪测量,如果变形过大,则应暂停施工,并采取相应的措施。

d. 对于悬臂施工的梁体结构,测量的主要工作在于高程的控制上。对于挂篮预加荷载前后的高程应进行测量,测得弹性变形,消除塑性变形;同时在不同节段浇筑前,应根据施工图中不同节段预拱度设计值,并结合已浇筑的前一节段的高程,调整相应的预拱度,使合龙前两端悬臂的相对位置满足要求,没有累计误差。

3. 涵洞基础定位与轴线测量

对于涵洞，设计资料一般会给出中心桩号、斜交角、涵长等，根据这些资料，可以测设涵洞中心桩以及轴线。涵洞施工中的测量工作主要是测设涵洞中心桩位以及涵洞轴线方向。

涵洞大多位于干沟或小溪流中，施工定位比较简单，涵洞基础定位即测设涵洞中心桩。通常可以利用离桥涵最近的已经测设的中桩位置，计算涵洞中心到前后中桩的距离，采用直接丈量的方法测设。

对于附近有可以利用的导线点时，也可利用路线近的导线，根据计算的涵洞中心坐标，计算距离和夹角。采用极坐标的放样方法测设涵洞中心。

对于正交涵洞，在涵洞中心位置确定以后，将经纬仪架设在涵洞中心桩处，后视路线方向，盘左、盘右旋转 90°（或 270°），取其平均位置，即为涵洞轴线方向。为了方便在施工过程中恢复轴线，一般在轴线方向设立护桩。

对于斜交涵洞，可将经纬仪架设在涵洞中心桩处，后视路线方向，盘左、盘右旋转 θ（或 $180°-\theta$），取其平均位置，即为涵洞轴线方向。

5.2 桥梁基础施工

5.2.1 桥梁基础的一般知识

1. 桥梁基础施工的重要性

基础作为桥梁结构物的一个重要组成部分，它起着支承桥跨结构，保持体系稳定，把上部结构、墩台自重及车辆荷载传递给地基的重要作用。基础的施工质量直接决定着桥梁的强度、刚度、稳定性、耐久性和安全度。况且基础属于隐蔽工程，若出现质量问题，不易发现和进行修补处理，因此，必须高度重视桥梁基础施工，严格按规范办事，确保工程质量。

2. 桥梁基础的一般形式

公路桥梁由于其结构形式多种多样，所处位置的地形、地质、水文情况千差万别，因此其基础的形式也种类繁多。桥梁的常用基础形式有明挖扩大基础、钢筋混凝土条形基础、桩基础、沉井基础、地下连续墙基础、组合式基础等，其中明挖扩大基础、桩基础在农村公路中应用最为广泛，本章将详细介绍。

3. 桥梁基础施工的主要方法

桥梁基础因其形式和所处环境、地质、水文条件、桥梁结构体系、环保要求及施工条件等因素不同要选用不同的施工方法。旱地土质地基扩大基础及条形基础采用明挖法，既可以采用人工开挖也可以机械开挖，若为岩石地基，还需进行适当的爆破施工。水中明挖基础必须设置围堰或者采取临时改河措施。桩基础的成孔有挖孔和钻孔两种方法，挖孔适用于旱地无水或地下水位较低的密实土质地层或岩石地层。人工挖孔桩径应大于 1.2m，孔深在 15m 以内，机械挖孔一般适用于土质地层。钻孔按地质条件不同可选用旋转钻成孔、冲击钻成孔、冲抓钻成孔等多种形式。

5.2.2 明挖扩大基础施工

1. 基坑放线

基坑放线主要是确定基坑开挖边线位置的工作,通过简易的数学计算,由基础底面的设计尺寸,按照基坑要求的富余宽度和由基坑土质确定的坑壁坡度计算出基坑开挖的长度及宽度,根据桥墩(台)中心桩和轴线,即可用皮尺、花杆放线确定基坑开挖边线。

2. 改河和导流

改河和导流是基坑开挖的重要环节,一般基础施工最好选择在枯水季节。当河沟水流较小时,可将河流或渠道位置适当改移,先在干涸的河道上施工桥梁,待桥梁建成后,再改移新的河道将水流接通。当河面较宽、水流较大时,可考虑设法修筑临时导流堤(土坝或砂石坝),把水流导向一边,开挖基坑,修筑基础后再撤除。

3. 基坑开挖和坑壁加固

基坑开挖和坑壁加固是同时交叉作业的两个工序。

(1) 坑壁坡度及护坡道

当坑壁土质较好,渗水较小时,可采用无支撑施工,坑深在 5m 以内可按表 5-2 所列坡值取值,基坑较深时,为确保安全,基坑边坡上应设 0.5~1.0m 宽的护坡道,护坡道宽一般为 1~2.0m。

基坑坡度值　　　　　表 5-2

土质＼坡比	边坡高度比
砂	1:1
砂砾石	1:0.75
亚砂土或粉土类	1:0.5
亚黏土类	1:0.3
黏土类	1:0.25
岩石	1:0

注:如基坑有渗透水、基坑附近堆置重物或有机械的振动时,则边坡的坡度应更平缓一些。

(2) 坑壁加固及围堰

① 坑壁加固

如因施工场地限制需要较陡的边坡时,可将坑壁用木板和方木进行支撑加固。

② 围堰

围堰是基坑在水中施工时,为使水与基坑分隔或引水改河的一种土、石、木的结构物。

各类围堰的适用条件参见表 5-3,可结合不同条件选用。

土石堰是农村公路中、小桥施工常用的形式,具有就地取材、施工简便、成本低等优点,施工时的技术要求参见表 5-4。

各类围堰类型及适用条件 表5-3

	堰的类型	适用条件
土石堰	土堰	适于水深<2m，流速≤0.5m/s，河床不透水，宜在河边浅滩，如外坡有防护措施时，可不限于小于0.5m/s的流速
	草（麻）袋堰	适于水深3.5m以内，流速1.0~2.0m/s，河床不透水
	木桩竹条堰	适于水深1.5~7m，流速≤2.0m/s，能打桩、不透水河床，盛产竹木地区
	竹篱堰	适于水深1.5~7m，流速≤2.0m/s，能打桩、不透水河床，盛产竹木地区
	竹笼堰	适用范围较广，盛产竹木地区
	堆石土堰	适用于河床不透水，多岩石的河床，水流速在3m/s以内
木堰	木板堰	适于水深2m，流速≤2.0m/s，较坚实土质河床，盛产木材地区
	马槎堰	同木板堰
	木笼堰	适用于深水、急流或有流水、深谷、险滩，河床坚硬平坦无覆盖，盛产木材地区
套箱	木（钢）套箱	适用于水深，流速≤2.0m/s，无覆盖层，平坦的岩石河床
	钢丝网混凝土套箱	同木（钢）套箱
板桩围堰	木板桩围堰	单层木板桩，适用于水深在2~4m，能打下木板桩的土质河床；双层木板中填亚黏土墙，适用于水深4~6m
	钢板桩围堰	适用于深水或深基坑，较坚硬的土石河床，防水性能好，整体刚度性较强
	钢筋混凝土板桩围堰	适用于深水或深基坑，各种土质河床，可作为基础结构的一部分，亦有采用拔除后周转使用的，能节省大量木材

土、石围堰技术要求 表5-4

类别	填料	顶宽（m）	边坡（高：宽）	
			内侧	外侧
土围堰	渗透性较小的黏质土、砂质黏土	1~2	1:1.0	1:2~1:3
土袋围堰	袋内装黏质土	1~2	1:0.2~1:0.5	1:0.2
	有黏质土心墙，内外侧袋内装黏质土或砂土	2~2.5		
木桩竹条土围堰	黏质土	≥水深	1:0	1:0
竹篱土围堰	黏质土	≥水深	1:0.2	1:0.2
竹（铅丝）笼围堰	笼内填卵石、石块，心墙填黏质土	≥水深	1:0.2	1:0.2
堆石土围堰	内外侧堆卵石、石块，心墙填黏质土	1~2	1:2	1:0.5~1:1

注：堰内坡脚至基坑边缘距离根据河床土质及基坑深度而定，但不得小于1.0m。

围堰施工时应注意以下事项：

a. 围堰顶高：宜高出施工期间最高水位70cm，最低不应小于50cm。用作防御地下水的围堰，宜高出水位或地面20~40cm。

b. 围堰大小：围堰外表应适合水流排泄，不应压缩流水断面过多，以免壅水过高危害围堰的安全。围堰类型应适应基础施工的要求。堰身断面尺寸应保证有足够的强度和稳定性，使基坑在开挖后，围堰不致发生破裂、滑动或倾覆。

c. 防止渗漏：尽量采取措施防止或减少渗漏，以减轻排水工作。

d. 防止冲刷：对围堰外围边坡的冲刷和筑围堰后引起河床的冲刷，均应有防护措施。

e. 围堰施工：一般应安排在枯水期进行。

4. 基坑排水

当基坑水较多时,应进行坑内排水。排水设备可采用农田灌溉用的抽水机(离心式),吸水高度一般不超过 7～8m,当基坑较深时可采用多台抽水机分级抽水。

5. 基底清理

基底清理是挖基坑的最后一道工序。基坑挖至设计高程后,如系岩石基底,则应将表面风化层除去后冲洗干净,并将表面凿毛。如系黏土,一般则应铺以 10cm 石料垫层,经夯实后即可。基底清理完成后经基底承载力检测,并填写有关检查表,符合设计要求后方可进行下一道工序。

5.2.3 桩基础施工

1. 桩基础类型及组成

(1) 桩基础的类型

当地基浅层土质较差,持力土层埋藏较深,需要采用深基础才能满足结构物对地基强度、变形和稳定性要求时,可用桩基础。桩基础是常用的桥梁基础类型之一。

桩基按材料分类有木桩、钢筋混凝土桩、预应力混凝土桩与钢桩,桥梁基础中应用较多的是中间两种;按制作方法分为预制桩和钻(挖)孔灌注桩;按施工方法分为锤击沉桩、振动沉桩、射水沉桩、静力压桩、就地灌注桩与钻孔埋置桩等,前四种又统称为沉入桩。施工应该依据地质条件、设计荷载、施工设备、工期限制及对附近建筑物产生的影响等来选择桩基的施工方法。

(2) 桩基础的组成

桩基础由多根钢筋混凝土桩和桩帽(又叫混凝土承台)组成,通过桩帽形成支撑平台,将桥墩传递的上部荷载传给桩,再传到岩床(又叫石床),以确保桥梁坚固稳定。

2. 钻孔桩施工简介

钻(挖)孔灌注桩是采用不同的钻孔方法,在地层中按要求形成一定形状(断面)的井孔,达到设计高程后,将钢筋骨架吊入井孔中,再灌注混凝土(有地下水时灌注水下混凝土),成为桩基础的一种工艺。

(1) 钻孔准备工作

① 场地为旱地时,应清除杂物、换除软土、整平夯实。

② 场地为陡坡时,可用枕木、型钢等搭设工作平台。

③ 场地为浅水时,筑岛面积应根据钻孔方法、设备大小等要求确定。

④ 场地为深水或淤泥层较厚时,可搭设工作平台,平台须牢固稳定,能承受工作时所有静、动荷载,并考虑施工机械能安全进出。如水流平稳,内流河水位升降缓慢,全部工序可在船舶或浮箱上进行,但须锚碇稳固,桩位准备;如流速较大,但河床可以整理平顺时,可采用钢板或钢丝网水泥薄壁浮运沉井,就位后灌水下沉至河床,然后在其顶部搭设工作平台,在其底部安设护筒,在某些情况下,可在钢板桩围堰内搭设钻孔平台。

(2) 护筒埋设

① 挖埋式护筒:适用于旱地或岸滩,当地下水位在地面以下大于 1m 时,可采用挖埋法;当河床为很松散的细砂地层,挖坑不易成型时,可采用双层护筒,在外层护筒内挖砂或射水下沉,里面安设正式护筒,两筒之间填筑黏土夯实(外护筒内径比正式护筒内径

应大 40~60cm)。

② 填筑式护筒：适用于桩位和地面高程与施工水位（或地下水位）的高差小于1.5~2.0m（按钻孔方法和土层情况而定）时，宜采用本法，填筑的土台高度，应使护筒顶端比施工水位（或地下水位）高 1.5~2.0m。土台边坡以 1∶1.5~1∶2.0 为宜。

③ 围堰筑岛护筒：当水深小于 3m 的浅水处时，一般须围堰筑岛埋设护筒。岛面应高出施工水位 1.5~2.0m。亦可适当提高护筒顶面高程，以减少筑岛填土体积。若岛底河床为淤泥或软土，应予挖除换以砂土；若排淤换砂土工作量较大，则可采用长护筒，使其沉入河床土层中。

④ 深水护筒：适用于深在 3m 以上的深水河床中。其主要工序为搭设工作平台（有搭设支架、浮船、钢板桩围堰、浮运薄壳沉井、木排、筑岛等方法），下沉护筒的定位导向架与下沉护筒等。

(3) 各种钻孔方法及应用范围

详见表 5-5。

各种钻（孔）方法适用范围　　表 5-5

钻孔方法	适用范围			泥浆作用
	土层	孔径（cm）	孔深（m）	
螺旋钻	黏性土、砂类土、含少量砂砾石、卵石（含量少于 30%，粒径小于 10cm）的土	长螺旋：40~80 短螺旋：150~300	长螺旋：12~30 短螺旋：40~80	干作业 不需要泥浆
正循环回转钻	黏性土、粉砂，细、中、粗砂，含少量砾石、卵石（含量少于 20%）的土、软岩	80~250	30~100	浮悬钻渣并护壁
反循环回转钻	黏性土、砂类土、含少量砾石、卵石（含量少于 20%，粒径小于钻杆内径 2/3）的土	80~300	用真空泵<35，用空气吸泥机可达 65，用气举式可达 120	护壁
潜水钻	淤泥、腐殖土、稳定的砂类土、单轴抗压强度大于 20MPa 的软岩	非扩孔型：80~300 扩孔型：80~655	标准型：50~80 超深型：50~150	正循环浮悬钻渣，反循环护壁
冲抓钻	淤泥、腐殖土、密度黏性土、砂类土、砾石、卵石	100~200	大于 20m 时进度慢	护壁
冲击钻	实心锥：黏性土、砂类土、砾石、卵石、漂石、较软岩石 空心锥：黏性土、砂类土、砾石、松散卵石	空心锥：80~200 空心锥（管锥）60~150	50	浮悬钻渣并护壁

(4) 清孔及钢筋骨架施工

① 清孔

清孔的目的是抽、换原钻孔内泥浆，降低泥浆的相对密度、黏度、含砂率等指标，清除钻渣，减少孔底沉淀厚度，防止桩底存留沉淀土过厚而降低桩的承载力，特别是随着施工工艺的发展，采用大直径钻桩已趋于普遍，在施工中彻底清除孔底沉淀土对充分发挥桩底原土层的支承力、提高大直径钻孔桩竖直承载力尤为重要。

清孔还为灌注水下混凝土创造良好条件，使测深正确、灌注顺利，确保混凝土质量，避免出现断桩之类重大工程质量事故。

终孔检查后，应迅速清孔，不得停歇过久使泥浆、钻渣沉淀增多，造成清孔工作的困难甚至坍孔。清孔常用抽浆清孔和喷射清孔，清孔后应在最短时间内灌注混凝土。

② 钢筋骨架制作与吊装

a. 板成型法

用 2~3cm 厚的木板（或薄钢板）制成两块半圆卡板。按钢筋位置，在卡板边缘凿出支托钢筋的凹槽，槽深等于主筋直径的一半。制作骨架时，每隔 3.0m 左右放一块卡板，把主筋纳入凹槽，用绳扎好；再将螺旋筋或箍筋套入，并用钢丝将其与主筋绑扎牢固。然后松开卡板与主筋的绑绳，卸去卡板，随即将主筋同螺旋筋或箍筋点焊，要求每一螺距内的焊点不少于 1 个，相邻两焊点的平面投影相距尽量接近 90%，以保证骨架的刚度。

b. 支架成型法

支架由固定的和活动的两部分组成。用 3~4cm 厚的木板，按骨架的设计尺寸，做成半圆的固定支架。在它的周围边缘，按主筋位置凿出支托主筋的凹槽。固定支架用两根 4cm×10cm 的支柱固定于地面。活动支架各木条的两端也按主筋位置凿成凹槽。活动支架的斜木条下端用螺栓固定于固定支架。这样，上下两个半圆支架连在一起，构成一个同心圆形支架。按骨架的长度，每隔 2.0m 左右设支架一个。各支架应互相平行，圆心应位于同一水平直线上。

c. 骨架运输及吊运

骨架完成后一般用平板车运至桩孔，然后再用吊车吊立，垂直下沉安装就位，并用垫块绑扎在骨架外侧，以确保骨架保护层有 6~8cm 的厚度。

(5) 水下混凝土浇筑步骤

漏斗、导管吊装就绪后，按如下步骤进行：

① 储灌首批混凝土。

② 剪球（拔栓或开阀），将首批混凝土灌入孔底。

③ 连续不断灌注混凝土直至结束。

3. 挖孔桩施工

(1) 挖孔桩特点及适用条件

挖孔灌注桩基础系用人力和适当的爆破，配合简单机具设备下井挖掘成孔，灌注混凝土成桩，适用于无地下水或地下水量很少的密实土层或岩石地层。岩孔内产生的空气污染物超过《环境空气质量标准》GB 3095—96 规定的任何一次检查的三级标准浓度限值时，不得采用人工挖孔施工。桩形有圆形、方形两种，用人力下井挖掘的方桩长边或圆桩孔径，以便于施工为宜，但不得小于桩的设计断面尺寸。孔深大于 15m 时，应加强通风和安全措施。

挖孔灌注桩的优点是需用机具少，成孔后可直观检查孔内土质情况，对农村公路桩基础施工较为适宜。

(2) 施工准备

① 平整场地，清除坡面危石浮土；坡面有裂缝或坍塌迹象者应加设必要的保护，铲除松软的土层并夯实。施测墩台十字线，定出桩孔准确位置；设置护桩，经常检查校核；

孔口四周挖排水沟,做好排水系统;及时排除地表水,搭好孔口雨棚;安装提升设备;布置好出渣路;合理堆放材料和机具,使其不增加孔壁压力、不影响施工。

② 井口周围须用木料、型钢或混凝土制成框架或围圈予以围护,其高度应高出地面 20～30cm,防止土、石、杂物滚入孔内伤人。若井口地层松软,为防止孔口坍塌,须在孔口用混凝土护壁,高约 2m。若井口地层有较大的渗水量时,应用井点法降低地下水位。

③ 机具配备

一般组织三班制连续作业,条件较差时用木绞车提升,有条件时采用电动链滑车或架设三脚架,用 10～20kN 慢速卷扬机提升。

(3) 挖孔事项

① 挖掘时,不必将孔壁修成光面,要使孔壁稍有凹凸不平,以增加桩的摩阻力。对摩擦桩更应如此。

② 在挖孔过程中,须经常检查桩孔尺寸和平面位置:群桩桩位误差不得大于 50mm;直桩倾度不超过 1‰,斜桩倾度不超过 ±2.5‰;孔径、孔深必须符合设计要求。

③ 挖孔时如有水渗入,应及时支护孔壁,防止水在孔壁浸淌造成坍孔。渗水应设法排除(如用井点法降水或集水泵排水)

④ 桩孔挖掘及支撑护壁两道工序必须连续作业,不宜中途停顿,以防坍孔。

⑤ 挖孔如遇到涌水量较大的潜水层承压时,可采用水泥砂浆压灌卵石环圈,或其他有效的措施。

⑥ 挖孔达到设计深度后,应进行孔底处理。

(4) 孔内爆破

为确保施工安全,提高生产效率,孔内爆破施工应注意以下事项:

① 导火线起爆应有工人迅速离孔的设备;导火线应做燃烧速度试验,据以决定导火线所需长度;孔深超过 10m 时应采用电雷管引爆。

② 必须打眼放炮时,严禁裸露药包。对于软岩石炮眼深度不超过 0.8m,对于硬岩石,孔深不超过 0.5m。炮眼数目、位置和斜插方向,应按岩层断面方向来定,中间一组集中掏心,四周斜插挖边。

③ 严格控制用药量,以松动为主。一般中间炮眼装硝铵炸药 1/2 节,边眼装药 1/4 节～1/3 节。

④ 有水眼孔要用防水炸药,尽量避免瞎炮。如有瞎炮要按安全规程处理。

⑤ 炮眼附近的支撑应加固或设防措施,以免炸坏支撑引起坍孔。

⑥ 孔内放炮后须迅速排烟。可采用铁桶生火放入孔底,促进空气对流;或用高压风管或电动鼓风机放入孔底吹风等措施。

当孔深大于 12m 时,每次放炮后立即测定孔内有毒气体浓度;无仪表测定时,可将敏感性强的小动物先吊入孔底考验,数分钟取出观察,如其活动正常,人员方可入孔施工。

⑦ 一个孔内进行爆破作业,其他孔内的施工人员也必须到地面安全处躲避。

(5) 安全措施

挖孔时,应注意施工安全。挖孔工人必须配有安全帽、安全绳,必要时应搭设掩体。

取出土渣的吊桶、吊钩、钢丝绳、卷扬机等机具，必须经常检查。井口周围须用木料、型钢或混凝土制成框架或围圈予以围护，井口围护应高于地面 20～30cm，以防止土、石、杂物滚入孔内伤人。为防止井口坍塌，须在孔口用混凝土护壁，高约 2.0m。挖孔时还应经常检查孔内的二氧化碳含量，如超过 0.3%，或孔深超过 10m 时，应用机械通风。挖孔时工作暂停，孔口必须罩盖。井孔应安设牢固可靠的安全梯，以便于施工人员上下。

5.3 简支梁桥施工

5.3.1 简支梁桥的一般知识

1. 名词术语

（1）简支梁桥

简支梁桥指主要承重构件为梁（或板）的桥梁。梁式桥在竖向外荷载作用下墩台仅有竖向反力，而无水平反力，构件内力为弯矩和剪力，无轴向力，与同跨径的其他桥型相比梁内产生的弯矩最大，宜用抗弯性能好的材料建造。

（2）斜桥

斜桥指顺桥向桥梁轴线与墩台轴线以斜角相交的桥梁。其受力较正桥复杂，上部结构中有不均匀的扭矩存在，支点反力的分布也不均匀，钝角处反力显著增大，而锐角处反力较小，并有可能出现上拔的负反力，因而其构造与施工都较复杂。因此，只在桥梁走向与桥下河流或线路的走向呈斜角，用正桥跨越显得不经济或正桥墩台方向与桥下河流（或线路）有干扰时才采用。

（3）弯桥

弯桥指桥轴线在平面上呈曲线的桥梁，又称曲桥。根据墩台轴线是否与桥轴线垂直而分为正交弯桥与斜交弯桥。无论正交或斜交，其上部结构的受力（弯扭）、构造和施工都比正交直桥复杂；外侧支点反力较内侧处大，内侧甚至可能出现上拔的负反力。因此，只在桥梁恰好位于线路曲线部分采用。但如曲线半径较大，也可做成折线形桥，并将曲线桥所需的净宽包含在折线桥的桥宽之内，这样将弯桥分段处理为直桥，可使结构构造和分析简化。

（4）桥长

桥长又称桥梁全长（桥梁总长），桥梁两岸桥台侧墙或八字墙尾端的距离（无桥台的桥梁为桥面系行车道的长度）称为桥梁全长，以 L 表示；梁桥多孔标准跨径之和或拱桥两桥台内拱脚截面最低点（起拱线）间的距离（其他桥型为桥面行车道长度）称为桥梁总长，以 L_1 表示。

（5）桥梁净跨径

桥梁净跨径是梁式桥设计洪水位上相邻两个桥墩（桥台）之间的距离，拱式桥每孔拱跨两个拱脚截面最低点之间的水平距离，称为桥梁净跨径，用 L_0 表示；多孔桥各孔净跨径之和为桥梁总跨径，用 ΣL_0 表示。桥梁总跨径反映其排泄洪水的能力。

（6）桥梁标准跨径

对梁式桥，标准跨径指两相邻桥墩中线之间的距离，或墩中线至桥台台背前缘之间的距离；对于拱桥，则指其净跨径。

(7) 桥梁建筑高度

桥梁建筑高度指桥上行车路面（或轨顶）至桥跨结构最下缘之间的高差。公路或铁路定线中确定的桥面（或轨顶）高程与桥下排洪或通航必需的净空高度之差称为容许建筑高度。桥梁建筑高度不得大于其容许建筑高，否则不能满足排洪和通航要求。

(8) 桥面净空

桥面净空指桥梁行车道、人行道的上方应保持的空间界限。公路桥的桥面净空根据桥梁所在道路等级按《公路桥涵设计通用规范》JTG D60—2004 的规定确定。

(9) 伸缩缝

伸缩缝是为满足桥跨结构因气温变化、活载作用以及混凝土的收缩徐变引起的变形而设置的装置。伸缩缝一般设在承重结构的铰接处。公路桥梁伸缩缝在行车道和人行道上横向应通长设置，栏杆、防撞栏跨伸缩缝处应断开以避免在此处拉坏。伸缩缝的防水层应妥善设置，以免雨水侵蚀承重结构。

(10) 钢筋混凝土梁桥

钢筋混凝土梁桥是用抗拉的钢筋和承压的混凝土复合建成的梁式桥，在竖向荷载的作用下，支承处不产生推力。这种桥的优点是构造简单，施工方便，如做成静定结构，对地基的适应性强。缺点是自重大，易产生裂缝，如就地施工，工期较长，支架和模板木料的损耗量亦较大，故只适用中、小跨度的桥梁。钢筋混凝土梁桥按静力特性又分简支梁、悬臂梁、连续梁。

(11) 预应力混凝土梁桥

预应力混凝土梁桥指桥跨结构采用预应力混凝土建造的梁桥。相对于钢筋混凝土梁桥，这种桥梁的优点是：合理利用高强混凝土和高强度钢材，改善结构受拉区的应力状态，提高结构的抗裂性，从而提高结构的刚度和耐久性；在使用阶段具有较高的承载力和疲劳强度。但是施工工艺水平要求较高，需要专门的设备。预应力混凝土梁桥按静力体系分简支梁桥、连续梁桥、悬臂梁桥。

2. 简支梁桥的组成、类型及特点

(1) 简支梁桥的基本组成

简支梁桥主要由上部结构和下部结构两大部分组成，在上、下部结构之间由支座连接。上部结构包括梁体和桥面系，桥面系包括桥面铺装、人行道（或安全防护带）、栏杆、泄水管和伸缩缝；下部结构包括桥墩、桥台、基础、墩台身和墩台帽。

(2) 简支梁桥的类型

① 按施工方法分类

钢筋混凝土梁桥，按施工方法不同，可分为整体式梁桥和节段式梁桥。前者是将桥梁上部结构在桥位上整体现场浇筑或整体预制安装就位；后者是将桥梁上部结构分成若干节段，在桥位上分段现浇或分段预制装配连接而成。采用预制装配而成的梁桥又称装配式梁桥。

② 按承重结构的截面分类

a. 板式截面，包括实心板、空心板、梁肋式板以及异形板。

空心板质量轻、材料省且易于吊装和运输，是农村公路中常用的形式。

b. 肋式截面，包括T形梁、Ⅰ形梁、Ⅱ形梁以及箱梁等。

(3) 简支梁桥的特点

简支梁桥多由钢筋混凝土构成,因而又叫钢筋混凝土梁桥。

凡是采用混凝土和钢筋结合在一起所建成的梁式体系桥统称为钢筋混凝土梁桥,简称混凝土梁桥,它包括了普通钢筋混凝土梁桥(简称钢筋混凝土梁桥)、部分预应力混凝土梁桥和全预应力混凝土梁桥。以下仅介绍普通钢筋混凝土简支梁桥,简称简支梁桥。

梁桥是指结构在垂直荷载作用下,支座只产生垂直反力而无推力的梁式体系桥的总称。

钢筋混凝土梁桥是钢筋混凝土结构的一种结构类型,它具有钢筋混凝土结构的所有特点,即混凝土集料可以就地取材,因而成本低;耐久性好,维修费用少;材料可塑性强,可以按照设计意图做成各种形状的结构,例如适应道路线形的曲线桥;可以采用装配式结构,工业化程度高,既提高了工程质量又加快了施工速度;整体性好,结构刚度大,变形小;噪声小等。

钢筋混凝土梁桥也有一些明显的不足之处。在钢筋混凝土梁桥中,在梁的受拉区布置有受力钢筋,以承担外荷载产生的拉应力,钢筋和混凝土粘结在一起共同变形,由于受到混凝土裂缝宽度的限制,所以钢筋的拉应变或应力也将受到相应的制约。同时钢筋和水泥材料与就地取材的石料相比,费用较高,一般仅适用于石料缺乏的地区,常用的经济合理跨径在 20m 以下。

5.3.2 施工工序

简支梁桥施工工序,大致可分以下八个步骤:

(1) 第一步:施工准备

主要进行施工前的图纸熟悉、施工组织、施工测量、地质调查、场地准备等工作。

(2) 第二步:基坑开挖

主要包括:河床清理、围堰排水、钻孔桩施工、挖基坑等方面的工作。

(3) 第三步:桥墩施工

主要包括:桥墩基础、桥墩墩身、桥墩墩帽等部分的混凝土或砌石工程等部分的工作。

(4) 第四步:桥台施工

在河流的两岸作混凝土或砌石桥台,并连接河岸和路堤。

(5) 第五步:主梁预制

对于装配式梁桥,主梁预制是桥梁施工中的重要工序,主要包括:模板制作、钢筋加工及架立、混凝土浇筑、养护等工作。

注:在实际施工中,不可能有满足所有条件的施工场地,而应根据具体情况,结合上述原则,园地制宜加以布置。

(6) 第六步:主梁安装

主要包括:主梁运输、支座安装、主梁吊装、主梁定位等方面工作。

(7) 第七步:桥面安装

桥面安装主要包括:主梁混凝土连接、桥面伸缩缝安装、桥面混凝土板铺装(或桥面混凝土浇筑)等工作。

（8）第八步：设施施工

桥面设施施工主要包括：桥面人行道、桥面排水、桥面栏杆、照明、交通标志、标线和其他设施工作，完成后即可开放交通。

5.3.3 施工工艺

1. 施工原则及准备工作

（1）桥梁施工总的原则要求

① 桥梁施工必须做好施工前的准备工作和施工中的技术管理工作，严格执行国家颁布的技术规范和有关技术操作规程的规定，保证工程质量。

② 桥梁施工应积极推广使用经过鉴定的新技术、新工艺、新结构、新材料、新设备，以加速实现公路桥涵施工现代化。

③ 桥梁施工应节约用地，少占农田，并按国家有关规定注意防止环境污染。

④ 桥梁施工应充分考虑施工过程中，对陆上和水上交通的影响，特别是主航道和陆上主要交通干线不得中断。

⑤ 凡属隐蔽工程，必须填写隐蔽工程检查证（表）。

⑥ 桥梁工程竣工后，应对临时工程、临时辅助设施、临时用地和弃土等及时进行处理，做到工完场清。

⑦ 桥梁工程必须文明施工、安全生产，严格遵守安全操作规程，加强安全生产教育，建立和健全安全生产管理制度。

（2）桥梁施工准备工作主要内容

① 熟悉设计意图，查对图纸文件资料

施工单位承接桥梁工程任务后，必须组织有关人员查对设计文件、图纸、资料等是否齐全、清楚，图纸本身及相互之间有无错误或矛盾，如发现图纸和资料等有欠缺、错误、互相矛盾的情况，应向设计单位提出，予以补齐或更正。

研究设计图纸、资料过程中，需与现场实际情况核对，必要时行补充调查，以利于做好准备工作。

② 编制施工方案

桥梁开工前，应根据设计文件和任务要求，编制施工方案，报上级批准。施工方案的基本内容包括：编制依据、工期要求、工程特点、主要工程、材料和机具数量、施工方法、施工力量部署、工程进度要求、完成工作量计划和临时设施的初步规划等。

③ 编制施工组织设计

大桥、特大桥的实施性施工组织设计，应根据施工方案单独编制，其内容较施工方案明确、详尽。主要内容包括：工期要求、工程特点、主要施工方法、技术措施、施工进度、工程数量、完成工作量计划、机械设备及劳动力计划、施工现场布置平面图、施工图纸、施工安全和施工质量保证措施等。

④ 测量检测

对建设单位所交付的桥涵中线位置桩、三角网基点桩、水准基点桩等及其测量资料进行检查核对，若发现桩志不足、不稳妥、被移动或测量精度不符合要求时，应按施工测量要求进行补测、加固、移设或重新测校，并通知建设单位。

⑤ 协作配合

在开工前的施工准备阶段，应充分调查原有管线或其他地下建筑物等障碍，以及施工中可能涉及与其他部门有关的问题，应事先联系、加强协作、签订协议。

2. 混凝土墩台施工

石砌墩台的施工方法和要求与石拱桥相同。下面着重介绍混凝土墩身和墩帽的施工要点。

（1）柱式墩身施工

柱式墩常用的有单柱墩、双柱墩，其施工工序与实体混凝土墩相比，主要是增加了钢筋的加工、制作和安装。施工要点为：

① 模板制作根据设计的柱形（圆形或矩形、方形）制作和安装模板，模板的类型应按当地实际情况选定。

② 清理混凝土桩。将混凝土桩顶打毛并冲洗干净，以便桩与柱或桩与承台连接牢靠。

③ 安装墩柱桩身钢筋。钢筋的规格、加工、制作及绑扎均应符合设计及有关规定要求。

④ 架立墩柱模板。

⑤ 浇筑墩身混凝土。

（2）墩帽施工

墩帽是用来支承桥跨结构的，其位置、高程及垫石表面平整度等均应符合设计要求，以免造成不良后果。墩帽施工的主要工序为：

① 墩帽放样及钢筋架立。当墩身混凝土浇筑至或砌石至距墩帽下缘约30~50cm高度时，即需测出墩身的纵横中心线，并开始架立墩帽模板，安装锚栓孔或安装预埋件。

② 安装墩帽模板。对墩帽位置、尺寸和高程的准确度要求较严，基模板应精确制作，细心安装。悬臂墩帽，可利用基础襟边竖立支架、在悬出的支架上立模；或预先在墩身上部预埋2~3排螺栓，以锚定牛腿支架、承托模板。柱式墩帽（亦称盖梁），除装配式外，需要现场立模浇筑。盖梁的体积小，可利用墩柱身作支撑，用木梁和螺栓紧墩柱，上铺横梁，再安装底模板、侧模板。这些木梁、横梁、拉杆、方框架等均需预制，用时安装。

③ 钢筋网、预埋件、预留孔等的安装，位置正确，定位牢固。应特别注意支座垫石的尺寸、高程、锚栓孔、表面平整度等的准确性。

④ 浇筑墩帽混凝土，重视混凝土的密实性。

⑤ 支座安装。

桥梁支座的种类和形式，应根据设计要求，购买专业厂家生产的定型产品。支座安装应按厂家的使用说明书的要求，正确安装，必要时可请厂家到现场指导。对于小跨径（10m左右）的钢筋混凝土梁板桥，要采用油毡、石棉垫或钢板支座。其安装时，应先检查墩上支承面的平整度和横向坡度是否符合设计要求，否则应修凿平整并以水泥砂浆抹平，再铺垫油毡、石棉垫或铅板。梁板就位后，梁板与支承必须紧贴，不得有空隙和翘动现象。

3. 主梁施工

（1）主梁预制

① 模板制作与安装按有关规定及要点执行。

② 钢筋安装。

在安装钢筋之前应检查模板各部尺寸有无歪斜、裂缝及变形等，若有变形和尺寸不符应予以纠正。焊接成形的钢筋骨架，用起吊设备吊入模板内即可。绑扎钢筋骨架，应事先确定安装顺序。一般在梁肋的钢筋，先安装箍筋，再安装下排主筋，后安装上排主筋。钢筋安装中，应保证位置正确，达到设计及构造要求。

③ 混凝土的浇筑。

a. 混凝土的强度等级，应符合设计要求，混凝土配合比、混凝土的拌制和混凝土的运输等都应遵照有关规定进行。混凝土浇筑的一般要求：浇筑前应检查模板的高程、尺寸、位置、强度和刚度等是否符合要求；混凝土的自由倾落高度为从高处直接倾卸时，一般不宜超过 2m，否则应通过串筒（槽）或振动溜管等设施下落，当高度超过 10m 时，应设置减速装置；在串筒出料口下面混凝土堆积高度不宜超过 1m，浇筑钢筋较密的混凝土时，自由倾落高度一般不宜超过 3m，以免因钢筋碰撞而导致石子与砂分离。

b. 混凝土浇筑的层厚：一般应不大于 20～30cm，当钢筋较密时，不大于 15cm。

c. 当混凝土浇筑工作不能连续进行，必须停歇时，应按有关规定做好施工缝处理。

d. 混凝土浇筑方法，一般采用水平分层浇筑。大体积可采用斜层浇筑法，当面积较大时，可把整体混凝土分成几个单元来浇筑，每个单元的面积不宜小于 $50m^2$，高度不小于 1.5m。上、下两个单元之间的垂直缝应错开 1～1.5m，其结合处应按工作缝处理，同时应注意控制混凝土水化热温度。

e. 混凝土的振捣，应按具体情况选用振捣时间，可用肉眼观察，以混凝土不再下沉、气泡不再发生、水泥砂浆开始上浮、表面平整为止。不论采用何种方法进行振捣，都必须保证达到混凝土的密实度要求。

混凝土浇筑后，必须重视混凝土的养护工作，当达到规定的设计强度后，进行模板拆除。

(2) 主梁运送

主梁预制场离工地较远时，应用吊车配合汽车装卸运送。

(3) 主梁安装

主梁预制达到设计强度，经"出坑"（指把预制构件从预制场的底座上接出来）场内运输和堆放，再运输到桥梁墩台处，进行安装。简支梁、板构件的架设，不外乎起吊、纵移、横移、落梁等工序。按架梁的工艺类别分，有陆地架设、浮吊架设和高空架设等方法。

(4) 梁（板）的横向连接

为使单个混凝土梁或板连成整体，必须进行接头连接工作。

a. 装配式混凝土板桥的横向连接：通常用企口混凝土铰连接和钢板焊接连接等形式。板与板之间的连接应牢固可靠，在各种荷载作用下不松动、不解体，以保证连接成整体共同承受车辆荷载。

企口混凝土铰接缝是在板预制时，在板两侧按设计要求的企口形状预留成形，预制板安装就位后，在相邻板间的企口中按设计的构件要求进行铰缝施工，施工时要注意整个缝都必须填筑密实，不容许有空隙，而且板底面处必须抹平。

焊接钢板连接是板预制时，在板两侧相隔一定距离（通常为 0.8～1.0m）预埋钢板，等预制板安装就位后，用一块钢板焊在相邻两块预埋钢板上形成铰接构造。该缝必须用小石子混凝土或高强度等级砂浆填实抹平。

b. 装配式混凝土简支梁桥的横向连接：通常可分成横隔板的连接和翼缘板的连接两种情况。

（a）横隔板的横向连接：通常有扣环式、焊接钢铁板和螺栓接头等形式。

扣环式接头是在梁预制时，在横隔板接头处伸出钢筋扣环，等梁安装就位后，接缝宽约 0.2～0.6m。

焊接钢板接头是在预制梁的横隔板接头处下端两侧和顶部的翼缘内预埋接头钢板（应焊在主筋上）。当梁安装就位后，在横隔板的预埋钢板上，再加焊盖接钢板，将梁连接起来，并在接缝处灌注水泥砂浆封闭。

螺栓接头是将预埋钢板、盖接钢板用螺栓连接（不用电焊），然后用水泥砂浆封闭。

（b）翼缘板的横向连接：翼缘板之间通常作企口铰接式连接。由主梁翼缘板内伸出连接钢筋，施工时将此钢筋交叉弯制，并再安放 $\phi 6$ 钢筋网，然后浇筑混凝土。

（5）桥面钢筋绑扎及桥面混凝土浇筑

4. 桥面系施工

桥面系包括桥面伸缩缝、桥面防水层、桥面铺装、人行道（或安全防护带）栏杆（或护栏）、泄水管等附属工程。桥面系施工，不仅要满足桥面梁使用功能上的要求，对外观质量也有较高的要求。在施工中，除应采取合理的工艺控制方法，保证预制块件的质量外，安装（或现浇）的重点是控制好线形和高程两个方面，使其协调一致，平顺美观。

（1）桥面伸缩缝

桥面伸缩缝的设置，是为了满足桥梁伸缩变形的需要，并使车辆平稳通过桥面。伸缩缝装置的类型较多，一般应按设计采用的伸缩缝装置类型实施，照图施工。

（2）桥面防水层

桥面防水层，设置在行车道铺装层下边，它将透过铺装层渗下的雨水汇积到排水设施排出，以防止雨水再往下渗透，造成桥下漏水。桥面防水层有卷材防水层、涂料防层、水泥砂浆防水层、石灰三合土防水层、混凝土防水层等类型。应按设计类型的要求进行施工。

（3）桥面铺装

桥面铺装常用的有沥青混凝土铺装和水泥混凝土铺装两种。

沥青混凝土铺装时，宜先在防水层上铺一层沥青砂作保护层，再铺沥青混凝土面层。

水泥混凝土桥面铺装，有两种方式：一种方式是在全桥面铺装防水混凝土；另一种方式是在桥面铺装层上再铺一层防水混凝土。

桥面铺装在注意梁体预制时的预拱度影响，若预拱度过大，对桥面铺装层厚度会造成跨中较薄而支点处较厚，应采取调整桥面高程等措施，以保证铺装层的厚度。

（4）人行道、安全防护带和栏杆施工

当桥梁设计有人行道时，应按设计要求施工。一般人行道由路缘石、人行道梁、人行道板和栏杆等组成。其施工主要是小型构件的预制和安装，应注意：人行道顶面必须高出桥面 35～40cm；在桥面伸缩缝相应位置人行道应设断缝。当桥梁不设人行道时，必须设置安全防护带时，其宽度一般为 50cm，高度为 35～40cm。在人行道外侧或安全防护带上设置和安装栏杆。栏杆的类型、构造，按设计要求实施。当桥梁不设人行道和安全防护带时，直接设置现浇混凝土防护栏或安装金属防护栏，也很普遍。其宽度一般下端约为

50cm，上端约为20cm，高度约80～90cm。

(5) 泄水管安装

泄水管应按设计确定的位置、管径和间距进行施工。但应注意：泄水管应伸出结构物底面10～15cm，进水口外应比桥面低1～2m，以便进水。

5.3.4 施工质量控制与检测

1. 桩基础

(1) 承台施工质量检验标准

承台施工质量检验标准见表5-6。

承台实测项目   表5-6

项次	检查项目	规定值或允许偏差	检查方法和频率
1	混凝土强度（MPa）	在合格标准内	
2	尺寸（mm）	±30	尺量：长度、宽检查各2点
3	顶面高程（mm）	±20	水准仪：检查5处
4	轴线偏位（mm）	15	全站仪或经纬仪：纵、横各测量2点

(2) 钻、挖孔成孔质量标准

钻、挖孔成孔质量标准见表5-7。

钻、挖桩实测项目   表5-7

	项次	检查项目			规定值或允许偏差	检查方法和频率
	1	混凝土强度（MPa）			在合格标准内	
钻孔	2	桩位（mm）	群桩		100	全站仪或经纬仪：每桩检查
			排架桩	允许	50	
				极值	100	
	3	孔深（m）			不小于设计	测绳量：每桩测量
	4	孔径（mm）			不小于设计	探孔器：每桩测量
	5	钻孔倾斜度（mm）			1%桩长，且不大于500	用测壁（斜）仪或钻杆垂线法：每桩检查
	6	沉淀厚度（mm）	摩擦桩		符合设计规定，设计未规定时按施工规范要求	沉淀盒或标准测锤：每桩检查
			支承桩		不大于设计规定	
	7	钢筋骨架底面高程（mm）			±50	水准仪：测每桩骨架顶面高程后反算
	8	孔的倾斜度（mm）			0.5%桩长，且不大于200	垂线法：每桩检查
	9	钢筋骨架底面高程（mm）			±50	水准仪测骨架顶面高程后反算：每桩检查

(3) 钻、挖孔桩混凝土质量检测要求

① 桩身混凝土抗压强度应符合设计规定，每桩试件组数为2～4组。

② 检测方法和数量应符合设计要求。

一般选有代表性的桩用无破损法进行检测，重要工程或重要部位的桩宜逐根进行检测,设计有规定时或对桩的质量有疑问时,应采用钻取芯样法对桩进行检测,对柱桩还应钻到桩底 0.5m 以下。

③ 当检测后,桩身质量不符合要求时,应研究处理方案,上报处理解决。

2. 模板、支架及拱架工程

(1) 制作允许偏差

模板、支架及拱架制作允许偏差见表 5-8。

模板、支架及拱架制作允许偏差 表 5-8

项目			允许偏差(mm)
木模板制作	模板的长度和宽度		±5
	不刨光模板相邻两板表面高低差		3
	刨光模板相邻两板表面高低差		1
	平板模板表面最大的局部不平	刨光模板	3
		不刨光模板	5
	拼合板中木板间的缝隙宽度		2
	支架、拱架尺寸		±5
	榫槽嵌接密度		2
钢模板制作	外形尺寸	长和高	0, −1
		肋桑高	±5
	面板端偏斜		≤0.5
	连接配件(螺栓、卡子等)的孔位置	孔中心与板面的间距	±0.3
		板端中心与板端的间距	0, −0.5
		沿板长、宽方向的孔	±0.6
	板面局部不平		1.0
	面板和板侧挠度		±1.0

注:1. 木模板中第 5 项已考虑木板干燥后在拼合板中发生缝隙的可能。2mm 以下的缝隙,可在浇筑前浇湿模板,使其密合。
2. 板面局部不平用 2m 靠尺、塞尺检测。

(2) 安装允许偏差

模板、支架及拱架安装允许偏差见表 5-9。

模板、支架及拱架安装的允许偏差 表 5-9

项目		允许偏差(mm)
模板高程	基础	±15
	柱、墙和梁	±10
	墩台	±10
模板内部尺寸	上部构造的所有构件	±5, 0
	基础	±30
	墩台	±20
轴线偏位	基础	15
	柱或墙	8
	梁	10
	墩台	10

续表

项目		允许偏差（mm）
装配式构件支承面的高程		+2, -5
模板相邻两板表面高低差		2
模板表面平整		5
预埋件中心线位置		3
预留孔洞中心线位置		10
预留孔洞截面内部尺寸		+10, 0
支架和拱架	纵轴的平面位置	跨度1/1000或30
	曲线形拱架的高程（包括建筑拱度在内）	+20, -10

3. 钢筋工程

(1) 钢筋加工允许偏差

钢筋加工允许偏差见表5-10。

加工钢筋的允许偏差　　　　　　表5-10

项目	允许偏差（mm）
受力钢筋顺长度方向加工后的全长	±10
弯起钢筋各部分尺寸	±20
箍筋、螺旋筋各部分尺寸	±5

(2) 钢筋网焊接允许偏差

钢筋网焊接允许偏差见表5-11。

焊接网及焊接骨架的允许偏差　　　　　　表5-11

项目	允许偏差（mm）	项目	允许偏差（mm）
网的长、宽	±10	骨架的宽及高	±5
网眼的尺寸	±10	骨架的长	±10
网眼的对角线差	10	箍筋间距	0, -20

(3) 钢筋位置允许偏差

钢筋位置允许偏差见表5-12。

钢筋位置允许偏差　　　　　　表5-12

检查项目			允许偏差（mm）
受力钢筋间距	两排以上排距		±5
	同排	梁、板、拱肋	±10
		基础、锚锭、墩台、柱	±20
		灌注桩	±20
箍筋、横向水平钢筋、螺旋筋间距			0, -20
钢筋骨架尺寸	长		±10
	宽、高或直径		±5
弯起钢筋位置			±20
保护层厚度	柱、梁、拱肋		±5
	基础、锚锭、墩台		±10
	板		±3

4. 桥梁混凝土工程

(1) 混凝土质量标准

① 混凝土强度应以标准条件下养护 28d 龄期试件的抗压强度作为评定质量的依据。

② 当混凝土强度按试件强度进行评定达不到合格条件时,可采用钻取试样或以无损检测法查明结构实际混凝土的抗压强度和浇筑质量,如仍有不合格,应由有关单位共同研究处理。

③ 结构混凝土应符合下列规定:

a. 表面应密实、平整。

b. 如有蜂窝、麻面,其面积不超过结构同侧面积的 0.5%。

c. 如有裂缝,其宽度不得大于设计规范的有关规定。

d. 预制桩桩顶、桩尖等重要部位无掉边或蜂窝、麻面。

e. 小型构件无翘曲现象。

f. 对蜂窝、麻面、掉角等缺陷,应凿除松弱层,用钢丝刷清理干净,用压力水冲洗、湿润,再用较高强度的水泥砂浆或混凝土填塞捣实,覆盖养护;用环氧树脂等胶凝材料修补时,应先经试验验证。

(2) 梁板预制尺寸允许偏差

梁板预制尺寸允许偏差见表 5-13。

预制梁、板的允许偏差 表 5-13

检查项目		规定值允许偏差(mm)
梁(板)长度		+5,-10
宽度	干接缝(梁翼缘、板)	±10
	湿接缝(梁翼缘、板)	±20
	箱梁顶宽	±30
	腹板或梁肋	+10,0
高度	梁、板	±5
	箱梁	+0,-5
跨径(支座中心至支中心)		±20
支座平面平整度		2
平整度		5
横系梁及预埋件位置		5

(3) 简支梁、板安装允许偏差

简支梁、板安装允许偏差见表 5-14。

简支梁、板安装允许偏差 表 5-14

检查项目		允许偏差	检查项目	允许偏差
支座中心偏位(mm)	梁	5		1.2%
	板	10	梁、板顶面纵向高程(mm)	+8,-5

5. 其他工程

(1) 支座安装允许偏差

支座安装允许偏差见表 5-15。

支座安装规定值或允许偏差　　　　　　　表 5-15

检查项目		规定值或允许偏差
支座中心与主梁中线（mm）		应重合，最大偏差<2
高程		符合设计要求
支座四角高差（mm）	承压力≤5000kN	<1
	承压力>5000kN	<3
支座上下各部件纵轴线		必须对正
活动支座	顺桥向最大位移（mm）	±250
	双向活动支座横桥向最大位移（mm）	±25
	横轴线错位距离（mm）	根据安装时的温度与年平均最高、最低温计算确定
	支座上下挡块最大偏差的交叉角	必须平行，最大交叉角<5′

(2) 伸缩缝质量标准

伸缩缝质量标准见表 5-16。

伸缩缝安装允许偏差　　　　　　　表 5-16

项目		允许偏差
缝宽		符合设计要求
与桥面高差（mm）		2
纵坡	大型	±0.2%
	一般	±0.3%
横向平整度		用 3m 直尺，不大于 3mm

(3) 桥面防水质量要求

① 桥面防水层应按设计要求设置。

② 铺设桥面防水层时应注意下列事项：

a. 防水层材料应经过检查，在符合规定标准后方可使用。

b. 防水层通过伸缩缝或沉降缝时，应按设计规定铺设。

c. 防水层应横桥向闭合铺设，底层表面应平顺、干燥、干净。沥青防水层不宜在雨天或低温下铺设。

d. 水泥混凝土桥面铺装层当采用油毛毡或织物与沥青粘合的防水层时，应设置隔断缝。

5.4 石拱桥施工

5.4.1 石拱桥的一般知识

1. 名词术语

(1) 拱式桥

拱式桥指主要承重构件为拱圈或拱肋的桥梁。拱式桥在竖向荷载作用下墩台除承受竖向反力外，还要承受较大的水平推力，要求墩台有良好的地基。由于拱脚水平推力的存在，大大减小了拱内的弯矩。采用钢筋混凝土材料修建时相对于简支梁具有更大的跨越能力。如果拱的形状设计合理，可使拱以受压为主，弯矩和剪力均较小，可以充分利用抗压强度高而抗拉强度低的材料建造。

(2) 实腹式拱

实腹式拱指拱上建筑做成实体结构的拱桥。通常在拱圈上的两侧设侧墙，中填砂石或轻质填料，再于其上建造桥面系。这种桥构造简单，施工方便，但自重较大，多用于中、小跨径拱桥。

(3) 空腹式拱

空腹式拱指拱上建筑由腹拱墩-腹拱圈、梁-柱或刚架及其支撑的桥面系构成的拱桥，空腹拱桥较实腹桥轻巧、节省材料，外形美观，还有助于泄洪，适用于大跨度拱桥，但施工较实腹拱桥复杂。

(4) 板拱桥

板拱桥指拱圈横截面的宽度远大于高度而呈矩形板状的拱桥。板拱桥构造简单，施工方便，常用于石拱桥、混凝土拱桥和钢筋混凝土拱桥。拱圈厚度可以做得较小，具有轻巧的艺术造型，板拱侧向刚度较大，整体性好，缺点是自重较大，跨度不宜做得太大。农村公路上大多为板拱桥。

(5) 肋拱桥

肋拱桥指由两条以上分离式拱肋组成承重结构的拱桥。拱肋之间设横系梁连接成整体而共同受力。这种桥横截面面积较板拱桥小得多，节省材料，自重轻，跨越能力大，常用于建造大跨径的钢筋混凝土拱桥和钢管混凝土拱桥。

(6) 拱脚

拱脚指拱圈与墩台连接处的拱圈横截面，又称拱趾。

(7) 拱顶

拱顶指拱圈的顶点，又称拱冠。

(8) 拱上侧墙

拱上侧墙指在实腹式拱桥拱圈以上沿桥纵向两侧设置的挡土墙。

(9) 护拱

护拱指在拱桥中为加强拱圈的拱脚段而用块石、片石砌筑的扩大部分。实腹圆弧拱中，拱脚附近往往会产生较大弯矩，故需设置护拱。在多孔拱桥中有了护拱还便于布设防水层和泄水管。

(10) 预拱度

预拱度指为抵消梁、拱、桁架等构件在自重、活载作用下产生的挠度，施工时预留的与荷载挠度方向相反的校正值。

2. 石拱桥的特点

石拱桥是一种古老的桥跨形式，我国幅员广大，石料丰富，为建造石拱桥提供了丰富的料源，在农村公路桥梁中是一种广为采用的桥梁类型。

石拱桥在我国历史悠久、源远流长，积累了丰富的经验。举世闻名的河北赵州桥，开创了世界石拱桥历史的先河，该桥在造型构思上比世界同类桥梁早 1200 年。近年修建的山西晋城丹河大桥，主跨径达 146m，为世界最大的石拱桥，遥居世界之首。

(1) 优点

① 跨越能力大。

② 能因地制宜、就地取材，与钢筋混凝土桥相比能节省水泥及钢材，经济性好。

③ 坚固耐用，养护方便，维修费用少。
④ 构造简单，施工工艺简便，施工设备要求不高，技术容易掌握，适用于农村建桥。
⑤ 拱式结构，外形美观。
(2) 缺点
① 自重较大，拱圈推力大，对墩台及基础要求较高。
② 施工拱架制作难度较大，技术要求较高。
③ 施工机械化程度不高，施工工序较多，需要劳动力多，建桥时间也较长。

3. 石拱桥的基本组成

石拱桥主要由桥台基础、桥台（台身）、拱圈、侧墙、护拱、桥面系、锥坡等部分组成。

① 桥台基础

桥台基础是承受桥梁和车辆荷载并传递到地基的结构。稳固、坚实的基础是确保桥梁安全的重要组成部分。

② 桥台

桥台支承于基础之上，其上直接承受拱圈，并将拱圈承受的压力和推力传递至基础。桥台是拱桥的主体之一。桥台和桥台基础统称拱桥的下部构造。

③ 拱圈

拱圈是拱桥主要承受荷载、形成孔洞的结构，它支承于两桥台（或墩）之上。拱圈两端称为拱脚，中部称为拱顶。拱圈的厚度称为拱厚，两拱脚之间的水平距离称为跨径。拱圈两拱脚之间的连线称为起拱线，起拱线中点到拱顶下端的高度称为矢高所跨径之比称为矢跨比。一般中、小桥矢跨比为 1/3、1/4、1/5、1/6，一般中小桥拱圈为圆弧线。

④ 侧墙

侧墙是修筑在拱圈和桥台上的墙式结构，以使桥面平顺，起着挡土墙的作用。两侧墙间为填料和防水层，填平后其上就是路面、人行道和栏杆等，统称桥面系。

⑤ 护拱

护拱是设于拱背上用来保护拱圈限制拱圈变形的楔形结构。

⑥ 锥坡

锥坡是设于桥台两端，用来连接路堤保护桥台和桥头路基边坡免受水流冲刷的结构。

5.4.2 石拱桥施工工序

石拱桥施工顺序原则上按"自下而上"的顺序进行施工，即：施工准备→基坑开挖→基础及墩台施工→拱架施工→拱圈施工→拱桥上部施工→拱架拆卸。

1. 施工准备

施工准备是拱桥施工前必不可少的工作，包括熟悉图纸、桥位放线、场地清理和材料准备工作。下面着重介绍熟悉图纸和放线工作。

(1) 熟悉施工图

施工图是拱桥施工的基本依据，只有认真读图、熟悉设计要求、掌握设计的尺寸和结构，才能保证施工质量，才能够照图施工，未经同意批准，基层施工人员不能擅自改变设计。当没有设计图时，应选用相应的标准图，结合拱桥实地条件绘制设计图，经审核、批准后方可采用。

熟悉图纸应着重了解设计载重、净空、跨径和结构的主要尺寸。还要掌握设计和施工的要点及要求，认真领会设计的意图和关键技术。

施工前还必须准确定出桥位位置，用木桩实地准确标示出来，这一工作称为桥位放线。放线主要是确定桥位中轴线、桥位控制桩固定、墩台轴线确定和高程测定等各项工作。

（2）施工放线

中线桩钉设后，应在桥头两端不受施工破坏、视线条件好的位置，设置固定桩，每岸不少于两个桩，作为施工全过程控制桥位和施工各部位放线用。固定桩应按图式要求埋设并用混凝土固定，还应与周围固定建筑物联系起来，以便固定桩破坏后重新恢复。

墩台轴线是表示墩台从上游到下游方向的中心线。当主桥为正交时，墩台轴线与桥中线相垂直（90°角），主桥为斜交时墩台轴线与桥中线为斜交角（60°、45°角）。桥轴线可用经纬仪测定。对于正交桥，一般中小桥也可采用简易的直角尺法确定，将直角尺一边重合桥梁中线，另一直角边指示的方向即为墩台轴线方向，也可用经纬仪等测量仪器测定。

桥位桩高程测量有条件时应用水平仪测定，当无水平仪时，可采用木尺和水准器用比高法确定。

2. 基坑开挖工序

基坑开挖是桥梁施工的第一步，是桥梁施工中主要而且也是比较困难的工作。如果基底在水平以下时，必须在水下开挖基坑，这时施工排水是尤为复杂和困难的工作。

基坑施工的主要工序有：基坑放线→改河及导流→基坑开挖→坑壁加固→基底清理。

3. 基础及墩台施工工序

基坑开挖后即可进行基础及墩台的砌筑，其工序主要有：基底检平及检验→基础放线→基础砌筑→墩台砌筑→养护→勾缝。

4. 拱架施工工序

拱架是支撑拱圈的临时构造物，对于确保拱圈尺寸以及施工安全十分重要。农村公路中常用的有木拱架和土牛拱胎。

木拱架施工按如下工序进行：拱架放样→拱架制作→河床清理→支架基础处理→支架安装→卸架设备安装→拱架安装→拱架拆卸。

5. 拱圈及上部构造施工工序

这一环节的施工顺序是：①拱圈放线；②拱圈砌筑；③侧墙砌筑；④护拱砌筑；⑤拱上防排水施工；⑥回填；⑦桥面施工。

5.4.3 石拱桥施工工艺

1. 基础及墩台施工

（1）基础放线及墩台定位

① 基础放线

首先在清理好的基底上放线，确定好墩台基础的准确平面位置。为了准确标示基础平面位置，可在坑上设置放样架。放样架由固定在小木桩上的定线木板做成，放样架沿基坑四周设置,定线木桩与基坑上边缘相距不少于1~1.5m,并应保证施工期间不会撞动或破坏。施工中应检查放样架位置的准确性,以免发生差错。

② 跨径与轴线的校核

除按放样架用垂球挂线控制墩台砌筑位置外,砌筑过程中用钢尺经常校核正跨径、斜跨径及与中轴线位置的尺寸,以确保砌筑过程中墩台位置不发生位移。每砌筑3~5层料后应进行高程校检。

③ 砌筑定位

根据施工测量定出的墩台中心线,放出砌筑墩台的轮廓线,并根据墩台的轮廓线进行砌筑。砌筑过程石料的定位可采用下列两种方法进行。

a. 垂线法:当墩台身和基础较低时,可依平面轮廓线砌筑圬工。对于直坡墩台可用吊重砣的方法来控制定位石的位置,为了吊砣方便,吊砣点与轮廓线间留1~2cm的距离。对于斜坡墩台可用规板控制定位石的位置,使用时以斜边靠近墩台面,悬垂线若与所划墨线重合,则表示所砌墩台斜度符合要求。

b. 瞄准法:墩台身较高时,可采用瞄准法控制定位石的位置。墩台身每升高1.5~2m,沿墩台平面棱角埋设铁钉,使上下铁钉位于一个垂直平面上,并挂以铅丝。砌筑时,拉直铅丝,使与下段铅丝瞄成一直线,即可依此安砌定位石于正确位置。采用这种方法定位时,每砌高2~3m,应用仪器测量中线,进行各部尺寸的校核,以确保各部尺寸的正确。

(2) 砌筑方法

① 浆砌片石

a. 灌浆法:砌筑时先分层铺放片石,每层高度15~20cm,空隙应以碎石填充,灌以流动性较大的砂浆,边灌边撬,一般用于基砌或大面积的砌筑。

b. 铺浆法:先铺一层座灰,把片石铺上,每层高度一般不应超过40cm,并选择厚度合适的石块,用作砌平整理,空隙处先填满较稠的砂浆,再用适当的小石块卡紧填实,然后再铺上座灰以同样方法继续铺砌上层石块,用于墩台身砌筑。

c. 挤浆法:先铺一层座灰,再将片石铺上,经左右轻轻揉动几下,再用手锤轻击石块,将灰缝砂浆挤压密实。在已砌好片石侧面继续安砌时,应在相邻侧面先抹砂浆,再砌片石,并向下面和抹浆的侧面用手挤压,用锤轻击,使下面和侧面的砂浆挤实。分层高度宜在70~120cm之间,分层与分层间的砌缝应大致砌成水平,用于墩台身砌筑。

② 浆砌块石

一般多采用铺浆法和挤浆法。砌体应分层平砌,上下层竖缝应尽量错开,错缝距离应不小于8cm,分层厚度一般不小于20cm。对于厚大砌体,如不易按石料厚度砌成水平层时,可设法搭配,如每隔70~120cm能够砌成一个比较平整的水平层。

③ 浆砌粗料石

砌筑前应按石料及灰缝厚度,预先计算层数,使其符合砌体竖向尺寸。石块上下和两侧修凿面都应和石料表面垂直,同一层石块和灰缝宽度应取一致。砌筑时宜先将已修凿的石块试摆,为使水平缝一致,可先平放于木条或铁棍上,然后将石块沿边棱翻开。在石块砌筑地点的砌石上及侧缝外,铺抹一层砂浆并将其摊平,再将石块翻回原位,以木锤轻击,使石块结合紧密,垂直缝中砂浆若有不满,应补填插捣至溢出为止。石块下垫放的木条或铁棍,在砂浆捣实后即取出,空隙处再以砂浆填补压实。

(3) 砌筑工艺要点

当基础砌筑完毕,并检查平面位置和高程均符合设计要求后,即可砌筑墩台身。砌筑前应基础顶面洗刷干净,砌筑工艺要点归纳如下:

① 掌握好砌筑顺序。

砌筑时应大致按水平层次分层自下而上进行,每层应从四周向中间方向砌筑,并注意外露面的平整美观。

② 掌握好砌体表面坡度。

砌筑过程中应根据已立好的样架经常挂线检查,逐层校对,确保墩台的设计坡度。

③ 掌握好桥台转角桥墩圆头的砌筑。

用于桥台转角和桥墩圆头的石料应挑选上下面大致平行、形状大致方正的石料,并应进行上钻加工,桥台转角石(又叫角子石)应按桥台总高度和石料尺寸,基本确定每一砌筑层高度,合理配料,以便控制砌筑总高度的尺寸。

④ 掌握好施工砌缝工艺。

砌缝应形成不规则的"花缝",上下左右应错开,避免竖缝上下垂直贯通。

⑤ 掌握好拱脚的砌筑工艺。

拱脚是承受拱圈推力的重要部位,砌筑时要领如下:严格控制设计高;正确安砌五角石;掌握控制拱斜面;严禁砌缝呈水平。

当用料石或混凝土块砌筑拱脚时应按拱圈尺寸配料,应安设五角石,当用块石砌筑拱脚时,应选用尺寸规整,石质坚硬的块石砌筑,不得用小片石或灰浆支垫补空。砌筑时应先铺浆,后安放石料;对不规则的石块应上钻加工,使之方正,砌筑过程要经常挂线检查砌体位置是否正确。

2. 拱架施工

(1) 拱架放样

主要是制作拱架前,对拱腹线按实际大小尺寸放出大样,作为拱架制作控制外形的依据。

放样可用坐标法,也可直接用细钢丝按实际半径划圆放样,既快速,又简便。按实际尺寸放出拱弧线后,还应将拱弧线位置适当加高,预拱度的大小应进行计算确定,对于中小桥参考表 5-17 设置。

预拱度值表(mm)   表 5-17

跨径(m) \ 拱弧位置	0	1	2	3
6	42	39.4	31.5	18.4
8	43	40.3	33.2	18.8
10	44	41.2	33.0	19.3
12	45	42.2	33.8	19.7
15	52	48.8	39.0	22.8

(2) 拱架制作与安装

拱架是支撑拱圈施工的临时性构造物，拱圈的结构和牢固性，直接影响拱圈的尺寸及施工安全，拱架的制作和安装是石拱桥施工的重要环节。

农村公路中常采用木拱架和土牛拱胎两类。木拱架由木料加工而成，土牛拱胎主要以土石为材料构成。

① 木拱架

木拱架通常由拱架和支架两部分组成，上部形成拱架的扇形结构称为拱架，下部拱脚以下支撑拱架的排架称为支架，支架按支承方式不同又有立柱式和撑架式之分。

拱架制作时，拱架各杆件的连接应当力求紧密，可用铁夹板、硬木夹板和螺栓等铁件或硬木连接，桁式拱架尚须采用榫接。

② 土牛拱胎

土牛拱胎是一种因地制宜、就地取材、简单经济的代替木拱架的简便方法，可节省木材，且安全可靠，用于单孔小跨径的石拱桥施工。

土牛拱胎施工的做法如下：桥台施工完成后，利用暂不使用的石料，在桥孔上、下游两侧各砌一道 40～50cm 的拱形墙，其上抹 2cm 厚的 1：3 水泥砂浆，形成拱模，作砌拱挂线之用，然后在两墙之间分层填筑夯实。当河沟中有常流水时，应在土牛底部设置简易的泄水孔洞（或盲沟）。拱圈完成后，土牛拱胎挖除的时间与卸架要求相同，挖除时应从上、下游的拱顶开始，向拱端同时、均匀、对称进行，严禁挖洞掏土，避免拱圈突然受力而下沉。

(3) 拱架基础处理

支架应支在坚实稳固的基础上，不容许有任何的沉降和变形，因此，支架前必须对支架的基础加以处理。处理方法很多，现介绍三种适合农村公路的简易方法。

① 当河床岩层露面或表土较薄时，一般应挖去表土，按支架立柱位置，在岩石上凿 40～50cm 直径圆洞，将立柱埋入洞中，并用混凝土或石块嵌固即可。

② 当河床土为较紧密的砂夹砾石时，应先排水后，将地基检平、夯实后，在其上干砌或浆砌两层石料，上置垫木（又叫卧木），再在垫木上支立柱。

③ 当河床土质松软，一般采用木质桩基础，将木桩按梅花形布置，打入河床中，一般深度不小于 2.5m，桩径不小于 12cm。

3. 拱圈施工

(1) 施工方法

拱圈是石拱桥的主要受力部分，是拱桥施工的关键工序和重要环节，拱圈施工一般按跨径的大小采取如下方法：

① 一次砌筑法

当拱桥跨径小于 10m 时，拱圈砌筑可从两端向中间对称施工，按整个宽度和厚度同时砌筑，在拱中处合龙。

② 预压砌筑法

拱桥跨径为 10～15m 时，一般可采用预压砌筑法（也可用分段砌筑法），即在开始砌筑的同时，将部分拱石事先运上拱顶，进行预压，然后从拱脚两端向拱顶对称均匀地进行砌筑，直到合龙为止。

③ 分段砌筑法

当拱桥跨径为 15m 以上时，必须采用分段砌筑法。

④ 分环砌筑法

当拱桥跨径大于 30m 时，由于拱圈较厚，为减轻拱架荷载，应在分段的同时进行分环砌筑，即先分段砌筑施工第一环合龙后，再分段施工第二环，环与环应相互错缝搭接。

⑤ 多孔拱圈砌筑法

当为多孔拱桥时，应考虑单向推力对桥墩的影响，应按顺序施工。每孔按两个阶段砌筑，依次完成全部拱圈工作。

(2) 空缝与合龙

① 空缝的设置

分段砌筑拱圈时，应在拱脚、拱顶石两侧、各分段点等处设置空缝；小跨径拱圈不分段砌筑时，应在拱脚附近临时设置空缝。预留的空缝位置应正确，形状应规则，空缝宽度宜为 3~4cm。在靠近拱圈底面和侧面处，缝宽应与周围砌缝相同。沿空缝的拱石，靠空缝一面应加工凿平。

② 空缝的垫隔

为保证在砌筑拱圈过程中，空缝的宽度和形状不发生改变，同时能将上侧拱段压力传到下侧拱段及墩台上去，应在空缝中设置坚硬垫块。垫块可采用铁条或水泥砂浆预制块。砌筑跨径≥16m 的拱圈，拱跨 1/4 点及其以下的空缝一般采用铁条作为垫块；1/4 点以上的空缝可用体积为 1:1 的水泥砂浆预制块作为垫块。砌筑跨径 16m 以下的拱圈时，所有空缝均可采用体积比为 1:2 的水泥砂浆预制块作为垫块。在拱圈砌筑过程中，空缝应保持清洁，不进杂物。

③ 空缝的填塞

空缝的填塞应在所有拱段及拱顶石砌完后进行（刹尖封顶及预加压力封顶除外）；分环砌筑时，空缝的填塞应在整环拱石砌完后进行；当须用大力夯实空缝砂浆以增加拱圈应力时，空缝的填塞应在拱圈砌完且砌缝砂浆强度达到设计强度的 70% 后拱架卸落前进行。空缝的填塞宜在较低温度时进行，特别是当采用填塞空缝砂浆使拱合龙时，应注意选择最后填塞空缝的合龙时间。

填塞空缝应在两半跨对称进行。一般是用先填拱脚，次填拱顶，最后填塞 1/4 点附近各空缝的填塞顺序。

对于 16m 以下的较小跨径拱圈，可采用从拱脚向拱顶依次逐条填塞空缝的填塞顺序。

填塞空缝可用 M20 以上或体积比为 1:1，水灰比为 0.25 的半干砂浆。所用砂子宜为细砂或筛除了较大颗粒的中砂。空缝填塞应分层进行，每层约厚 10cm，每层可用插钎捣筑直至表面露出水珠。当须加大挤压力时，可在空缝填满后用木槌或木夯夯捣砂浆。

④ 拱圈合龙

a. 安砌拱顶石合龙

砌筑拱圈时，常在拱顶预留一龙口，在各拱段砌筑完成后安砌拱顶石完成拱圈合龙。分段较多的拱圈以及分环砌筑的拱圈，为使拱架受力对称、均匀，可在拱圈两半跨的 1/4 处或在几处同时完成拱圈合龙。

为防止拱圈因湿度变化产生过大的附加应力，拱圈合龙应按设计规定的温度和时间进行。如设计未提出要求时，则拱圈合龙宜选择在接近当地年平均温度时或昼夜平均温度（一般为 5～15℃）时进行。

b. 刹尖封顶

对于小跨径拱圈，为提高拱圈应力和有利于拱架的卸落，可采用刹尖封顶完成拱圈合龙。此法是：在砌筑拱顶石前，先在拱顶缺口中打入若干组木楔，使拱圈挤紧、拱起，然后嵌入拱顶石合龙。

刹尖木楔须用硬木制作，每组木楔由三块硬木组成，两侧木块宽约 10cm，中间木块宽 15～30cm。组与组之间的距离视拱顶石长度而定。槌击木楔可用木槌或木夯。槌击时，应先轻后重，各组夯力应均匀，槌至拱圈脱离拱架、不再有显著拱起时为止。木楔槌击完成后，立即在木楔组与组之间空档中嵌入拱顶石，并用铁片和稠砂浆挤紧、塞严。第一批拱顶石嵌入后即可移出木楔，在其空档内嵌入第二批拱顶石，完成拱圈合龙。

刹尖时，与拱顶石邻近的二三排拱石受振动较大，其砌缝可暂时用铁条垫隔，待刹尖后再用稠砂浆填封。其他拱段的空缝，宜在刹尖前填封。

刹尖封顶应在拱圈砌缝砂浆达到设计强度的 70％后方可进行。

c. 预施压力封顶

用千斤顶施加压力来调整拱圈应力，然后进行拱圈合龙，应严格按照设计规定进行。如设计文件中无此要求时，不得采用预施压力封顶来完成拱圈合龙。

预施压力封顶应注意以下几点：

(a) 千斤顶应安装在规定的位置，其偏差不得大于 1cm。千斤顶的压力表应事先校正好，千斤顶活塞应设有保险扣。

(b) 加压时，应按计算出的应加的推力进行。当施压到要求程度后，应立即安放拱顶石并填塞铁片和水泥砂浆。

(c) 待砂浆达到一定强度后（一般在填塞 7d 后）即可撤除千斤顶和填封千斤顶缺口。撤除千斤顶时，应由两端对称地向中间进行。

4. 拱桥上部构造施工

(1) 施工时间

对于跨径小于 20m 的拱桥，应在拱圈合龙后至少三天才能开始施工；对于跨径 86 分段砌筑法等于或大于 20m 的拱桥，应在拱圈合龙后 7d 才能施工；当气温较低时应适当延长施工时间。

(2) 施工要点

① 为避免主拱圈产生过大的不均匀变形、一般应由拱脚向拱顶对称、均衡地砌筑拱上建筑。

② 砌筑实腹式拱的拱上建筑时，应将侧墙等拱上建筑分成几部分，由拱脚向拱顶对称地、作台阶式砌筑。拱腹填料可随侧墙砌筑顺序及进度进行填筑。填料数量较大时，宜在侧墙砌完后再分部分进行填筑。实腹式拱应在侧墙与桥台间设伸缩缝使二者分开。多跨拱桥应在桥墩顶部设伸缩缝使两侧侧墙分开。

③ 对于空腹式拱桥，为防止腹拱圈受到主拱圈卸落拱架时的变形影响，可在主拱圈

砌完后，先砌腹拱横墙，待卸落拱架后再砌筑腹拱拱圈。腹拱上的侧墙，应在腹拱拱铰处设置变形缝。

④ 较大跨径拱桥拱上建筑的砌筑程序，一般在设计文件中均有规定，应按设计规定的顺序砌筑拱上建筑。

⑤ 多跨连续拱桥的拱上建筑的砌筑，当桥墩不是按施工单向受力墩设计时，应注意相邻孔间的拱上建筑对称均衡施工，避免桥墩承受过大的单向推力。尤其是裸拱圈上砌筑拱上建筑的多孔连拱更应注意，以免影响拱圈的质量和安全。

5. 卸架

拱架拆卸是拱架施工的关键工序，为了使拱架承受的荷载逐渐、平稳地转移给拱圈，避免大颤动，引起拱圈开裂，卸架应严格按照规定的工序进行，不得随意施工。

(1) 卸架常用设备

① 简易木楔：用两块坚硬木料制成的楔形块，斜面的斜度一般为 1:6~1:10，安装于拱架和支架节点之间。卸架时反向均衡敲击，拱架则逐渐下降。

该设备简单、易行、适用于 20m 以下拱桥。

② 木马：又称木凳，用硬木块做成凳形，支设于拱架和支架间，卸架时按 I-I、II-II 顺序逐渐锯去外侧，使支承面积减小。

木垫压坏而下降，这种方法只用于小跨径拱桥。

③ 组合木楔：该设备由三块木楔用螺栓连接组合而成。卸架时逐渐松开螺栓，轻轻敲击，拱架随之下降，此设备适用于跨径 20m 以下的拱桥。

④ 砂筒：该设备由内装砂子的金属筒（或木筒）及顶心木组成。卸架时将泄砂孔的塞子拔出，将筒逐渐掏出，拱架随之下降。砂筒适用于较大跨径的拱桥。

(2) 卸架应注意的问题

① 卸架时间，对于跨径 20m 及以下的拱桥应自拱顶合龙后 15~20d；对于跨径大于 20m 的拱桥应自合龙后 30d。当温度低于 15℃时应适当延长。

② 多孔卸架，多孔拱桥卸架应考虑相邻孔推力的影响，应在相邻孔拱圈合龙并达到上述时间后才能进行卸架。

③ 卸架一般不能在裸拱情况下进行，实腹式拱桥是在侧墙或护拱砌至拱跨 1/4 时才能卸架。

④ 卸架应分步骤、逐渐降落，使拱架分次均匀下降，每次下降均由拱顶向拱脚对称进行、逐排完成，第一次完成后从拱顶开始二次下降，直至拱架与拱圈完全脱离为止。

5.4.4 施工质量控制与检测

1. 质量控制

(1) 材料质量控制

建桥材料是构成桥梁的基本构件，材料质量是确保桥梁工程质量的重要条件，在拱桥施工前选择符合要求的高质材料是拱桥质量控制的第一关。

① 石料

砌筑石拱桥的石料应是石质均匀、不易风化、无裂缝、质地坚硬的岩石，通常多用花岗岩、砂岩、石灰岩等坚硬的岩石。这类石料用小锤敲击回弹声清脆响亮，用小刀刻划无刻痕或稍有刻痕。石料强度一般应不低于 MU30，即做成 20m×20m×20m 的试块，最大的抗压强度为 30MPa。石料经加工后形成片石、块石、粗料石、拱石等块件，直接用于建桥材料。

a. 片石：一般指用爆破或楔劈法开采的石块，形状不规则，要求最小边长不小于 15cm，块体体积不小于 $0.01m^3$，块重不小 25kg。

b. 块石：指形状大致方正，上下面大致整齐的石块。块石厚度为 20~30cm，宽度为厚度的 1.0~1.5 倍，长度约为厚度的 5~3.0 倍，当有锋棱为锐角时应敲除。用块石镶面时，除应满足上述要求外，还由外露面四周向内稍加修凿，尾部可不修，但应略小于修凿部分。块、片石一般用于台、侧墙等砌体。

c. 粗料石：指由岩层或大块石料开劈经粗略修凿加工，外形方正，基本为六面的石料。粗料石厚度为 20~30cm，宽度厚度的 1.0~1.5 倍，长度为厚度的 2.5~4 倍，石料表面凹陷深度不大于 2cm，砌缝大于 2cm，修凿面每 10cm 应有 4~5 条錾路。粗料石外露面如带细凿边缘时宽度应为 3~5cm。

d. 拱石：拱石为专用于拱圈、要求较高的石料。拱石应立纹破料，岩层面应与拱轴线垂直。拱石厚度不应小于 20cm，高度应为内弧厚度的 1.2~2.0 倍，长度应为最小厚度的 2.5~4.0 倍，拱石两端暴露面称为拱脸，拱脸石应按粗料石规格，并应按尺寸样板加工。

② 砂

用于桥梁的砂，应为质地坚硬，不含有机物，用手抓着感觉颗粒粗糙，有棱角刺手，且无尘埃沾在手上的粗砂或中砂。砂的含泥量一般应不超过 5%。当缺乏中、粗砂石，在适当增加水泥用量的基础上，也可采用细砂。

③ 砂浆

砂浆是水泥、砂和水按一定比例拌合而成的混合材料，用于砌筑石料，将单个石块粘结为一个整体，形成桥梁各部实体。砂浆强度等级以 M 表示，分别有 M20、M15、M7.5、M5 和 M2.5 个等级。其含义为 70.7mm 的立方体砂浆试件 28d 后的抗压强度。常用砂浆等级为 M10、M7.5、M5。

砂浆的各组成材料的比例应通过试验确定，当无试验条件时可参考经验数据采用，见表 5-18。

常用水泥砂浆参考配合比表　　　　表 5-18

水泥等级	砂浆等级	水泥（kg）	砂（m³）	水（m³）
325	M12.5	405	1.05	0.3
	M10	342	1.05	0.3
	M7.5	292	1.10	0.3
	M5	226	1.10	0.3
275	M10	457	1.05	0.3
	M7.5	272	1.10	0.3
	M5	287	1.10	0.3

在有石灰的地区可在水泥砂浆中加入一定石灰，称为混合砂浆，其配合比见表 5-19。

常用混合砂浆参配合比表　　　　　　　　　表 5-19

水泥强度等级	砂浆等级	水泥：石灰膏：砂石（体种比）
325	M2.5	1：0.5：12
325	M5	1：0.3：6.5
325	M10	1：0.1：3.6
275	M2.5	1：0.4：10
275	M5	1：0.1：5
275	M10	1：0.05：2.7

砂浆拌合要均匀，配合比用量要准确，且具有良好的和易性。和易性可在现场直观检查，以用手能将砂浆捏成小团，松手后不松散、用灰铲时又不由灰铲上流下为度。

拌合砂浆可用人工拌合，有条件时最好使用机械拌合，拌合时间宜为 3～5min。拌合好砂浆应随拌随用，一般不应超过 3～4h。在运输过程中发生离析、泌水的砂浆应重新拌合方可使用，已凝结的砂浆不得使用。

（2）砌体质量控制

砌体基础、墩台、各类墙体应满足砌筑工艺及质量的要求，其质量控制要求如下：

① 所用石料砌筑前应浇水，并应冲洗干净，表面不得有泥土、水锈等污物。

② 砌筑工艺应采用座浆法，即先座浆再砌石、后灌缝的方法。由下而上、由外及里、水平分层、逐层砌筑。外层面的砌缝应预留 2cm 的空缝以便勾缝之用。

③ 各层砌块应安稳放平，砂浆应饱满，粘结应牢固，不得有"脱空"、"叠石"等不良现象。

④ 浆砌片石砌体应选择较为方正、尺寸较好的石块镶面，并且长短相间，相互咬接，缝宽一般不应大于 4cm，尖锐突出的块面应适当加工，竖缝较宽可塞以小石块，但不得在平缝中支垫小石片。一般层块组成由 2～3 层石块找平一次。各工作面层竖缝应错开，不得贯通。

⑤ 浆砌块石砌体，石块应平砌，每层高度应大致一致。外圈应用镶面块石"丁顺相间"（或"两顺一丁"）砌筑，缝宽不大于 3cm，上下层竖缝错开距离不小于 8cm。

（3）拱圈砌筑质量控制

拱圈砌筑质量控制要点如下：

① 石料选择

拱圈石应使用挑选的片石、块石经适当加工后砌筑，拱圈厚度的控制全靠石料选择的适当，既不能低于拱厚，也不宜超出过多。如下层拱腹石顶部呈现尖形，则选择上层拱石时底部亦应呈尖形，才好咬马；已砌的拱腹石较高，则选择相邻的拱腹石应较低，才好堵缝。拱圈上下游的露面石，则应从挑选的石料中取出一部分形状比较方正的石料使用，必要时可略加工粗琢，并应注意丁顺排列，表面基本平整。

② 立砌面轴

经过挑选的石料，虽不如块石一样大致方正，但基本形状还是具有两个大致平行面的扁平体，在砌筑拱圈时，应将这两个大面朝向拱轴线方向，亦即垂直于拱轴线。有纹理的石料，则应使用平行于纹理的面垂直于拱轴线，石料的长向应与径向平行，即使石料竖立于拱模板上,这种砌筑工艺称为立砌面轴。

③ 错缝咬马

当拱石高度不够拱圈厚度时,则由两块以上的石料组成拱厚,此时砌缝必须上下错开,错缝距离不得小于 10cm,不得使平缝贯通,砌筑时只须注意将石块高度搭配,不要将同样高度的石料砌在一起即可。

相邻两层的竖缝,也必须错开,错开的距离不得小于 10cm。砌筑时须注意将石料宽度搭配,不要将同样宽度的石料砌在同一列上,这种做法称为错缝。

由于片石形状不规则,在砌筑时,为了减少灰缝宽度和灰浆用量,提高砌体质量,应将各种不同形状的石块,经过选择配合,彼此以最小的间距互相衔接挤嵌,这种砌法称为"咬马"。

④ 嵌缺平脚

块片石砌体,石块与石块之间空隙很多,除采用咬马措施以消除大部分空隙外,还必须使用一些形状适合空隙大小的片石来嵌缺,单纯用灰浆及小片石补缺,亦使用灰量增多,嵌缺与咬马并不矛盾而是补充咬马不足,但必须防止嵌缺来代替咬马。

为了使片石拱圈拱腹平整,不产生锯齿形缺口,以确保拱固有效断面。因此,用于拱腹处之石料,除应选择其在长的方向有两个大致平行外,最好在石料一端也有一个较平的面,必要时也可加工粗琢。如加工量太大,则可采用适当小片石补在缺口处,不应座浆,勿使石面外露,表面平整。此种方法称为平脚。

⑤ 座浆挤实

灰浆在砌体中起粘结填缝以减少集中受力的作用,一定要插捣落实,不得出现空洞,由于片石凹凸不平、犬牙交错,要使灰浆满实,专靠灌浆是有困难的,必须在砖石之前,在砌筑面上铺满灰浆,然后将要砌的石块放上,并用撬棍移动石块少许,再用力挤紧,使灰浆挤入所有空隙,这种砌法称为座浆挤实。

⑥ 灌缝插浆

在拱跨 1/4 处至拱顶之间,大面已近垂直,无法座浆,只能采用插浆办法,先将竖缝灌入高度约为 1/3 的灰浆,插捣后用小片石或河卵石挤入将灰浆挤出,再灌入高度约 1/3 的灰浆。依次按以上方法捣实,直到灰缝填实为止。

⑦ 宁高勿低

片石拱圈的拱背不要求平整,石块顶部常呈三角形或尖形,为了保证拱圈的有效断面,在选择拱石时,应考虑宁高勿低,突出部分的高度,不考虑为拱圈断面的一部分,如高度不够时,应另选适当的石块,绝不可在顶部加铺薄片或抹灰浆。

⑧ 防振勤养

由于片石规格不一,在砌筑拱圈过程中,常因形状不合而必须临时加工敲凿,因此,防止振动的问题,应为片石拱圈砌筑工艺的重要内容之一,必须特别注意。

在石块安砌以后,灰浆开始凝固时,如上层石块选择不当,无法安砌时,不得将已砌好的石块撬动以凑合未砌之石块。

使用水泥砂浆砌筑的拱圈,在砌筑砂浆达到终凝后,应经常洒水,勤加养护,工作中断时必须用草席或旧麻袋等加以覆盖,防止日晒雨淋,以免砂浆干缩过快而产生裂纹,或使砂浆中的水泥被雨水冲失,因此勤加养护也是拱圈砌筑工艺的重要一环。

(4) 合龙与空缝填塞质量控制

① 封拱合龙宜在接近当地平均气温或 5~15℃时进行。

② 分段砌筑时拱圈应待填塞空缝砂浆强度达到设计强度的 50%后方可进行合龙。

③ 空缝填塞应满足以下要求：空缝位置应正确，形状应规则，空缝宽度以 3~4cm 为宜；空缝设置后应用铁条或强度大的砂浆块进行稳垫，空缝中应清洁无任何杂物；空缝填塞应按先拱脚、次拱顶、最后 1/4 处的顺序进行。对于小跨径也可同时填缝或由拱脚向拱顶依次填塞。填缝所用水泥砂浆一般为 M20，砂：水泥体积比为 1：1，水灰比为 0.25 的半干砂浆。应按每次 10cm 厚分层填塞，并用插钎层层捣实。

2. 质量检测

拱桥施工过程及完成后均应对各部分的尺寸、质量进行检测，看施工尺寸及质量是否符合设计文件和有关施工规范的要求，检测的数据和资料是评定工程质量和施工验收的依据。对于检测不合格的应坚决返工或纠正，以确保石拱桥交工使用后能保证行车的安全。

(1) 基础台身检测

基础及墩台外观应顺直、圆滑、表面应平整、勾缝平直、美观、无脱落现象。

(2) 实测的项目

砂浆及块片石，有条件时应取样进行强度检测抽查。

基础：轴线偏位不大于 2.5cm；

平面尺寸差应不大于或小于 5cm；

顶面高程差应不大于或小于 3cm；

土质基底高程不大于或小于 3cm；

石质基底高程不大于 5cm；同时不小于 20cm；

基础地基承载力必须满足设计要求，严禁超挖回填虚土。

墩台砌体：轴线偏位不大于 1cm；长、宽尺寸不大于 4cm，同时不小于 1cm；

台面竖直度或坡度不大于 0.5%；

表面平整度用 2m 直尺检查不大于 3cm（片石），或不大于 2cm（块石镶面）墩台顶高程偏差不大于 1cm。

(3) 拱圈检测

① 外观检测

拱圈外轮廓线要清晰、平顺圆滑、尺寸形状应符合设计要求，表面整齐。

② 实测项目及检测要求：拱圈和拱上砌体测位偏差；有镶面时不大于 2cm，同时不小于 1cm；无镶面时不大于 3cm，同时不小于 1cm；拱厚不小于设计厚度；镶面石相邻砌块错位不大于 3mm；拱弧线与设计弧形偏差不大于 2cm。

(4) 桥面检测

① 桥上路面应满足路面厚度、平整度及横坡要求。

② 人行道铺设应满足以下要求（表 5-20）：

人行道实测项目及要求 表 5-20

项目	规定值或容许偏差
人行道边缘平面偏位（mm）	5

续表

项目	规定值或容许偏差
纵向高程（mm）	+10，-0
接缝两侧高差（mm）	2
横坡（%）	±0.3
平整度（mm）	5

③ 栏杆、护栏安装应满足以下要求（表 5-21）：

栏杆安装实测项目　　　　　　　　　　　表 5-21

项次	检查项目	规定值或允许偏差	检查方法和频率
1	栏杆平面偏位（mm）	4	经纬仪、钢尺拉线检查：每 30m 检查 1 处
2	扶手高度（mm）	±10	水准仪：抽查 20%
	柱顶高差（mm）	4	
3	接缝两侧扶手高差（mm）	3	尺量：抽查 20%
4	竖杆或柱纵横向竖直度（mm）	4	吊垂线：抽查 20%

（5）桥梁总体检测

桥梁总体内外轮廓线应顺滑清晰，桥上行车应平顺没有不适的感觉，桥与引道衔接应平顺，无折点或突变点。桥位、宽度、长度等项目的实测应符合表 5-22 中的规定。

桥梁总体实测项目及要求　　　　　　　　　表 5-22

项次	检查项目		规定值或允许偏差
1	桥面中线偏位（mm）		20
2	桥宽（mm）	车行道	±10
		人行道	±10
3	桥长（mm）		+300，-100
4	引道中心线与桥梁中心线的衔接（mm）		20
5	桥头高程衔接（mm）		±3

5.5 涵洞施工

5.5.1 涵洞一般知识

1. 名词术语

（1）涵洞

为横穿路基的小型过水构造物，一般由基础、洞身、洞口构成。

（2）管涵

指洞身为圆管的涵洞。

（3）拱涵

指以拱圈作为上部承重结构的涵洞或通道。

（4）箱涵

指洞身为钢筋混凝土箱形截面的涵洞或通道。

（5）盖板涵

指以钢筋混凝土板、石板等作为洞身顶的涵洞。

（6）压力式涵洞

指上游洞口处水位高于洞口顶，洞身内通长全断面过水且洞顶承受水压力的涵洞。

2. 涵洞作用

涵洞是公路排水构造物的重要组成部分之一。在公路跨越沟谷、河流、人工渠道以及排除路基内侧边沟水流时，常常需要修建各种横向排水构造物，以使沟谷、河流、人工渠道穿过路基，使路基连续，确保路基不受水流冲刷或侵袭，从而达到路基稳定。涵洞是公路上最常见的小型排水构造物。有时公路为了跨越相交道路、管线或其他障碍物时，也常采用涵洞。

就个体而言，小桥涵工程量较小，费用低。但对一条公路来说，因小桥涵遍布全线，数量多，其工程量占很大的比重。一般平原区每公里有小桥涵1~3道，山区有2~5道。据已建成公路统计，小桥涵的工程投资约占公路投资的15%~20%，其投资总额为大、中桥的1~3倍左右。由此可见，小桥涵的设计是否合理，对于整条公路的造价和使用质量有很大的影响。同时，小桥涵的设计还与农田水利、灌溉有着密切的关系。

3. 涵洞的组成及洞口类型

（1）基本组成

涵洞是设于路基下的排水孔道，通常由洞身、洞口建筑两大部分组成。

（2）洞口类型

涵洞的洞口类型有：八字式洞口，端墙式洞口，边沟跌水井洞口等。

5.5.2 涵洞施工工序及要点

1. 盖板涵施工工序及要点

（1）施工准备

①熟悉、审核图纸，了解农田灌溉等现场情况。

②检查现场配备的人员、设备、材料是否到场，并满足施工的要求。

（2）测量、放样

（3）基坑开挖

① 基坑采用挖掘机或人工开挖，预留20cm左右人工清底和整修基坑尺寸。

② 基坑应保持良好的排水，在基坑外深挖集水井以利基础底面排水彻底，降低水位并防止渗流。

（4）基础及涵身砌筑一般采用块、片石浆砌，使用砂浆一般为M7.5或M10级。

① 砌块在使用前先浇水湿润，表面如有泥土、水锈，需清洗干净。

② 当基底为岩层时，砌筑前先将基底冲洗干净后铺上座灰再砌石块；当基底为土质，可直接座浆砌筑。

③ 施工时先将大块石料砌筑于下层，向下逐渐选用较小石料。

④ 填缝时，先铺砂浆，再将石块放入挤紧，不满部分再分层插入灰浆。对较大的垂

直灰缝尽量填塞小石块,水平灰缝不用石块支垫或找平。

⑤ 砌体完成后,要及时进行墙体清理,使用10号砂浆进行勾缝。

⑥ 当砌体强度达到设计的70%时,涵顶可立模浇筑C25素混凝土进行压顶施工。

(5) 沉降缝的设置涵洞沿洞身长度方向应设置沉降缝,以防不均匀沉降,设置的一般要求如下:

① 沉降缝应贯穿整个断面(包括基础),缝宽约1cm。

② 地基土质发生变化、基础埋设深度不同或基础地基压力发生较大变化及基础填挖交界处,均应设置沉降缝。

③ 置于均匀岩石地基上的涵洞,可不设置沉降缝。

(6) 盖板安装

安装前,盖板、涵台、墩及支承面检验必须合格。盖板安装时与墙身必须密合,盖板就位后,板与支承面须密合,否则就重新安装。板间接缝填充材料的规格和强度应符合设计要求,填缝应平整密实,并与沉降缝吻合。盖板安装应满足表5-23要求。

盖板安装的技术要求　　　　　　　　　　　　　　表5-23

项目	允许偏差（mm）	检查方法
支承面中心偏位	10	用尺量
相邻板最大高差	10	用尺量

(7) 当涵洞砌体砂浆或混凝土强度达到设计强度的75%时进行涵背回填,回填时从涵洞身两侧不小于2倍孔径范围内同时采用水平分层、对称地按照设计要求的压实度进行填筑、压实,松铺层厚不超过20cm,用小型振动压机结合冲击式打夯机进行压实。

(8) 锥、护坡

石料的质量和规格应符合规定,砂浆所用的水泥、砂、石、水的质量和规格必须符合有关技术规范的要求,按规定的配合比施工。锥、护坡基础埋置深度及地基承载力应符合设计要求。砌体应咬扣紧密,嵌缝饱满密实。

(9) 铺装层施工

① 为使现浇铺装层与板结合成整体,预制盖板时应对其顶面进行拉毛处理。

② 浇筑前要用清水冲洗板顶,不能留有灰尘、油渍、污渍等,并使板顶充分湿润。

③ 制作钢筋网,用混凝土垫块将钢筋网垫起。

④ 铺装层施工结束后,要及时养生,等混凝土强度形成后,方能开放交通或铺筑上层沥青混凝土。

2. 圆管涵施工工序及要点

(1) 施工准备

① 熟悉图纸,了解结构物所在的地形、地貌、农田排灌等现场情况。

② 检查现场配备的人员、设备、材料是否到场,并满足施工的要求。

③ 钢筋混凝土涵管尽量选择购买的方式,要求出具出厂合格证,要求管节端面应平整并与其轴线垂直,管壁内外侧表面应平顺圆滑,不得露筋。

(2) 测量放样及基坑开挖

① 核对涵洞纵横轴线是否与设计图相符,并与地方水利部门联系,确认涵底高程及

流向。施工中应注意涵洞长度，涵底高程的正确性。

②基坑开挖必须按设计图纸要求放样施工，确定中轴线、平面尺寸、基底高程。

③基坑采用挖掘机或人工开挖，开挖至设计高程＋20cm处时，然后人工挖除剩余20cm土，以免机械扰动基底土。

④基坑开挖后应检测地基承载力，符合设计要求并经隐蔽检查签认后进入下一步工序。

⑤基坑应保持良好的排水，在基坑外深挖集水井以利基础底面排水彻底，降低水位并防止渗流。

（3）基础浇筑

①垫层基础

在砂砾、卵石、碎石或砂土地基上，可采用砂砾石做垫层基础。

在岩石地基上，可不做基础，仅在圆管下铺一层混凝土，其厚度为5cm。

②混凝土基础

一般用于土质较弱的地基上，基础厚度为20cm，混凝土强度等级为C15，基础顶面用C15混凝土作成八字斜面，使管身和基础成一体。

③基础完成后，要求对基础的几何尺寸以及中线偏位进行复核，对基础的高程进行控制。

（4）管节安装

①铺砂砾垫层、压实，浇底板混凝土后，经检查合格后进行管节安装。

②管节安装前，要认真检查涵管质量，不允许有裂缝、缺角、麻面、露筋等缺陷，将装卸过程中损坏的管节清理出现场。

③检查内壁是否齐平，基础沉降缝是否与管节接口位于同一垂直面上。

④检查接缝宽度，应不大于20mm。检查嵌缝材料是否填实，禁止用加大接缝宽度来满足涵洞长度及适应基础沉降缝，并对缝口的外观质量进行检查。

⑤管节拼接，待基础混凝土强度达到75%以上时，开始安装管节，管节由下游往上游安装，每节涵管应紧贴于基座上，在铺设过程中，应保持管内清洁无脏物，径向成直线。

⑥管节的装卸及安装用吊具进行，不允许用滚板或斜板卸管。

（5）接缝处理

①管节的防水处理，管节外表面涂0号沥青防水层（厚度＞1mm），接头处为三油两布，密封不漏水。采用管箍接头的管节，管节与管箍之间用沥青麻絮塞紧，麻絮用沥青浸透后，用钢锲将浸透的麻口塞紧不渗水。

②管壁内侧接缝用1∶2的水泥浆勾缝，勾缝前将勾缝处的管壁凿毛、清洗，确保勾缝牢固，沉降缝用沥青麻絮填塞保证不渗水。

（6）端墙浇筑及洞口铺砌

①检查模板是否符合要求，对模板质量、平整度以及拼装后的效果进行检查，不合格不允许使用。

②振捣时振捣器严禁碰撞模板、钢筋，不可漏振或过振。

③浇筑过程施工单位必须有专业人员现场检查，发现问题及时处理。

④ 锥形护坡洞口采用 7.5 号浆砌片石进行砌筑。

(7) 涵背回填

① 回填应在排干积水的情况下作业，靠路基的坡度应当挖成台阶。

② 填土应在洞身两侧同时回填，遵照两边对称原则，做到在基本相同的高程上进行，防止不均匀回填造成对构造物的损坏，压实度应满足设计要求。

③ 回填应分层填筑，采用小型压路机和冲击式打夯机进行压实。一般控制在每层填厚不大于 10～15cm，分层填筑应尽量保证摊铺厚度均匀、平顺。在雨季回填时，填筑面应做成 3%～4%的坡度，以利于排水。

④ 回填高度要按设计图规定施工，顶部回填土高度必须大于 50cm 时方可放行车辆，车辆通过圆管涵时要放慢速度，避免压坏圆管。

⑤ 用于回填的全部材料要能被充分压实，具备良好的透水性，且不含有草根、腐殖物或冻土块等杂物。

⑥ 每层回填都要做压实度检验，压实度检验记录必须和填筑高度相等。

3. 涵洞洞口施工要点

(1) 洞口是涵洞洞身与沟槽、路基连接并集散水流的构造物。由于一般设计的深度都不够，施工时应根据设计图，结合进出洞口的沟槽实际条件灵活处理，决不能照搬。

(2) 农村公路涵洞洞口一般多为干砌片石结构，施工时应按砌体工程施工技术和质量要求执行。

(3) 洞口八字墙背的回填应在砂浆强度达到设计强度 75%时方可进行，按水平分层（一般 30～50cm）夯填。

(4) 涵洞两端沟槽可按下述要求处理：

① 平原区的处理工程

涵洞出入口的沟床应整理顺直，与上、下排水系统（截水沟、路基边沟、排水沟、取土坑等）的连接应圆顺、稳固，保证流水顺畅，避免排水损害路堤、村舍、农田、道路等。

② 山丘区的处理工程

在山丘区的涵洞底纵坡超过 5%时，除进行上述整理外，还应对沟床进行干砌或浆砌片石防护。翼墙以外的沟床当坡度较大时，也应铺砌防护。防护长度、砌石宽度、厚度、形状等，应按设计图纸施工。如设计图纸漏列，应按合同规定向业主提出，由业主指定单位作出补充设计。

5.5.3 其他小型排水构造物简介

除涵洞、桥梁外，还有漫水桥、过水路面、透水路堤、渡槽等在农村公路中也常遇到，下面逐一介绍。

1. 漫水桥

漫水桥，又称过水桥，是指洪水期容许桥面漫水、短期淹没的桥梁。

通常经过已不发展的冲积漫流地区，或通过河床宽而浅的河流，或通过主槽很窄但两岸漫水较宽的河流及其他淹没地区时，可以修建这种桥，以达到降低造价、满足交通运输的要求。桥面一般低于或略高于河流的常年洪水位，而桥头引道则采用漫水路堤。

在洪水期，由于桥上要漫水，允许临时中断交通。漫水桥通常适于雨量集中、洪水历时短暂、河床宽浅、河滩宽阔、两岸地形平坦、公路容许有限度中断交通的低等级公路。

漫水桥由于在洪水期桥上要被洪水淹没，除应满足一般桥梁施工要求外，还要注意桥面的防水和排水施工，特别是引道路面的浆砌块片石应严格按照砌体施工规范执行，并且一般应采用较高级的砂浆。

2. 过水路面

用加固路面、路肩及路基边坡的方式，允许洪水期水流从路面上流过的排水构造物称过水路面。

带有涵洞或漫水桥的过水路面称为混合式过水路面。过水路面既起排水作用，又起路面作用。过水路面构造简单，建筑高度小、造价低、用料省，仅适用于流速较小、无底沙运动或底沙运动轻微、并且公路容许有限度中断交通的低等级公路，常用于宽阔漫流地区的河流。

当路面漫水深度不超过表 5-24 允许值时，可以不中断交通，车辆照常行驶。漫水深度超过表内所示的水深时，相应的有关车辆或拖拉机要禁止通行。过水路面一般采用洪水频率 1/10～1/5 进行设计，对经常流水的河流也可用多年平均洪水流量进行设计。路面因要经受行车和水流作用，应有较好的强度、平整度和整体性。一般采用当地石料铺砌，缺乏石料地区可用砖块直砌或混凝土预制块铺砌。上下游边坡可采用 1：1.5 坡度，并用浆砌片石等加固，坡脚处设置截水墙，下游坡脚末端必要时设置挑坎。过水路面路段要设置指示标志，两侧设栏杆或护栏，指引车辆通过。

过水路面上最大许可水深（m） 表 5-24

流速（m/s）	汽车	畜力车	履带式拖拉机
<1.5	0.5	0.4	0.7
1.5～2.0	0.4	0.3	0.6
>2.0	0.3	0.2	0.5

3. 透水路堤

透水路堤是一种用块石、片石干砌成的路堤，利用石块间孔隙排水的构造物。

透水路堤排水量少，费用低，一般只在流量小、水流含沙量少的低等级公路上采用。在寒冷地区，受冰冻的影响，不宜采用透水路堤。

透水路堤是一种利用石块间空隙来泄水的排水构造物，施工时保证结构透水性十分重要。为此，施工时要注意选择好透水路堤的填料，石块大致均匀一致，并具有一定的强度，不能含有泥土、杂草以及易堵塞的杂质。在填石与路基之间应铺设隔离层，一般用黏土或草皮，厚约 10～15cm。

4. 渡槽

当横跨公路的沟渠被公路截断，又不能改移，且沟渠下足以保证行车净空高度时在公路上空架设的横向排水构造物称渡槽。渡槽一般用于农田灌溉排水，很少用于排洪。

渡槽的上部排水槽的断面为槽形或箱形，内壁要求过水流畅，并应用防止漏水的措施。渡槽由砖、石、钢筋混凝土等材料组成。如湖南省韶山灌区北干渠中的"飞涟灌万顷"钢筋混凝土拱桥,即是一座距离地面 25.9m 用以贯通两岸灌溉渠的桥梁。

由于桥上要过水,应特别注意渡槽防水设施的施工,严格按设计图纸及规范做好防水层施工,以免发生漏水,直接影响渡槽下公路的行车和路基稳定。

5.5.4 质量控制与检测

1. 圆管成品质量控制与检测

(1) 管节端面应平整并与其轴线垂直。斜交管涵进出水口管节的外端面,应按斜交角度进行处理。

(2) 管节各部尺寸不得超过表 5-25 规定的允许偏差。

钢筋混凝土圆管成品允许偏差　　　　　　表 5-25

项目	允许偏差（mm）	项目	允许偏差（mm）
管节长度	0～10	管壁厚度	－3,正值不限
内（外）直径	不小于设计值	顺直度	矢度不大于 0.2%

(3) 管节混凝土强度应符合设计要求。

(4) 管节外壁必须注明适用的管顶填土高度,相同的管节应堆置在一处,便于取用,防止弄错。

2. 管涵质量控制与检测

(1) 各部尺寸允许偏差参见表 5-26。

管座及涵管安装实测项目　　　　　　表 5-26

项次	检查项目		规定值或允许偏差	检查方法和频率
1	管座或垫层混凝土强度		在合格标准内	
2	管座或垫层宽度、厚度		≥设计值	尺量:抽查 3 个断面
3	相邻管节底面错台（mm）	管径≤1m	3	尺量:检查 3～5 接头
		管径>1m	5	

(2) 管身顺直,进出水平整齐,无阻水现象。

(3) 帽石及一字墙或八字墙平直,无翘曲现象。

3. 盖板涵、拱涵质量控制与检测

(1) 各部尺寸允许偏差参见表 5-27 及表 5-28。

(2) 涵身顺直,涵底铺砌紧密平整,拱圈圆滑。

(3) 进出水口与上下游沟槽连接圆顺,流水畅通。

拱涵浇（砌）筑实测项目　　　　　　表 5-27

项次	检查项目		规定值或允许偏差	检查方法和频率
1	混凝土或砂浆强度（MPa）		在合格标准内	
2	拱圈厚度（mm）	砌体	±20	尺量:检查拱顶、拱脚 3 处
		混凝土	±15	
3	内弧线偏离设计弧线（mm）		±20	样板:检查拱顶、1/4 跨 3 处

盖板涵制作与安装实测项目　　　　　　　　　表 5-28

	项次	检查项目		规定值或允许偏差	检查方法和频率
制作	1	混凝土强度（MPa）		在合格标准内	尺量：抽查30%板，每板检查3个断面
	2	高度（mm）	明涵	+10，−0	
			暗涵	不小于设计分考虑到	
	3	宽度（mm）	现浇	±20	
			预制	±10	
	4	长度（mm）		+20，−10	尺量：抽查30%的板，每板检查两侧
安装	1	支承面中心偏差（mm）		10	尺量：每孔抽查4~6个
	2	相邻板最大高差（mm）		10	尺量：抽查20%

第 6 章 农村公路交通安全设施

6.1 道路状况对农村公路交通安全的影响

6.1.1 道路线形对农村公路交通安全的影响

道路线形包括了平面线形和纵面线形,其中平面线形要素主要包括直线和曲线,而曲线又有缓和曲线和圆曲线,它们是组成道路线形的基本要素。我国幅员辽阔,地形条件复杂,农村公路建设中,由于受到资金的限制,在线形上往往存在着比一般公路更多的缺憾。这些不利的线形也常常是引发农村公路交通事故的直接原因。

1. 长直线

直线是道路平面线形的基本要素之一,它具有方向明确、布线容易、距离最短的特点,因此在线形设计中经常被采用,但过长的直线又会给交通安全带来一定隐患,容易导致:

① 线形过分单调,容易引起驾驶员身体疲劳、精神困倦,造成反应迟钝,判断出错。

② 易使驾驶员放松警惕,遇到突发情况,来不及反应而造成车祸。

③ 驾驶员易产生趋驶心理,开快车,不知不觉中造成超速行驶。

④ 由于视觉的参照比较少,往往对距离估计不足,造成超速和车距不足。

由于农村公路上交通比较混杂,突发事件较多,当直线段长度过长引起驾驶员疲劳、反应迟钝时,在超速行驶的情况下,一旦发现意外再进行减速往往已经无济于事。根据一般农村公路的设计车速,农村公路直线段长度不宜超过 800m,当超过此值时,应对该路段进行限速,而且在追尾事故多发点增加保持车距的标志。

2. 小半径弯道

一般公路在线形设计时,由于受到各种条件制约,都会出现许多弯道。当车辆驶入弯道时,会出现离心运动现象。离心运动产生离心力,若汽车行驶速度较快且弯道半径较小,就可能发生横向翻车或滑移。

但对于农村公路来说,由于村镇、自然条件、经济条件等因素的影响,弯道上往往不能按照要求设计线形,当弯道半径不符合要求时,就需要加强各种交通安全设施的设置,一方面要对进入弯道前的车辆进行限速,另一方面还要加强路侧保护。例如在高填方的曲线路段,由于驾驶员对曲线大小难以判断准确,行车会偏离车道,冲到路下,造成十分严重的后果,因此应沿曲线外侧设置护栏、示警桩、视线诱导标等用来诱导驾驶员视线,保障行车安全。在急弯路段设置相应的限速标志和急弯标志,在连续急弯路段应有连续急弯标志。根据农村公路设计车速和车辆的转弯性能,一般农村公路急弯路段最高时速不应超过 20km/h,拖拉机不应超过 15km/h。

3. 长陡纵坡

为了避免较大的工程量和资金投入,农村公路在建设过程中通常会依照当地地形施工,这就使得在一些丘陵区的农村公路上存在着许多不合乎设计要求的长陡纵坡路段。国内外的研究一致认为道路纵坡对交通安全的影响非常大,尤其当坡度比较大时,事故率明显增加,纵坡过大往往是造成事故的直接原因。它对交通安全的影响主要表现在:

① 对车辆的机械性要求比较高。坡度比较大时,不仅造成车辆速度差异比较大,还往往造成汽车上坡熄火,或下坡刹车失灵,进而诱发事故。

② 车辆行驶在下坡路段,由于受重力加速度的影响,容易加速行驶。

③ 驾驶员在经过上坡后,在下坡段行驶时心理比较放松,易造成超速行驶。

④ 坡度过大,同时也增加了驾驶员的操作强度,一旦遇有突发情况就可能酿成事故。

道路纵坡的大小和坡长直接关系到行车的安全性。汽车的爬坡能力是限定纵坡大小的一个重要因素。在农村公路上,行驶车辆,尤其是农用车辆的功率、制动性能、构造性能等均比一般车辆相对较差,因此,当其行驶于长陡纵坡路段时,明显表现出爬坡能力差等特点。因此,可以说农村公路上的纵坡坡度大小以及坡长对农用汽车及载重汽车的影响要比小汽车显著得多。在长陡坡路段,车辆爬坡时会出现水箱沸腾、汽阻等现象,将导致车辆爬坡动力不足,甚至出现发动机熄火现象,诱发交通事故。另一方面,由于农村公路上的车辆保养较差,大多数农用运输车辆车主为了节省投入,使车辆长期处于失修失养状态,汽车轮胎与道路表面摩擦力不够而引起车轮空转打滑,甚至有向后滑溜的危险。当汽车沿长陡坡下行时,由于需要长时间减速、制动,会造成制动器发热失效或烧坏,从而导致交通事故。另外在下坡时,驾驶员为节油常采取熄火滑行的操作方法,一旦遇到紧急情况来不及采取应急措施,从而导致事故的发生。所以不论公路等级的高低,对较大的纵坡坡度及坡长都要加以必要的限制。

但是对于农村公路尤其是丘陵区的农村公路而言,由于受地形、经济和其他条件的限制,陡坡路段的坡度和坡长往往达不到规范要求,坡度过大、纵坡过长的线形较为常见,这就需要加强相关交通安全设施的设置。如在上坡和下坡前设置连续上坡或下坡的标志,提醒驾驶员采用相应的措施。对于超载超限车辆,当坡度大于4%,连续坡长超过1500m时就很容易出现刹车失灵的现象,因此需要在适当位置设置防止车辆失控的减速设施如路面强制减速带、限速标志等,以及车辆失控后的避险设施如避险车道,并完善相应的标志标线。

道路纵断面上的坡度线折线也是农村公路上经常会遇到的一种纵面线形,它对交通安全也会产生非常不利的影响,车辆在这些折线处行驶时,会产生冲击颠簸。当遇到凸形转折处时,驾驶员视线可能会受阻,满足不了行车视距的要求;当遇到凹形转折处时,由于行车方向突然改变,不仅会使乘客及驾驶员感到不舒适,产生失重或超重现象,而且由上向下的离心力作用,容易引起车架下弹簧超载而发生车毁事故。这就要求车辆在这些路段行驶时减速慢行,所以应在这些路段前设置减速标志及设施。

4. 宽路窄桥

在我国的公路尤其是农村公路上,宽路窄桥的情况随处可见。这是由于绝大部分农村公路在拓宽改建时桥原样未动,致使桥的宽度明显窄于道路,个别桥面甚至只有道路的一半宽,还有少数桥梁斜接与路面,极易引发翻车坠河事故。

国内外研究表明,交通事故率与桥梁本身的宽度关系并不大,而与桥梁和道路的相对宽度有关。统计资料显示,当桥梁宽度小于道路宽度时,相对交通事故率急剧增加。

除宽路窄桥之外，农村公路上还存在着许多路面或车道突然变窄的路段，这也给农村公路带来了一定的安全隐患。因此应在宽路窄桥及路面宽度有变化的路段前设置必要的交通安全设施。如在桥梁前适当位置设置道路变窄和限速的交通标志，提醒驾驶员减速慢行通过。并在桥两侧及桥前一段距离设置护栏或示警桩保护车辆并诱导视线。在路面宽度突然变窄的路段前除设置相应的交通标志外，还可在有变化处的道路两侧设置障碍物，强迫驾驶员减速让行，并可起到限宽的作用。

6.1.2 路面状况对农村公路交通安全的影响

农村公路的技术等级通常较低，路面的技术状况也就相应的比一般公路差，再加上农村公路失修、失养的现象又较为普遍，致使农村公路路面的绝大多数技术指标都不能达到使用要求。然而路面是道路的行车部分，路面状况对行车的安全有着重要的影响，所以不良的路面状况也是造成农村公路事故多发的原因之一。路面状况对交通安全的影响主要与路面强度、路面稳定性、路面平整度、路面抗滑性以及各种路面病害有关。

路面强度主要指路面整体对变形、磨损和压碎的抵抗力。路面强度愈高，耐久性愈好，则愈能适应较大的行车密度和复杂的车辆组成，更好地保证行车舒适性及安全性。路面的强度受温度、湿度的作用而发生变化。例如碎石路面在干燥季节易松软、扬尘；沥青路面在高温时，会变软而产生轮辙和推移等病害，低温时易变脆、开裂，不仅造成行车不舒适，而且极易影响行车安全。又如路基中若含水分过多，在春融季节，路面强度会降低，在车辆作用下，发生路面翻浆现象，严重地影响道路交通。要保证交通安全，就要使路面强度随气候因素变化的幅度尽可能小，即具有足够的稳定性。

我国农村公路中有许多仍然是砂石路面，道路坑洼不平的现象非常普遍。路面坎坷不平，即路面平整度差，则行车阻力大，车辆颠簸振动，机件、轮胎磨损就会加快，行车安全性和舒适性就会降低，甚至造成交通事故。例如，汽车在凸形路段行驶时，由于行驶中出现垂直向上的离心力，会与汽车垂直向下的重力部分或全部抵消，地面对车轮的垂直反力大大减小甚至消失，这时汽车就像失重一样，转向操纵失灵，容易引起交通事故。若凸形高度太大，还会对汽车底部突出部件造成损害。汽车通过凹形地段，由于垂直向下的离心力很大，加上汽车的重力，使汽车钢板、轮胎的承受力加大，凹形竖曲线很小时，极易损坏钢板弹簧或轮胎的机件，从而发生故障，导致交通事故。

当道路表面的抗滑能力小于要求的最小数值时（一般以纵向摩阻系数来衡量，水泥混凝土路面为 0.5~0.7，沥青混凝土路面为 0.4~0.6，沥青表面处治及低级路面为 0.2~0.4，干燥路面数值取高限，潮湿时取低限），车辆行驶中，稍一制动就可能产生侧滑而失去控制。特别是道路表面潮湿或覆盖冰雪时，即使车辆驾驶员十分小心，发生侧滑的危险性还是很大，尤其对于农村公路来说，边沟及其他排水设施的设置标准通常比一般公路低，由潮湿导致的湿滑现象较为普遍，因此在农村公路弯道、陡坡路段和交叉口处，极易发生滑溜事故。另外，路面的表面结构对抗滑能力也有一定的影响，如果路面在车辆行驶下已磨得非常光滑，就降低了道路的抗滑能力，即使在干燥路面也会出现滑溜现象。根据各种路面因素对农村公路交通安全的影响，应在路面强度不足、稳定性差、抗滑性差及路面凹凸不平的路段前适当位置设置相应的交通标志。在湿滑路段，除设置"易滑"的交通标志外，还应在道路上有冰雪时，及时铺设砂砾或撒盐。另外，由于农村公路路面较窄，在路面施工过程中，往往由于道路未封闭的半幅路过窄导致交通堵塞甚至交通事故，因此应在农村公路施工地点前适当位置加强施工警告标志的设置。

6.1.3 交通环境对农村公路交通安全的影响

驾驶员行车安全不仅受道路条件的影响，而且还受交通条件的影响。在影响驾驶员行车的诸多交通环境因素中，交通量的影响起着主导作用，交通量的大小直接影响着驾驶员的心理紧张程度，也影响着交通事故率的高低。

农村公路一般情况下交通量较小，这时车辆的行驶主要取决于道路条件和车辆本身的性能。这一阶段的交通肇事往往是由于高速行驶、冒险行车、汽车的运行状况与道路条件不相适应所致。但是在村镇、学校、厂矿、企业等附近的一些路段上往往交通量较大，随着交通量的增加，由于车辆的相互干扰、互成障碍、超车不当、避让不及等常常导致交通肇事。因此在交通量较大时，妥善控制行车速度是减少交通事故的重要环节。

除了交通量因素外，交通混杂程度也是影响交通安全的重要因素。我国的道路交通模式为混合式交通，由于人、车混行，加上各种机动车、非机动车在一条道路上行驶，相互争夺道路空间，大大增加了不安全因素。尤其是在农村公路上，各种不同动力、不同速度的机动车辆、非机动车辆共同行驶在一条狭窄道路上，相互超越次数增多，使整条道路难以形成稳定的交通流，既影响道路的通行能力又潜伏着诱发交通事故的隐患。

所以在农村公路沿线村庄、城镇、小学、医院等附近交通量较大而且交通混杂的路段，人流、自行车流及牲畜的不规则行走及穿越公路极易造成交通事故。如果仅对道路路况进行改善，行车速度提高后，在维持原有社会环境条件的情况下，交通事故数反而有可能增加。因此，在这些路段应要求汽车减速行驶，并用明显的村庄、学校及限速等交通标志提醒驾驶员注意。

6.1.4 道路形式对农村公路交通安全的影响

农村公路的单车道路段会车问题是造成农村公路事故多发的重要原因之一。根据统计资料，在农村公路交通事故中，由于刮擦导致的交通事故占总交通事故数的40%左右，其中绝大多数是由于单车道会车造成的。

根据我国农村公路的等级构成，四级及以下道路占农村公路总里程的80.3%，这些低等级道路往往结构简单，因此双向单车道的结构形式在农村公路上是非常普遍的。其结构组成一般为路基宽度4.5m，路面宽度为3.5m，两侧为各0.5m的土路肩或碎石路肩。在这种客观条件的限制下，对向车辆在这些道路上行驶时，错车困难的问题便尤为突出。单车道路段错车问题已成为影响农村公路通行能力及交通安全的一个重要因素，因此有必要在双向单车道路段上设置合理的错车道。

此外，平面交叉口也是交通事故的主要发生源。据1976年日本的交通事故统计，交通事故中的人身事故与平面交叉口有关的占58%，其中城市占60%，农村占40%。联邦德国农村的交通事故36%发生在平面交叉口。我国农村公路上由于缺乏必要的交通管制措施，因而平面交叉口处的事故率明显高于城市。因此需要加强平面交叉口处的交通安全设施，除在到达交叉口前适当位置设置交叉口警告标志外，还应在支路上设置减速让行标志。

6.2 农村公路交通安全设施相关规定

6.2.1 农村公路交通安全设施总体要求

《公路交通安全设施设计细则》JTG/T D81—2006 规定：

（1）交通工程及沿线设施应遵循"确保安全、经济适用"的原则，根据农村公路的使用功能、等级、交通量，结合当地的自然条件与路基路面的具体情况进行设置，做到醒目、牢固。

（2）农村公路交通工程及沿线设施应达到 D 级或以上等级。

（3）急弯、陡坡、连续下坡、视距不良和路侧险要路段没有达到如下指标之一，且 2km 范围内 3 年发生过 1 起死亡 3 人以上的事故或 500m 范围内 3 年发生过 3 起以上死亡事故的路段，作为农村公路安全设施实施路段的判定标准：

① 急弯路段。
② 陡坡路段。
③ 连续下坡路段。
④ 视距不良路段。
⑤ 路侧险要路段。

6.2.2 安全护栏

（1）安全护栏分类

1）按其在公路中的纵向设置位置划分

路基护栏。
桥梁护栏。

2）根据碰撞后的变形程度划分

刚性护栏（主要形式：钢筋混凝土）
半刚性护栏（主要形式：波形梁护栏）
柔性护栏（主要形式：缆索护栏）

（2）农村公路路侧护栏最小设置长度

① 二级公路

波形梁护栏 48（m），混凝土护栏 24（m），缆索护栏 120（m）。

② 三级公路、四级公路、受限路段

波形梁护栏 28（m），混凝土护栏 12（m），缆索护栏 120（m）。

（3）混凝土护栏

常用路侧混凝土护栏按防撞等级可分 A、SB、SA 和 SS 四种（图 6-1）。

农村公路混凝土护栏一般用 A、SB 级，混凝土强度等级不应低于 C20，配筋量和基础设置应通过设计计算确定。

路侧混凝土护栏按构造可分为 F 型、单坡型、加强型三种，农村公路一般采用 F 型、单坡型，应根据路侧危险情况选用。

图 6-1　混凝土护栏

（4）缆索护栏

① 路侧缆索护栏应位于公路土路肩内，护栏面可与土路肩左侧边缘线或路缘石左侧立面重合，立柱外侧土路肩保护层厚度不应小于 25cm（图 6-2）。

② 缆索护栏的任何部位不得侵入公路建筑限界以内。

图 6-2　缆索护栏

（5）波形梁护栏

波形梁钢护栏按防撞等级可分为 B、A、SB、SA、SS 五级。农村公路一般为 B、A、SB 级（图 6-3）。

护栏由波形梁板、立柱、端头、紧固件、防阻块等构件组成。

波形梁护栏设置的一般规定

① 路侧波形梁护栏应位于公路土路肩内，护栏面可与土路肩左侧边缘线或路缘石左侧立面重合，立柱外侧土路肩保护层厚度不应小于25cm。

② 护栏的任何部分不得侵入公路建筑界限以内。

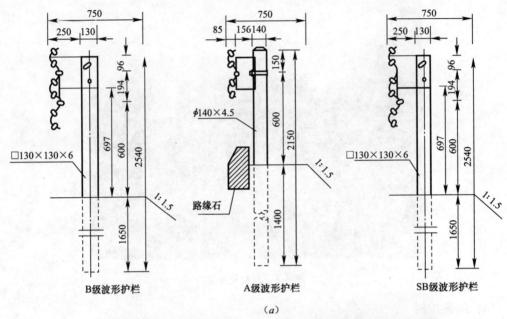

图 6-3 波形梁护栏
(a) 波形护栏大样图；(b) 波形梁护栏实景照片

(6) 桥梁护栏

桥梁护栏一般为混凝土护栏（图 6-4）。

桥梁护栏设置的一般原则

① 二级公路桥梁必须设置路侧护栏，集散二级公路桥梁应设置路侧护栏。

② 跨越深谷、深沟、江河湖泊的三级、四级公路桥梁应设置路侧护栏。
③ 位于其他路段经综合论证可不设置护栏的桥梁应设置视线诱导设施或人行栏杆。

图 6-4 桥梁护栏

6.2.3 交通标线

1. 交通标线分类

（1）按设置方式可分

1）纵向标线：沿道路行车方向设置的标线。

2）横向标线：与道路行车方向成角度设置的标线。

3）其他标线：字符标记或其他形式标线。

（2）按功能可分为以下三类

1）指示标线：指示车行道、行车方向、路面边缘、人行道等设施的标线。

2）禁止标线：告示道路交通的遵行、禁止、限制等特殊规定，车辆驾驶人及行人需严格遵守的标线。

3）警告标线：促使车辆驾驶人及行人了解道路上的特殊情况，提高警觉，准备防范应变措施的标线。

2. 道路交通标线的标划区分

（1）白色虚线：划于路段中时，用以分隔同向行驶的交通流或作为行车安全距离识别线；划于路口时，用以引导车辆行进。

（2）白色实线：划于路段中时，用以分隔同向行驶的机动车和非机动车，或指示车行道的边缘；设于路口时，可用作导向车道线或停止线。

（3）黄色虚线：划于路段中时，用以分隔对向行驶的交通流。划于路侧或缘石上时，用以禁止车辆长时在路边停放。

（4）黄色实线：划于路段中时，用以分隔对向行驶的交通流；划于路侧或缘石上时，用以禁止车辆长时或临时在路边停放。

(5) 双白虚线：划于路口时，作为减速让行线，设于路段中时，作为行车方向随时间改变之可变车道线。

(6) 双黄实线：划于路段中时，用以分隔对向行驶的交通流。

(7) 黄色虚实线：划于路段中时，用以分隔对向行驶的交通流。黄色实线一侧禁止车辆超车、跨越或回转，黄色虚线一侧在保证安全的情况下准许车辆超车、跨越或回转。

(8) 双白实线：划于路口时，作为停车让行线。

3. 标线设置一般规定

(1) 二级公路应全路段设置交通标线，双车道公路应设置路面中心线，直线路段为黄色虚线，用于分隔对向行驶的交通流，凡在不能满足视距要求的路段以及穿越大桥、隧道、乡、镇、村等路段，应设置黄色实线，路面较宽的路段可设置车行道边缘线。

(2) 三级、四级公路视需要进行交通标线设置。条件允许时全路段尽量设置黄色虚线。

凡在不能满足视距要求的路段以及穿越大桥、隧道、乡、镇、村等路段，应设置黄色实线，禁止车辆超车和跨越。

对于四级农村公路，路面宽度在 4.5m 以下，无法设置道路中心标线的农村公路来说，可在急弯及视距不良的路段两侧设置交通标线，用来诱导驾驶员视线，保证行车安全。

对于对撞事故多发地段，路面条件允许的情况下，可将标线宽度适当加宽，但最宽不应超过 30cm。

(3) 车行道边缘线应设置于公路两侧紧靠车行道的硬路肩内，不得侵入车行道内。

6.2.4 交通标志

道路标志包括（图 6-5）：

(1) 指示标志

(2) 警告标志

(3) 禁令标志

(4) 指路标志

(5) 辅助标志

图 6-5 道路标志

正等边三角形： 警告标志
圆形： 禁令标志（减速让行除外）、指示标志（大部分）
倒等边三角形： 减速让行标志
菱形： 分、合流诱导标志
八角形： 停车让行标志
矩形（含正方形）：指路标志、旅游区标志、辅助标志、部分指示标志和施工标志

6.2.5 轮廓标

（1）一般规定

轮廓标反射体的颜色分为白色和黄色。轮廓标不得侵入建筑界限以内。

（2）设置原则

① 二级及以下等级公路的视距不良路段；

② 设计速度大于或等于60km/h的路段；

③ 连续急弯陡坡路段。

（3）柱式轮廓标（图6-6，单位：mm）

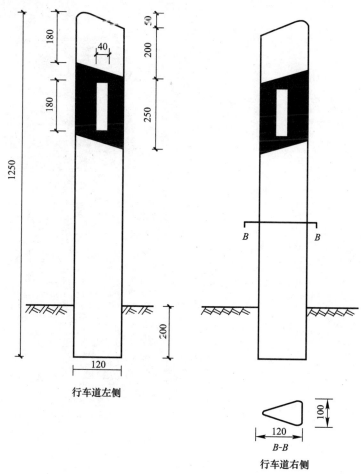

图 6-6 柱式轮廓标

（4）附着于波形梁护栏的轮廓标（图6-7，单位：mm）

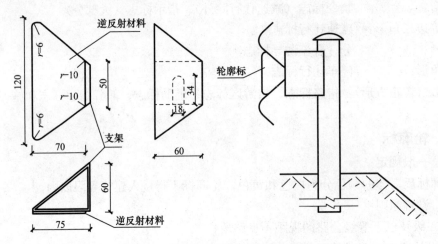

图6-7 附着于波形梁护栏的轮廓标

第7章 农村公路建设相关规章和规范性文件

7.1 《县际及农村公路改造工程管理办法》（国家计委、交通部）

第一章 总 则

第一条 为加强县际及农村公路改造工程的管理，确保工程质量，按期完成建设任务，保障国家建设资金的安全、有效使用，依据国家有关法律、法规、规章和政策，特制定本办法。

第二条 本办法所涉及的县际及农村公路改造工程，是指纳入 2003 年至 2005 年县际及农村公路改造专项之内，使用中央专项基金和国债资金建设的项目。

县际公路一般是指连接相邻县与县之间的公路，包括经济干线、口岸公路和省际公路。

农村公路一般是指通乡（镇）、通行政村的公路。通乡（镇）公路是指县城通达乡（镇）以及连接乡（镇）与乡（镇）之间的公路。通行政村公路是指由乡（镇）通达行政村的公路。

第三条 县际及农村公路改造工程应遵循分级、分类管理，权责一致的原则，认真执行项目法人制、招投标制、工程监理制和合同管理制。

第四条 县际及农村公路改造工程的行政管理部门，项目法人、勘察设计、施工、监理等单位均要执行本办法，并承担相应的责任。

第二章 组织机构

第五条 国家成立县际及农村公路改造工程领导小组，负责决定、协调和解决重大问题。领导小组下设县际及农村公路改造工程办公室，办公室设在交通部，承担具体事务，主要职责是：指导县际及农村公路改造工程日常管理工作，制定建设工程技术政策，协调处理建设过程中的重大事项，监督工程进度、工程质量、施工安全和资金使用，总结交流经验，收集、整理和反馈建设信息。

各省、自治区、直辖市、新疆生产建设兵团也要设立相应的县际及农村公路改造工程管理机构，履行本地区与国家县际及农村公路改造工程管理机制相同的职责。

第六条 各省、自治区、直辖市、新疆生产建设兵团计委负责本地区县际及农村公路改造工程总体协调、前期工作管理、计划衔接和配套资金的落实。

第七条 各省、自治区、直辖市、新疆生产建设兵团交通厅（局、委）负责本地区县际及农村公路改造工程项目的组织实施和工程管理。

第八条 县及县以上人民政府交通主管部门或县及县以上人民政府批准（认可）的机构为县际及农村公路改造工程的项目业主，具体可根据情况由各省、自治区、直辖市确定。项目业主负责工程计划的实施和项目管理。

第三章 计划及前期工作管理

第九条 各省、自治区、直辖市、新疆生产建设兵团计委会同交通部门,根据国家总体要求和本地区的实际,编制本地区县际及农村公路改造工程2003年至2005年三年建设方案和年度计划,报国家计委和交通部。

国家计委会同交通部,对各地区上报的县际及农村公路改造工程项目建设方案和年度计划审核后,下达年度投资计划。

第十条 列入县际及农村公路改造工程三年建设方案的项目视同国家已批准立项,可不再审批项目建议书。

第十一条 东部、中部地区农村公路的可行性研究报告(或建设方案)由省、直辖市交通主管部门提出审查意见,省、直辖市计委可按地区进行一揽子审批(抄国家计委和交通部备案);初步设计(或施工图设计)可由各地按现行管理程序进行审批。但总投资超过5000万元以上的项目,其可行性研究报告和初步设计(或施工图设计)必须按现行基本建设管理程序单独报批。

第十二条 西部地区县际公路项目,其可行性研究报告和初步设计(或施工图设计)按现行基本建设管理程序进行审批。

第十三条 县际及农村公路改造工程一般应在现在道路基础上进行改造,铺筑沥青(水泥)路面,完善防护排水设施,增强晴雨通行能力。各地要遵循"因地制宜、量力而行"的原则确定本地区县际及农村公路改造工程技术标准,严格控制工程造价。

第十四条 各地上报国家的年度建设资金申请计划的项目必须符合下列条件:

——纳入国家三年建设方案的项目;

——项目前期工作已经完成,具备开工条件;

——项目业主明确,地方配套资金已经落实。

第十五条 县际及农村公路改造工程严禁边勘察、边设计、边施工的"三边"工程。

第四章 工程组织与管理

第十六条 各地计划和交通部门要协助政府做好涉及工程建设各项政策和规定的落实,征地拆迁与施工环境的保障,以及实施全过程的组织协调等工作,确保工程顺利实施。

第十七条 各地交通部门要根据县际及农村公路改造工程所处的环境和施工特点,制定工程管理办法,加强施工管理,强化质量控制措施,确保工程质量。

第十八条 县际及农村公路改造工程项目必须按照《招标投标法》的规定,采取公开招标或邀请招标方式确定施工单位。业主单位和施工单位必须签订施工合同,依据合同规范实施行为。

严禁招投标弄虚作假的地方保护,严禁施工转包和违规分包。

第十九条 县际及农村公路改造工程要建立健全质量保证体系,工程质量必须合格,并争取达到优良标准。

第二十条 县际及农村公路改造工程实施过程中,对于沿线农民投工投劳,要严格遵照国家关于农村税费改革的有关规定执行,不得增加农民负担。

第二十一条 县际及农村公路改造工程实行工程报告制度。各地应在月后二日前将本地区工程进度情况及资金到位情况报国家县际及农村公路改造工程领导小组办公室。建设过程中出现重大问题要及时报告。

第二十二条 工程项目完工后，各地要及时组织工程竣工验收。

第五章 建设资金管理

第二十三条 各地要严格执行中央专项基金和国债资金管理有关规定，严禁截留、挤占、挪用和超范围使用项目资金。

第二十四条 国家用于县际及农村公路的中央专项基金和国债资金中能用于支付县际及农村公路改造工程款，不得用于偿还银行贷款和支付拖欠的工程款。

第二十五条 国家用于县际及农村公路改造工程的专项资金实行按项目设立专户，实行专户存储，单独建账，单独核算。专项资金的划拨和使用要实行规范化管理，严格各项制度，防止损失浪费，提高资金使用效益。各级计划、财政、交通和审计部门要加强中央专项基金和国债使用的全过程监督。

第二十六条 各地应根据本办法制定本地县际及农村公路改造工程管理的实施细则。

7.2 《农村公路建设标准指导意见》（征求意见稿）

（交通部公路司二〇〇四年二月）

交通部《农村公路建设标准指导意见》，从中可以看出交通部对农村公路建设的指导思想和理念。

总 则

为加强农村公路建设的技术指导，确保建设质量，提高投资效益，根据《公路工程技术标准》，结合农村公路建设实际，制定《农村公路建设标准指导意见》（以下简称《指导意见》）。

本《指导意见》适用于乡级（包括乡级）以下的农村公路新、改建工程。西部县际公路特殊路段可参照执行。

农村公路建设应坚持"规划先导、因地制宜、量力而行、分步实施"的基本原则，走可持续发展之路，合理利用土地资源，注重环境保护，结合村镇综合整治，改善农村的交通和生产生活环境。

农村公路建设标准原则上应执行《公路工程技术标准》。

因受经济、地形、地质和其他自然条件限制实施困难的路段（以下简称受限路段），经技术经济论证并报审通过，可按本《指导意见》执行。但是，当条件具备时应尽快改建，以达到等级公路标准。

农村公路中未达到《公路工程技术标准》规定的等级标准的路段不应纳入等级公路统计。

农村公路设计交通量的预测应符合《公路工程技术标准》的有关规定，其中四级公路的设计交通量推荐按10年预测。

控 制 要 素

农村公路设计交通量换算采用小客车为标准车型。

除受限路段外，农村公路设计速度应按《公路工程技术标准》有关规定执行，受限路段的设计速度推荐按不低于10km/h控制。

不同路段交通量变化较大时可采用不同标准分段实施,不同设计速度的路段间应设置过渡段,变更点应选择在驾驶员能够明显判断路况发生变化的地点,并设置警示标志。

一条路线宜采用同一净高,一般不宜小于4.50m。经技术经济论证可以适当降低,但应满足当地农村公路的运输需求。

路　线
一般规定

1. 路线设计应结合沿线的地形、地貌、地质、水文条件,根据工程造价、社会环境等因素进行路线方案比选及技术经济论证,合理运用技术指标,综合考虑平、纵、横三个方面要素,保证线形连续、均衡,行车安全。

2. 贯彻保护耕地、节约用地的原则;少拆房屋、少动迁公用事业管线;充分利用旧路,安全利用原有桥隧,避免大改大调或大填大挖,防止诱发新的地质病害;方便农(牧)民出行,服务城镇化;注意与沿线地形、地物、环境和景观相协调,保护自然生态环境和文物古迹。

3. 尽量避免穿越滑坡、泥石流、软土、沼泽等地质不良地段和沙漠、多年冻土等特殊地区。必须穿过时应缩小穿越范围,并采取必要的工程技术处理措施。

路基宽度

(包括车道和路肩宽度)应严格执行《公路工程技术标准》规定,其中,受限路段双车道路面宽度应不小于5m,单车道路面宽度应不小于3m。采用单车道路面的,单侧路肩宽度应不小于0.75m。

单车道公路应在适当距离内设置错车道。错车道应设在驾驶人员能看到相邻两错车道间驶来车辆的有利地点,路基宽度不宜小于6.5m,有效长度不应小于20m。

连续的长陡下坡路段,危及行车安全处应设置避险车道。

受限路段一般地区最大纵坡不应大于10%,海拔2000m以上或积雪冰冻地区最大纵坡不应大于8%。当采用最大纵坡时,其最大坡长应不大于《公路工程技术标准》规定。

受限路段设有超高的平曲线,其合成坡度值不宜超过11%(海拔2000m以上或积雪冰冻地区除外)。

受限路段的停车视距、会车视距、最小圆曲线半径、最小坡长、不同纵坡的最大坡长、竖曲线的最小半径等技术指标,经技术经济论证可适当降低。但不应出现不利因素的组合,并设置交通安全设施,保证行车安全。

当受限路段采用回头曲线时,其技术指标宜参照《公路工程技术标准》JTJ—97有关规定,经技术经济论证合理确定,并应设置交通安全设施和必要的限速标志。

路基路面
一般规定

1. 路基路面设计应根据使用功能、技术等级、交通量、地形、地质、材料和施工方法等因素综合考虑,尤其应重视排水与防护设施设计,既要有足够的强度和稳定性,又要经济合理。

2. 因受自然、经济和其他条件限制不能一次到位的路面工程,应按照总体设计、分期实施的原则先通后畅,使前期工程在后期能充分利用。

3. 通过特殊地质和水文条件的路段,应作好调查研究,结合当地实践经验进行个别设计。

标　　准

路基宜采用水稳性好的材料填筑，一般路段路肩边缘应高出路基两侧地面积水 0.5m 以上，确保路基最小填土高度。沿河及受水浸淹的路段路基标高应高出设计洪水频率的计算水位加壅水高、波浪侵袭高和 0.5m 的安全高度。其中，四级公路设计洪水频率由各地根据实际情况自行确定。

采取有效措施控制路基压实。当采用砖块、片（块）石、水泥混凝土预制块等联锁块路面时，路基压实度可适当降低。路基强度和稳定性达不到要求，或因缺乏压实机械及未做分层碾压导致压实度不足的填方路段，应暂缓实施路面工程或采取简易路面过渡，待路基自然沉降稳定后再铺筑新路面。

路基防护应结合当地水文、地质及地产材料等情况，针对易塌方的高边坡、不稳定的高路堤、受冲刷较大的沿河路段等重点路基部位，采用护岸、挡土墙、石砌护坡、石笼、抛石等工程防护和种植灌木等植物防护相结合的综合防护措施，防治路基病害，保证路基稳定。

地形特别险峻、工程量巨大、易发生塌方的改建路段，在满足机动车通行的前提下，可维持原路基和防护的稳定状态，同时应设置必要的交通安全设施。

路面设计标准轴载为双轮组单轴 100KN。

路面类型应根据交通量、自然和社会环境、地产材料和建设资金状况等因素合理选用。

1. 有条件的地区提倡采用沥青混凝土路面和水泥混凝土路面。

2. 一般地区可采用沥青贯入式、沥青碎石、沥青表面处治、石块、混凝土块、砖块等类型路面。

3. 分期修建的工程可采用砂石、贫混凝土砂砾等类型路面。

4. 季节性的宽浅河流、泥石流路段上可修建过水路面。

5. 山势险峻、急弯、陡坡路段应采用摩阻系数较大的路面，潮湿和过湿路段不应采用砖铺路面。

6. 积雪冰冻地区，公路等级较低的路段不宜采用沥青路面和水泥路面，宜修建砂石路面。

应充分利用当地材料合理进行路面结构设计，各结构层厚度，有条件时按规范计算确定；受条件限制的，可适当降低，但不应小于表 7-1 规定的最小厚度。

各类路面结构层最小厚度　　　　　　　　　　表 7-1

结构层	结构层类型	施工最小厚度（cm）
铺装路面	沥青混凝土	3.0
	水泥混凝土	18.0
简易铺装路面	沥青石屑	1.5
	沥青碎石	2.5
	沥青贯入式	4.0
	沥青砂	1.0
	沥青表面处治	1.0
	乳化沥青稀浆封层	0.6

续表

结构层	结构层类型	施工最小厚度（cm）
未铺装路面	砂石路面	10
	砖块路面	12
	水泥混凝土块路面	10
	块石路面	15
基层	水泥稳定类	15
	石灰稳定类	15
	工业废渣类	15
	柔性基层	8

使用功能有特殊要求的农村公路，如重载车辆较多的矿区公路等应结合实际交通量及交通组成情况进行专项设计。

路基路面排水应结合沿线气象、地形、地质、水文等自然条件，设置必要的地面排水、地下排水设施，并与沿线桥涵排水、农田水利排灌系统相结合，形成良好的排水系统。一般路段应设置梯形土边沟，冲刷严重的山区路段应设置硬化边沟，边沟底宽和沟深不宜小于0.4m，村镇路段边沟应按本《指导意见》的有关规定执行。

桥　涵
一　般　规　定

1. 桥梁应兼顾因地制宜、便于施工、就地取材和利于养护等因素，根据所在公路的功能要求、性质和预期发展的需要，按照"安全、实用、经济、适当照顾美观和有利环保"的原则进行设计。

2. 新建桥涵推荐采用标准跨径、技术成熟、容易施工、经济实用的桥（涵）型。一般宜修建简支梁桥，基础承载力满足要求可修建拱桥，季节性的宽浅河流上可修建漫水桥，跨径较小、水文地质情况适宜的桥梁推荐采用轻型桥台。原有桥梁应根据水文地质条件、交通组成、原桥使用状况等因素确定利用方案。

3. 桥涵应考虑农田排灌的需要，靠近村镇、铁路及水利设施的桥梁要适当考虑综合利用，必要时应修建导流构造物或防护构造物。

标　准

新建桥涵设计的汽车荷载等级应采用公路—Ⅱ级以上标准（包括公—Ⅱ级）。原有利用的大中桥和重型车辆少的四级公路新建桥涵设计可采用公路—Ⅱ级车道荷载效应的0.8倍，车辆荷载效应可采用0.7倍。

桥面宽度一般不宜小于6m，单车道路段桥面宽度不宜小于4.5m；当桥梁宽度小于路基宽度时，桥头引道应设置渐变路段，单侧渐变长度不小于20m。

村镇行人密集区桥梁应设人行道，宽度不宜小于0.75m。

大桥及50m以上（包括50m）中桥应设置防撞墙（或护栏），其余中、小桥应设置安全带（或低栏杆）。

原有桥梁应本着经济、安全的原则合理利用。

1. 大中桥应进行专业技术鉴定，达不到荷载等级的可采取加固、部分利用、限载或拆除新建等方案；小桥应对其行车的安全性进行论证，确定是否利用。

2. 旧桥加宽应采用与原有桥梁相同（或相近）的结构型式、跨径，并以新旧桥共同受力为宜，提倡桥梁加宽与加固同步进行，并达到荷载等级要求。使用状况良好，因经济、技术和其他因素不能加宽、加固的桥梁应设置窄桥或限载标志。

涵洞设置应满足路基排水的要求，涵顶填土应满足最小厚度要求，涵洞类型宜采用圆管涵等经济实用的涵洞型式。

隧　道
一般规定

1. 根据公路功能和发展的需求，遵照安全、经济、利于保护生态环境的原则，综合考虑路线所处路段的地形、地质、施工、养护等因素，路基开挖深度在25m以上时，应进行技术经济论证，确定是否修建隧道。

2. 农村公路不宜修建中长隧道，一般应修建双车道隧道。在解决行政村通公路、年平均日交通量小于400辆以下且施工难度大等特殊情况下可修建单车道隧道。不具备改造条件的原有单车道隧道，可通过设置信号灯或其他有效的交通安全设施后继续利用。

标　准

新建双车道隧道宽度不应小于7.50m，新建单车道隧道宽度不应小于4.00m。一般可不设人行道，应设置避车洞和相应的警告、禁令标志。

应重视隧道排水与防水设计。有条件的隧道可以采用全断面防排水措施，一般隧道应对基岩裂缝水和渗水采取洞内疏导和洞外截水等综合措施，保证行车安全及隧道结构和设备的正常使用。

短隧道可不设置通风、照明、通讯、警报、消防等设施设备。

单车道隧道应采用直隧道，长度不宜超过250m。宽度小于所在公路的路基宽度或路基宽度小于6.5m时，洞外两端应设置错车道，宽度应不小于6.5m，其有效长度应不小于30m，两端接线应有不短于50m的过渡段。

隧道原则上应根据围岩情况进行衬砌。地质构造变动小，无断裂（层），层状岩呈单斜构造，节理不发育等硬质Ⅳ、Ⅴ类围岩，经过技术论证，局部可不进行衬砌。

原有隧道应在保证安全的前提下利用。在确定是否利用或改建时应对其进行技术鉴定（包括安全性论证）及专项设计。采取加固、增设防排水措施、改善洞口段条件、设置标志等综合处治措施，确保主体结构的强度、稳定性和耐久性。

交通工程及沿线设施
一般规定

1. 交通工程及沿线设施应遵循"确保安全、经济适用"的原则，根据公路的使用功能、等级、交通量，结合当地的自然条件与路基路面的具体情况进行设置，做到醒目、牢固。

2. 受限路段交通安全设施应与公路主体工程同步完成。

农村公路交通工程及沿线设施应达到D级或以上等级。

农村公路应配置必要的交通安全设施。

标　准

1. 在高路堤、桥头引道、陡坡、急弯、临水库、沿江、傍山险路、悬崖凌空等危险路段，应在路侧设置限速、警示、警告标志和护柱、石砌护墩、石垛等安全设施，有条件的地方可设钢质护栏;桥头引道、漫水桥、过水路面等路段应设置警示标志;漫水桥、过水路面上应设置标杆。

2. 在视距不良的急弯路段,应根据需要设置线形诱导标志、警告、减速等标志;在平面交叉路口,应设置道口标志等必需标志。

3. 连续长陡下坡路段应在适当位置设置减速装置。

4. 受限路段应在起终点处设置减速、限载、限高等警告标志。

在急弯、陡坡、大型构造物、学校等特殊路段应设置警告、禁令标志及必要的指示标志。

有条件的农村公路可设置里程碑、漆划标线。

提倡农村公路结合防护工程进行绿化,改善视觉环境,增强行车安全,满足行车视距要求。

村 镇 路 段
一 般 规 定

按照统筹规划、综合整治、因地制宜的原则,提倡将农村公路建设与人口相对集中的乡镇、行政村的综合治理结合起来,加强村镇路段标准化建设。

村镇路段路面推荐采用水稳性好、寿命长的路面型式,宽度不宜小于一般路段路面宽度,并可根据当地经济能力和发展需求等实际情况适当加宽,路肩采用适当形式硬化处理。

标　准

结合当地实际情况设置综合排水设施,排水边沟尺寸和断面型式应满足功能要求。推荐采用干砌片(卵)石、浆砌片(卵)石、钢筋混凝土预制槽(块)等型式。通过较大集镇路段可以结合小城镇建设采用暗排型式。路面和房屋住宅提倡以适当方式统一分离,鼓励采用绿篱、栽花、植草等形式进行绿化、美化。主要道口应采用水稳性好的材料进行硬化,并合理设置过道涵(管),确保排水通畅。通客运班车的村镇路段可根据实际需要设置固定客运班车站点及标志,保证行车安全。

农村公路建设与高等级公路的主要区别有:

(1)交通量小,等级较低,有时不好划分,甚至前述的等级标准往往也难以满足;(2)资金紧缺,特别是西部落后地区,几乎全靠国家拨款;(3)因地制宜的技术理念最为充分;(4)养护管理存在诸多有待加强和改进之处;(5)虽然有时是服务少数人,但其对当地社会经济发展起着至关重要作用。

7.3 《农村公路建设资金使用监督管理办法》

第一章　总　则

第一条　为加强农村公路建设资金管理,保证资金安全、合理、有效使用,根据国家关于基本建设各项财经管理制度和交通部有关农村公路建设工程管理规定,制定本办法。

第二条　农村公路建设资金(以下简称建设资金)是指用于纳入中央或地方投资计划的县际及通乡通村公路建设或改造的全部资金,包括中央和地方各级财政拨款、交通规费、银行贷款等各种来源的资金。

第三条　建设资金使用必须严格遵循专款专用、讲究效益原则。

第四条 各级交通主管部门应建立健全建设资金使用监督管理制度，建设资金使用单位应建立健全资金使用内部控制制度和重大开支由领导集体研究决定制度，并自觉接受财政、审计、上级主管部门等政府部门和群众的监督。

第五条 本办法适用于管理和使用建设资金的各级交通主管部门及其所属管理单位（以下简称管理单位）、项目建设单位（含项目业主，以下简称建设单位）。

第二章 建设资金的使用管理

第六条 建设资金实行分级负责、分级监督管理方式。交通部负责指导监督全国农村公路建设资金使用管理工作，各省（市、区）交通主管部门负责本辖区建设资金的使用监管工作，建设单位负责按规定使用建设资金，采取"一级管一级"的分级负责、分级监督管理方式。

第七条 建设资金必须用于农村公路建设项目，任何单位或个人不得截留、挤占和挪用。管理单位要做到专项管理、专项核算、专项拨付；建设单位要做到专户存储、专项核算，专款专用。

第八条 管理、使用建设资金的单位，应设置财会部门，由具有从业资格的专职或兼职财会人员管理建设资金。

第九条 建设资金的一切收付，必须通过财会部门进行。

第十条 建设单位在使用建设资金前，应根据本办法和国家、上级主管单位的有关规定，制定本单位的建设资金使用监督管理制度。

第十一条 管理单位应根据项目投资计划和年度预算，在确保工程质量的前提下，严格按工程进度和对各类资金的到位规定及时划拨建设资金。

第十二条 管理单位遇有下列情况之一的，不得划拨建设资金：

（一）计划外工程；

（二）超过批复工程概预算；

（三）擅自改变建设标准的；

（四）工程质量有重大缺陷未达到整改要求的。

第十三条 对于使用管理上有特殊要求的建设资金，应按国家有关规定执行。其中：

（一）中央专项资金只能由建设单位按规定支付农村公路建设款，其他任何单位、组织和个人都不能从中提取管理费用。

（二）国债资金按照国家关于国债资金使用管理规定执行。

（三）农村公路建设项目，不得拖欠农民工工资和农民的征地拆迁费。

第十四条 建设单位支付建设资金时，必须符合下列程序：

（一）有关业务部门审核。工程、计划等业务部门应根据有关合同、协议对结算凭证（发票、收据、工程价款结算单等）进行审核，并签署意见。

实行工程监理制的项目，其工程价款结算单必须经监理工程师审查签字同意后再交给业务部门审核。

（二）财务部门审核。财务部门应根据有关规定和合同、协议，对有关业务部门审核同意支付的凭证的合法性、手续的完备性和金额的正确性进行审核，审核无误后签署同意支付意见。

（三）根据业务和财务部门的同意支付审核意见，单位领导或其授权人审核无误后签署同意支付意见。

（四）财务部门根据单位领导或其授权人的同意支付签批意见办理付款手续。

第十五条　建设单位遇有下列情况之一的，单位领导不得签批同意、财务部门不得办理付款：

（一）违反国家法律、法规和财经制度的；

（二）计划外工程；

（三）擅自改变建设工程项目和建设标准的；

（四）工程质量不合格的；

（五）实行工程监理制度的，工程价款结算单未经监理工程师签证同意的；

（六）不符合合同条款规定的；

（七）原始凭证不合法、手续不完备、支付审批程序不规范的。

第十六条　农村公路建设项目应实行工程质量保证金制度，建设单位与施工单位结算工程价款时，应按合同价的一定比例预留质保金；工程交工验收合格且缺陷责任期满后，按合同支付剩余质保金。

第十七条　建设单位应严格控制支出，在保证工程质量的前提下，努力降低造价。

第十八条　建设单位必须按照国家有关规定进行会计核算，编制报送财务会计报告。项目竣工后，应按规定及时编制竣工财务决算。

第三章　建设资金的监督检查

第十九条　对建设资金使用情况的监督，实行单位自查与接受财政、审计等政府机关和上级主管单位的监督检查相结合的办法；通乡通村公路建设资金，实行财务公开，由建设单位定期向当地群众公布建设资金使用情况，对群众反映属实的问题及时进行整改。

第二十条　交通主管部门对建设资金监督管理的主要职责：

（一）制定建设资金管理制度；

（二）审核、汇编、审批年度农村公路建设工程支出计划、预算和财务决算；

（三）合理安排及时划拨建设资金；

（四）监督管理建设项目工程概预算、年度投资计划和预算安排（包括年度计划、预算调整）、工程招投标、合同签订、财务决算、竣工验收；

（五）监督检查建设资金筹集、使用和管理，及时纠正违纪违规问题，对重大问题提出意见报上级交通主管部门；

（六）收集、汇总、报送建设资金管理信息，审核、编报农村公路建设工程投资效益的分析报告；

（七）督促建设单位及时编报工程财务决算，做好竣工验收准备工作。

第二十一条　建设单位应对支付给施工单位的工程款的使用情况实施监督，确保已付工程款按合同约定满足工程需要。

第二十二条　交通主管部门应对建设资金全过程监督检查，重点检查的内容包括：

（一）是否严格执行国家财经法规、制度和建设资金管理规定；

（二）工程项目是否有擅自改变建设规模和标准的问题；

（三）是否严格执行概预算管理规定，有无将建设资金用于计划外工程；

（四）筹集的资金是否符合国家有关规定，配套资金是否落实、到位是否及时；

（五）是否按合同规定拨付工程进度款，有无高估冒算、虚报冒领情况，工程预备费使用是否符合有关规定；

（六）是否按规定使用建设单位管理费、提留工程质量保证金，有无乱摊乱挤建设成本的问题；

（七）资金支付程序是否符合规定；

（八）财会机构是否建立健全，并配备相应的财会人员，各项原始记录、统计台账、凭证账册、会计核算、财务报告、内部制约制度等基础性工作是否健全规范。

第二十三条 各级交通主管部门应定期、不定期地对所属单位、建设项目的建设资金管理、使用情况进行检查。

第二十四条 根据交审发（2001）62号《关于加强交通建设项目审计监督的通知》，交通主管部门应加强工程项目从开工到竣工决算的审计工作。对重要农村公路项目必须进行审计，一般农村公路项目原则上也要进行审计。

第四章 罚 则

第二十五条 管理、使用建设资金的单位或有关人员，违反法律、法规、财经制度和本办法规定的，除触犯刑法移交司法机关追究有关人员刑事责任外，区别情况和情节给予以下一项或数项处罚：

（一）责令限期整改；

（二）通报批评；

（三）追缴建设资金；

（四）没收非法所得；

（五）处以罚款；

（六）暂停拨付建设资金；

（七）停止拨付建设资金；

（八）核减本年度投资计划；

（九）扣减下年度投资计划；

（十）追究有关人员行政责任。

第五章 附 则

第二十六条 各省、自治区、直辖市交通主管部门可根据本办法，结合本地实际制定实施细则。

第二十七条 本办法由交通部负责解释。

7.4 《农村公路建设质量管理办法（试行）》

第一章 总 则

第一条 为加强农村公路建设质量管理，确保农村公路建设质量，根据《公路工程质量管理办法》、《县际及农村公路改造工程实施意见》，结合各地农村公路建设实践，制定本办法。

第二条 农村公路建设要坚持质量第一的方针，以改善农村交通条件，促进农村经济发展为宗旨，注重培育"政府监督、建设单位负责、工程监理、企业自检"的质量保证体系。

第三条 中央和地方财政全额或部分投资的"通乡"、"通村"公路项目，中央和地方财政各种交通规费全额或部分投资的"通达"、"通畅"公路项目，应执行本办法。村民自治组织自行投资的农村公路项目参照执行本办法。

第四条 农村公路建设应接受社会和舆论监督，各地应鼓励社会力量积极参与监督活动。任何单位和个人对农村公路建设中的工程质量事故、质量缺陷和违反有关质量法规的行为，均有权向交通主管部门或其质量监督机构（组织）举报。

第二章 交通主管部门质量管理职责

第五条 各级交通主管部门应切实履行质量管理职责，因地制宜，建立与当地情况相适应的质量管理模式，加强农村公路建设质量管理。

第六条 省级交通主管部门根据部、省有关规定制订辖区内农村公路建设管理的相关政策，研究制定合理的农村公路发展规划和实施计划，协调农村公路建设质量管理中的重大事项，为农村公路建设质量管理创造良好的政策环境，确保全面优质完成农村公路建设任务。

第七条 市级交通主管部门负责辖区内农村公路建设质量管理的指导，贯彻落实农村公路建设质量管理政策和工程技术政策，明确本地区农村公路建设的各方责任、权利和义务，全面指导农村公路的建设管理，确保工程顺利实施。

第八条 县级交通主管部门负责辖区内农村公路建设质量管理与监督，组建农村公路建设项目质量监督组织（以下称县级"质量监督组织"），设专职人员承担质量监督工作，人员必须满足工程管理和质量管理方面的要求。重点规范建设、施工、设计、监理等参建各方主体的质量行为，确保工程质量。

第三章 工程质量监督机构（组织）职责

第九条 各级交通质量监督机构（组织）按分级管理原则，对农村公路建设质量负监督责任。各地可根据质量监督机构的设置情况制定具体的监督模式，并应针对农村公路建设实际情况，要求或动员受益乡镇、村民自治组织积极参与监督，切实形成上下协调、控制有效、覆盖全面的质量监督机制。

第十条 省级质量监督机构负责履行农村公路建设质量监督工作的指导职责。组织全省农村公路建设质量抽查活动，指导各市级质量监督机构组织农村公路建设质量管理及人员培训。省级质量监督机构应设专人负责农村公路建设质量监督工作，及时分析农村公路建设质量状况，总结交流经验。

第十一条 市级质量监督机构负责履行农村公路建设质量监督工作的管理职责。结合本地实际情况确定质量监督的重点部位、关键工序、主要指标和检测频率，制定监督工作要点；负责农村公路质量管理人员岗位培训；对本地区农村公路质量和质量监督工作进行巡查和动态管理，对重要农村公路进行质量鉴定，并定期向省级质量监督机构报告农村公路质量动态。

第十二条 县级"质量监督组织"履行项目监督职责。监督检查农村公路建设质量保证体系的建立及其运转情况，制止和纠正施工现场影响工程质量的违规行为；对农村公路实体质量进行监督检查，重点抽查工程质量控制要点；组织一般农村公路的质量鉴定，定期向市级质量监督机构报告质量监督工作。

第十三条 具备条件的省份，可实行"省级质量监督机构指导、市级质量监督机构管理、县级质量监督组织监督"的模式，省、市、县三级质量监督机构（组织）按各自的职责工作。县级交通主管部门技术力量达不到组建县级"质量监督组织"条件的省份，可实行"省级质量监督机构指导、市级质量监督机构监督"的质量监督模式，由市级质量监督机构承担市县两级质量监督的责任。无市级质量监督机构的省份（或直辖市），可实行"省级质量监督机构指导、县级质量监督组织监督"的模式，由县级"质量监督组织"承担市县两级质量监督的责任。无市级质量监督机构且无条件组建县级"质量监督组织"的省份，由市级交通主管部门组建农村公路市级"质量监督组织"，实行"省级质量监督机构指导、市级质量监督组织监督"的模式，由市级"质量监督组织"承担市县两级质量监督的责任。

第十四条 农村公路质量监督期为自发出质量监督通知始，至竣工验收质量鉴定止。监督通知和质量鉴定工作应简化程序，监督通知书和质量鉴定书样本由各省自行制定。使用中央和地方财政或交通规费投资的农村公路项目，质量监督覆盖率应达到100％。

第十五条 农村公路质量监督工作应本着人员精干、高效务实的原则，做到"重点突出、点面结合、不留死角"，采取巡回检查和重点抽查相结合的方式，对本办法第五章规定的工程质量控制要点重点监控。

第十六条 质量监督机构（组织）应根据建设单位工程质量鉴定申请及时进行质量鉴定。质量鉴定应以数据为准，实事求是，客观公正。

第十七条 农村公路建设质量监督费用，由交通主管部门统一安排，以保证质量监督工作的正常进行。

第十八条 农村公路建设项目实行社会公示，所有农村公路建设项目应在工地现场设置公示牌，标示工程项目名称、规模、投资额、各从业单位及联系人、质量监督人员及举报电话和通讯地址等。有关部门对质量举报应及时调查处理。

第十九条 质量监督机构（组织）及其工作人员应认真履行农村公路建设质量监督职责，对不作为或玩忽职守，造成工程事故的人员，按国家有关规定追究相应人员的责任，视情况给予通报批评、行政警告，问题严重的追究其相关责任人的法律责任。

第四章 建设各方质量管理与质量责任

第二十条 工程建设单位质量管理与质量责任

1.对农村公路建设质量管理过程负责，制定与农村公路建设相适应的质量管理办法，明确质量责任人。

2.质量责任人应对工程设计图纸进行确定，对监理、施工单位的质量管理体系的运行情况及工程材料、施工工艺、实体质量进行检查。

3.接受、配合质量监督检查，支持义务质量监督员的工作。统一协调施工中质量、安全、环保各项工作的落实。

4.主动申请质量鉴定和竣工验收，并配合鉴定、验收工作。

第二十一条 设计单位质量管理与质量责任

1.建立健全适合农村公路建设特点的设计质量保证体系，加强设计全过程的质量控制，明确各阶段的责任人，对设计质量负责。

2.遵循因地制宜原则进行设计。根据当地实际，按照《农村公路建设指导意见》选择适宜的技术标准。重要农村公路建设项目设计文件深度应满足一阶段施工图设计规定；一般农村公路建设项目的简易设计至少应具备路线纵断面图、路面结构图和构造物结构图。

3. 农村公路建设项目设计力求充分利用旧路资源，合理用地，避免大填大挖。应结合公路沿线的材料分布和地质状况，进行路面、结构物和防护排水的设计，增强晴雨通行能力，保证农村公路合理使用年限。

4. 农村公路建设的设计服务应根据需要和可能的原则安排，设计单位和设计负责人应提供施工过程中的设计服务。

第二十二条 施工单位质量管理与质量责任

1. 必须依据设计文件和相应的技术标准、规范和规程，按照施工合同要求，制定质量管理办法，对工程的施工质量负责。

2. 必须建立健全工程质量自检体系，制定明确的岗位质量责任制，切实做好质量的全过程控制。对重点部位、关键工序和关键工艺必须责任到人。

3. 施工现场必须具有与施工工艺配套的压实、拌合、计量设备。施工工艺必须符合相应作业内容的质量控制要求。

4. 有条件的农村公路建设项目必须建立符合工程要求的工地临时试验室。对不具备建立工地实验室条件的一般农村公路建设项目，应通过协议形式，委托有资质的试验检测机构或委托有资质的工地临时试验室承担工程试验检测工作，满足质量控制和检测评定的需要。

第二十三条 监理组织及其质量责任

1. 农村公路建设项目应按规定实行工程监理制度，推行社会监理制度的项目应依法实行招标确定监理单位。规模较小的项目可按区域采取项目捆绑方式招标社会监理，也可由市级或县级交通主管部门抽调有经验的技术人员组成专项监理组开展监理工作。项目监理组织情况应向属地质量监督机构（组织）备案。

2. 实行社会监理的项目，应签订监理合同，监理人员和设备配备应满足合同要求；设立专项监理组的项目，其监理人员和设备必须满足需要，监理人员必须持证或持农村公路建设专项技术业务培训合格证上岗。

3. 实行社会监理的项目，其监理单位应建立工地临时试验室，为节约资源，经建设单位同意并由合同约定，监理单位也可通过协议方式利用施工单位的试验室，但试验检测工作须由监理单位自行完成。对设立专项监理组的项目，监理试验可通过协议合同的方式就近委托有资质的试验室完成，其所在地交通系统的试验检测机构应给予积极支持。监理质量控制与检查的试验数据必须独立、准确。

4. 监理要加强对工程重点部位、关键工序和重要施工工艺的质量检查与旁站。

第二十四条 建设、勘察设计、施工、监理单位必须恪尽职守，确保工程质量，对工程质量在设计使用期限内负终身责任。农村公路建设项目在设计使用年限内出现质量事故时，由质量监督机构调查，交通主管部门依法依合同追究有关单位责任。

第五章 工程质量控制要点

第二十五条 农村公路建设施工必须认真执行相关技术规范和质量检验评定标准。

第二十六条 路基工程质量控制要点

1. 路基填筑必须使用合格材料，严禁使用垃圾、腐殖土。路基填料内不得混有草皮、树根和超大粒径石块，确保填筑材料均匀。

2. 路基填筑前，对土质材料必须做液塑限试验，确定土类和塑性指数，确定其填筑性能。对不同填料必须分别进行标准击实试验，确定其最佳含水量和最大干密度。

3. 路基填筑必须坚持全幅分层填筑，分层碾压；严格控制含水量，根据压实工艺合理确定摊铺厚度，并逐层检查压实度，确保路基压实度和压实均匀性。

4. 桥涵等构造物台后回填应使用透水性良好的材料（砂砾石、碎石），按每层压实厚度不大于15cm分层回填碾压。

5. 山区路基施工要确保上、下边坡稳定，设置适当的排水设施，确保排水通畅。

第二十七条　路面工程质量控制要点

1. 外购原材料必须进行试验，质量不合格材料不得进场使用；自采材料必须经试验验证，保证材料规格和质量符合标准。

2. 基层、底基层施工时必须保证计量准确、拌合均匀，保证厚度，并在最佳含水量情况下进行碾压，使其达到最大密实度；有条件时基层施工提倡厂拌机铺，路拌法施工时必须保证拌和深度，不得留有夹层；基层完工后应及时养生，控制交通。

3. 路面面层施工应突出强调强度、均匀性及耐久性的质量管理。采用砖、石或预制块件结构时，要加强底层、垫层质量控制；采用撒布法沥青表面处治时，应保证层间整洁、粒料干净、沥青撒布均匀、初期养护到位；采用上拌下灌黑色路面结构时，要加强灌入层均匀性和拌合层密实性质量控制；采用沥青碎石或沥青混凝土结构时，要严格按有关规范加强质量控制；采用水泥路面结构时，应加强配合比、水泥用量、拌和、养生、切缝、灌缝的质量控制。路面面层施工过程中要加强对交通的疏导与管制。

第二十八条　桥涵结构物工程质量控制要点

1. 结构物的设置位置必须正确，各部尺寸必须准确，确保结构安全、使用功能有效。

2. 加强原材料质量控制，水泥、钢材、沥青、碎石、砂必须经过试验，不合格材料不得进场使用；严格禁止质量指标不稳定的企业生产的水泥、钢材等用于农村公路建设。

3. 切实加强水泥混凝土配合比设计、制备、运输、浇注的质量控制；混凝土制备必须以重量法计量，保证振捣、养生质量。

4. 普通钢筋混凝土施工模板应有足够的刚度、平整度，支撑牢固不漏浆；钢筋直径、数量、间距，钢筋加工、焊接、使用焊条质量均应满足规范规定。预应力结构应严格按规范控制质量。

5. 防护工程的圬工砌体必须选用无风化、无水锈石料，强度及尺寸应满足设计要求；砂浆拌制必须采用重量法计量，机械拌合；石料砌筑前应洒水冲洗干净，大面朝下，丁顺面按规范合理搭配，砂浆饱满；临空面砌体应勾凹缝，勾缝应均匀美观；已完成砌体不得扰动，注意养生。

第六章　附　　则

第二十九条　各省、自治区、直辖市交通主管部门可根据实际情况制定具体的实施细则。

第三十条　本办法由交通部基本建设质量监督总站负责解释。

本办法中"重要农村公路"和"一般农村公路"的分类，按照《县级及农村公路改造工程实施意见》执行。

第三十一条 本办法自发布之日起施行。

7.5 《农村公路建设指导意见》

第一条 为加强农村公路建设管理，保证建设质量，提高投资效益，结合农村经济和社会发展实际，制定本指导意见。

第二条 本指导意见适用于县道、乡道和村道的新建和改建工程。

第三条 农村公路建设应坚持"因地制宜、量力而行、节约土地、保护环境、保证质量、注重安全"的原则，逐步改善农村交通条件，提高服务水平。

第四条 农村公路通过村镇的路段应考虑村镇的特殊需求，应与小城镇建设相结合。

第五条 农村公路建设标准及技术指标的选择，应符合有关标准规范的规定。对于受地形、地质等自然条件和经济条件限制的路段，可按照《农村公路建设暂行技术要求》（附后）执行，也可结合当地实际和经济发展水平，制定适用当地的农村公路技术标准。

第六条 根据农村经济发展水平和农牧民出行需要，一条农村公路可视情况分段采用不同技术等级，但不同技术等级或不同设计速度变更点应选择在驾驶员容易判断路况变化的地形变化处或路线交叉地点，并设置警示标志。

第七条 路线选线应贯彻保护耕地、节约用地的原则，注意与沿线环境和景观的协调，保护自然生态环境和文物古迹，方便农牧民出行，服务城镇化。

第八条 选线时应注意尽量少拆房屋、少动迁公用事业管线；尽量利用老路、原有桥梁和隧道，避免大改大调或大填大挖，防止诱发新的地质病害；尽量避免穿越滑坡、泥石流、软土、沼泽、断层等地质不良地段和沙漠、多年冻土等特殊地区，必须穿越时应缩小穿越范围，并采取必要的工程技术措施。

第九条 路线设计应结合沿线的地形、地质、水文条件，根据使用功能、工程投资和社会环境等因素，进行路线方案比选及技术经济论证，综合考虑平、纵、横要素，合理选用技术指标，保持线形连续、均衡，满足行车安全需要。

第十条 路基路面应根据使用功能、技术等级和交通量情况，结合沿线地形、地质、路用材料和施工方法等进行综合设计，重视排水、防护及取（弃）土设计，防止水土流失和堵塞河道。

第十一条 路基填筑宜采用水稳性好的材料，严格控制路基压实，满足强度和稳定性要求。路基强度、稳定性和压实度达不到要求的路段不得铺筑沥青或水泥路面。

第十二条 路基防护应针对不稳定的高边坡、易受冲刷的沿河路段等工点，采用设置挡土墙、护坡、护岸等工程防护或与种植灌木等植物防护相结合的综合防护措施，防治路基病害，保证路基稳定。

第十三条 农村公路应设置必要的排水设施，并与沿线桥涵形成通畅的排水系统。边沟尺寸应根据当地降雨量和地形特点确定，边沟型式应结合当地材料情况确定。一般路段可设置土边沟，冲刷严重的路段应设置硬化边沟。

第十四条 通过村镇路段的边沟可采用暗排型式，或采用干砌片（卵）石、浆砌片

（卵）石、钢筋混凝土预制槽（块）等明排型式。

第十五条　特殊地质和水文条件的路段路基，应结合当地实际情况进行专项设计，采取综合治理措施。

第十六条　通客运班车的村镇公路，应按照"路站运一体化"要求，适当加宽站点位置路基路面，并设置固定客运班车站点及标志。

第十七条　桥涵设计应根据使用功能、通行能力和行洪要求，按照"就地取材、便于施工和养护"的指导思想，遵循"安全、实用"的原则进行。

第十八条　新建和改建桥涵宜采用标准跨径、技术成熟、容易施工、经济适用的桥涵型式。季节性的宽浅河流或泥石流流通区可修建漫水桥或过水路面。

第十九条　新建和改建桥梁应根据安全要求设置防护设施，大中桥应设置墙式护栏，小桥可设置安全带（或栏杆、缘石）。

第二十条　农村公路改建时，原有桥梁荷载等级达不到现有规定的，应本着安全、经济的原则，采用限载通行、加固等方式加以利用。

第二十一条　对窄桥加宽应采用与原有桥梁相同（或相近）的结构型式和跨径，以使新老桥受力均匀；对于使用状况良好，因经济条件暂不加宽的桥梁，其两端应设置路基过渡段和窄桥标志及其他必要的交通安全设施。

第二十二条　涵洞设置应充分考虑农田排灌，便于养护。涵洞宜采用圆管涵、板涵和拱涵等经济实用的型式。涵顶填土应满足最小厚度要求。

第二十三条　新建隧道应根据公路功能和未来发展的需求，遵照安全、经济、环保的原则，结合地形、地质、施工、运营和管理等条件进行综合设计。路基中心开挖深度大于30m时，应进行明挖与隧道技术、经济和环保论证，择优选定。

第二十四条　新建隧道应重视防排水设计。条件具备的，可以采用全断面防排水措施；条件不具备的，应对基岩裂隙水采取洞内疏导和洞外拦截等综合措施，保证隧道结构和行车安全。

第二十五条　原有隧道存在安全隐患时，应对其进行技术鉴定和专项设计，采取有效措施，保证主体结构的强度、稳定和耐久性。

第二十六条　新建隧道洞内不应采用砂石路面。原有隧道采用砂石路面的应硬化。

第二十七条　交通安全设施应根据公路的使用功能、等级、交通量，结合当地的自然条件与路基路面的具体情况，按有关规定进行设置，做到醒目、实用。

第二十八条　农村公路交通安全设施不宜低于《公路工程技术标准》（JTGB01—2003）中的D级水平，并注意：

（一）交通安全设施应与公路主体工程同步实施。

（二）在高路堤、陡坡、急弯、临水沿江、傍山险路、悬崖凌空等危险路段，应在路侧设置限速、警示、警告标志和路侧护栏等安全设施；在漫水桥、过水路面等路段宜设置警示标志和标杆。

（三）在视距不良的急弯路段，应根据需要设置线形诱导、警告、限速、反光镜等标志。

（四）连续长陡下坡路段应设置减速带和警示标志，有条件的可设置避险车道。

（五）在主要交叉路口、村镇、学校等路段应根据实际需要设置必要的指示标志（方向、地名、距离等)、减速带和限速标志。

第二十九条 通过村镇的路段应加强公路用地建筑红线控制，严格控制非法建筑，不得占用公路作为集贸市场，以保证公路畅通和行车(人)安全。

第三十条 农村公路交叉设计应考虑地形、通视条件和交通环境等因素，确保行车(人)安全。有路面公路与无路面公路交叉时，无路面公路距交叉口一定范围内应铺路面，以保持路面整洁。

第三十一条 农村公路建设提倡沿线绿化与主体工程同步实行，改善行车环境。绿化应满足行车视距要求，保证行车安全。

7.6 《农村公路建设暂行技术要求》

第一条 农村公路建设当受地形、地质等自然条件和经济条件限制，技术指标无法完全达到等级公路标准的路段（以下简称受限路段），可按照本暂行技术要求执行。

第二条 受限路段设计速度可采用15km/h，回头曲线路段设计速度可采用10km/h；不同设计速度相邻路段，设计速度差不应大于20km/h。

第三条 受限路段净高不应低于3.5m。

第四条 受限路段停车视距不应小于15m，会车视距不应小于30m，超车视距不应小于80m。

第五条 设计速度采用15km/h时，圆曲线最小半径不应小于15m。当采用最小半径时，纵坡不应大于5%，超高不应大于6%。

第六条 回头曲线设计速度采用10km/h时，最小半径不应小于10m，超高和加宽缓和段最小长度不应小于15m，单车道路面加宽最小值不应小于2.5m，纵坡不应大于5.5%，超高不大于6%。

第七条 新建公路最大纵坡不宜大于10%；改建公路最大纵坡不宜大于12%，特殊情况下可视当地条件确定；海拔2000m以上或积雪冰冻地区最大纵坡不应大于8%。

第八条 新建公路不同纵坡坡度的最大坡长应符合表7-2的规定

不同纵坡坡度的最大坡长　　　　　　　　　　　　　　　　表7-2

纵坡坡度（%）	5	6	7	8	9	10
最大坡长（m）	1100	900	700	500	350	200

当新建公路越岭路线连续上坡（下坡）路段平均纵坡大于6%时，应在不长于2km处，设较平缓的缓和坡段，缓和坡段的纵坡不应大于3%，长度不小于40m。

第九条 新建公路路基宽度，单车道不应小于4.5m，双车道不应小于6.5m；改建公路路基宽度无法满足上述规定时，可保持原路基宽度不变。

第十条 单车道路基应设置错车道，其路基宽度不应小于6.5m，间距可结合地形、交通量大小、视距等条件确定，有效长度不应小于10m。

第十一条 农村公路采用水泥或沥青路面的，其路基压实度应符合表7-3的要求；路基压实度达不到表7-3要求的路段，宜采用砂石等其他路面结构类型。

压实度最小值 表 7-3

填挖类别	零填及挖方	填方		
路床顶面以下深度（m）	0~0.3	0~0.8	0.8~1.5	>1.5
压实度（%）	94	94	93	90

第十二条 单车道路面宽度不应小于 3.0m，双车道路面宽度不应小于 5.5m。

第十三条 路面类型应根据当地自然条件、地产材料和工程投资等情况确定。季节性的宽浅河流、泥石流路段可修建过水路面；山势险峻、急弯、陡坡路段宜采用砂石或其他摩阻系数大的路面；通过村镇的路段一般应采用水泥或沥青路面。路面结构层厚度不应小于表 7-4 规定的厚度值。

各类路面结构层最小厚度值 表 7-4

路面型式	结构层类型	结构层最小厚度值（mm）
水泥路面面层	水泥混凝土	180
沥青路面面层	沥青混凝土	30
	沥青碎石	30
	沥青贯入	40
	沥青表面处治	15
其他路面	砖块路面	120
	块石路面	150
	水泥混凝土块路面	100
	砂石路面	100
路面基层	水泥稳定类	150
	石灰稳定类	150
	工业废渣类	150
	柔性基层	150

第十四条 新建桥涵设计的汽车荷载等级可采用公路—Ⅱ级车道荷载效应的 0.8 倍，车辆荷载效应的 0.7 倍。

第十五条 新建桥梁应与路基同宽。当利用原有桥梁时，如桥梁宽度小于路基宽度，桥头引道应设置渐变路段，渐变率不应小于 1/7。

第十六条 村镇行人密集区桥梁宜设置人行道，宽度不宜小于 0.75m。

第十七条 农村公路一般应修建双车道隧道。受限路段可以修建单车道的直线隧道或大半径曲线隧道，隧道净高不应小于 3.5m，行车道宽度不应小于 4.0m；长度应严格控制，不应过长；洞内应设置避车洞，并宜采用单向纵坡。

第十八条 当单车道隧道与单车道路基相连接，洞口两端应设置错车道，其路基宽度不应小于 6.5m，有效长度不应小于 20m。

第十九条 农村公路受限路段尤其是起始点，应增设必要的警示、警告等安全设施。

7.7 《农村公路改造工程管理办法》

一、总　　则

第一条 为落实《农村公路建设规划》，按期完成 2006 年～2010 年农村公路改造工程的建设任务，依据《公路法》及国家有关法律、法规，特制定本办法。

本办法适用于经国务院审议通过的《农村公路建设规划》中"十一五"期间中央投资1000亿元，对通乡（镇）公路、通建制村公路进行路面硬化改造，铺筑沥青、水泥等路面补助的项目。

通乡（镇）公路是指县城通达乡（镇）或干线公路连接乡（镇）以及连接乡（镇）与乡（镇）之间的公路。

通建制村公路是指由乡（镇）通建制村或干线公路连接建制村以及由一个或经多个建制村连接国、省、县、乡公路的公路。

第二条　农村公路改造工程实行分级、分类管理，遵循权责一致的原则，履行符合农村公路改造工程特点的建设程序。

第三条　实施农村公路改造工程的有关行政管理部门、建设单位、勘察设计、施工、监理等单位均要按照有关法律、法规承担相应责任。

二、组织机构

第四条　国家发展改革委和交通部联合成立全国农村公路改造工程领导小组，负责决定、协调和解决建设过程中的重大事项。领导小组下设全国农村公路建设办公室，办公室设在交通部，承办具体事务，其主要职责是：指导农村公路改造工程的各项工作，制定农村公路改造工程的技术政策，监督工程实施，总结交流经验，收集整理和反馈建设信息。

各省、自治区、直辖市、新疆生产建设兵团要落实相应的管理机构，履行本地区与全国农村公路改造工程领导小组及办公室相应的职责。

第五条　各省、自治区、直辖市、新疆生产建设兵团发展改革委负责本地区农村公路改造工程的前期工作、配套资金落实及协调、督促工作。

第六条　各省、自治区、直辖市、新疆生产建设兵团交通厅（局、委）负责农村公路改造工程的组织实施、工程管理和质量监督。

第七条　项目业主由各省、自治区、直辖市视具体情况自行确定。项目业主单位的主管领导为项目责任人。

三、计划及前期工作管理

第八条　各省、自治区、直辖市、新疆生产建设兵团交通主管部门与发展改革委根据各地实际共同研究、编制本地区农村公路改造工程的五年计划和年度计划，联合报送国家发展改革委和交通部。

第九条　国家发展改革委会同交通部共同审核各地区上报的农村公路改造工程计划，制定全国农村公路改造工程的五年计划和年度建设计划，下达年度建设计划。

第十条　农村公路改造工程项目的可行性研究报告由省、自治区、直辖市、新疆生产建设兵团交通主管部门提出行业审查意见发展改革委审批，抄送全国农村公路建设办公室。初步设计（或施工图设计）按现行管理规定进行审批。

第十一条　使用国债（中央预算内投资）的项目，按照《中央预算内投资补助和贴息项目管理暂行办法》（国家发展和改革委员会第31号令）管理。

第十二条　各地要遵循"因地制宜，量力而行"的原则确定本地区农村公路改造工程的技术标准，严格控制工程造价，严禁多头、重复申报建设项目。

第十三条 各地上报的要求列入国家年度投资计划的项目，必须符合下述条件：
——已纳入国家五年建设计划；
——完成项目前期工作，具备开工条件；
——建设单位和资金构成明确。

四、工程组织与管理

第十四条 各地交通主管部门和发展改革委要做好涉及工程建设各项政策和规定的落实，确保农村公路改造工程顺利进行。

第十五条 各地交通主管部门要根据实际，制定适合本地区特点的农村公路改造工程建设管理办法，加强质量监督和施工管理，确保项目建设的顺利实施。

第十六条 农村公路改造工程要实行报告制度。各地应在每月初将本地区截至上月的工程建设进度、资金到位报表以及其他有关情况报全国农村公路建设办公室。建设过程中出现的重大问题要及时报告，已下达的改造工程项目计划必须严格执行，不得擅自变更项目或减少建设规模、降低建设标准等。确需调整的，必须报原审批单位批准，并报交通部和国家发展改革委备案。

第十七条 农村公路改造工程要按照招投标法，根据农村公路特点进行招投标，规模较大的通乡镇公路改造实行"打捆招投标"。各级质监部门和有关人员要认真履行职责，依据有关规定和标准对项目的工程质量进行监督管理，确保工程质量达到合格以上。

第十八条 工程项目完工后，各地应及时组织工程验收，要根据农村公路特点分批次进行一阶段交工和验收。

五、建设资金管理

第十九条 各地要严格执行国债资金（中央预算内投资）和车购税资金管理的有关规定，专款专用，只能用于工程直接费用。任何单位和个人不得提取工程咨询、审查、管理等费用，严禁截留、挤占、挪用和超范围使用项目建设资金。

第二十条 农村公路改造工程要按项目分级设立国债（中央预算内投资）和中央专项基金专户，实行专户存储、单独建账、单独核算。对资金的划拨和使用要实行规范化管理，严格各项制度，防止损失浪费，提高资金使用效益。要加强国债（中央预算内投资）资金、车购税资金使用的全过程监督。

第二十一条 农村公路改造工程建设项目除国家安排的资金外，地方有关部门必须安排必要的地方配套资金，并确保及时、足额到位。

六、附 则

第二十二条 本办法未涉及的有关方面，按照国家有关法律、法规及规定办理。本办法自发布之日起施行。

7.8 《农村公路管理养护体制改革方案》

农村公路（包括县道、乡道和村道，下同）是全国公路网的有机组成部分，是农村重要的公益性基础设施。改革开放以来，我国农村公路快速发展，但管理、养护滞后的问题十分突出：管理养护主体不明确、责任不落实，养护资金缺少稳定渠道、投入严重不足，养护机制缺乏活力、养护质量不高等，直接影响农村公路正常使用、行车安全和长远发展。为加强农村公路的管理和养护，确保公路完好畅通，更好地为农村经济社会发展服务，现就改革农村公路管理养护体制提出以下方案：

一、改革的指导思想和目标

农村公路管理养护体制改革的指导思想是：以"三个代表"重要思想为指导，全面贯彻落实科学发展观，按照加强政府公共服务职能的要求，坚持农村公路建设、管理、养护并重的原则，明确各级政府对农村公路管理养护的责任，强化各级交通主管部门的管理养护职能，建立健全以政府投入为主的稳定的养护资金渠道，加快公路养护市场化进程，促进农村公路持续健康发展。

农村公路管理养护体制改革的目标是：力争用三年左右的时间，基本建立符合我国农村实际和社会主义市场经济要求的农村公路管理养护体制和运行机制，保障农村公路的日常养护和正常使用，实现农村公路管理养护的正常化和规范化。

二、明确职责，建立健全以县为主的农村公路管理养护体制

农村公路原则上以县级人民政府为主负责管理养护工作，省级人民政府主要负责组织筹集农村公路养护资金，监督农村公路管理养护工作。各省、自治区、直辖市人民政府可结合当地实际，对有关地方政府及其交通主管部门管理养护农村公路的具体职责作出规定。

（一）省级人民政府交通主管部门负责制订本地区农村公路建设规划，编制下达农村公路养护计划，监督检查养护计划执行情况和养护质量，统筹安排和监管农村公路养护资金，指导、监督农村公路管理工作。

（二）县级人民政府是本地区农村公路管理养护的责任主体，其交通主管部门具体负责管理养护工作。主要职责是：负责组织实施农村公路建设规划，编制农村公路养护建议性计划，筹集和管理农村公路养护资金，监督公路管理机构的管理养护工作，检查养护质量，组织协调乡镇人民政府做好农村公路及其设施的保护工作。

（三）县级人民政府交通主管部门所属的公路管理机构具体承担农村公路的日常管理和养护工作，拟订公路养护建议计划并按照批准的计划组织实施，组织养护工程的招投标和发包工作，对养护质量进行检查验收，负责公路路政管理和路权路产保护。县级人民政府交通主管部门没有设立专门的公路管理机构的，可委托省级或市级公路管理机构的派出（直属）机构承担具体管理工作，不宜另设机构。

（四）乡镇人民政府有关农村公路管理、养护、保护以及养护资金筹措等方面的具体职责，由县级人民政府结合当地实际确定。经济条件比较好的乡镇要积极投入力量，共同做好农村公路管理养护工作。

三、建立稳定的农村公路养护资金渠道，加强资金使用管理

（一）公路养路费（包括汽车养路费、拖拉机养路费和摩托车养路费）应主要用于公路养护，首先保证公路达到规定的养护质量标准，并确保一定比例用于农村公路养护，如有节余，再安排公路建设。具体按以下原则掌握：

一是公路养路费总收入（扣除合理的征收成本及交警费用）用于公路养护（含大中修、小修保养及其他管理养护）的资金比例不得低于80%。要采取有效措施降低人员经费支出，缓解公路养护资金紧张状况。

二是省级人民政府交通主管部门每年在统筹安排汽车养路费时，用于农村公路养护工

程的资金水平不得低于以下标准：县道每年每公里 7000 元，乡道每年每公里 3500 元，村道每年每公里 1000 元。目前实际高于上述标准的，要维持现标准，不得降低。市、县交通主管部门征收的拖拉机养路费、摩托车养路费实行收支两条线管理，原则上全部用于农村公路养护，由省级人民政府交通主管部门核定用于农村公路养护的基数。

（二）地方各级人民政府应根据农村公路养护的实际需要，统筹本级财政预算，安排必要的财政资金，保证农村公路正常养护。对一些特殊困难地区，中央财政要加大转移支付力度，增强这些地区的财政保障能力。随着农村公路里程的增加和地方财力的增长，用于农村公路养护的财政资金要逐步增加。

（三）加强农村公路养护资金的管理和监督。农村公路养护资金统一由省级人民政府交通主管部门根据农村公路养护计划，综合平衡，统筹安排，专款专用。除市、县两级财政资金和拖拉机养路费、摩托车养路费外，其余资金全部由省级人民政府交通主管部门根据农村公路养护计划拨付县级人民政府交通主管部门；市、县两级财政资金由相应的财政部门拨付县级人民政府交通主管部门；农村公路养护资金纳入国库集中支付改革范围的，按照国库集中支付的有关规定办理。县级农村公路养护专项资金由县级人民政府交通主管部门按养护计划用于辖区内农村公路的养护，接受财政部门的监管。审计部门要定期对农村公路养护资金使用情况进行审计。

四、实行管养分离，推进公路养护市场化

（一）在对公路管理机构科学定岗和核定管理人员的基础上，逐步剥离各级交通主管部门及其公路管理机构中的养护工程单位，将直接从事大中修等养护工程的人员和相关资产进行重组，成立公路养护公司，通过招投标方式获得公路养护权。公路养护公司实行自负盈亏，与职工依法签订劳动合同，按企业用工制度进行管理。

（二）所有等级公路的大中修等养护工程向社会开放，逐步采取向社会公开招投标的方式，择优选定养护作业单位，鼓励具备资质条件的公路养护公司跨地区参与公路养护工程竞争。逐步取消养护包干费，全面实行养护工程费制度，养护工程费由公路管理机构按照养护定额和养护工程量核定，依照养护合同拨付，充分发挥资金使用效益。对等级较低、自然条件特殊等难以通过市场化运作进行养护作业的农村公路，可实行干线支线搭配，建设、改造和养护一体化招标，也可以采取个人（农户）分段承包等方式进行养护。

五、完善配套措施，确保改革平稳进行

（一）抓紧制订和完善农村公路养护技术政策、技术规范和养护管理办法。交通部要针对农村公路管理养护的特点和规律，研究制订指导性意见。省级人民政府交通主管部门要对本地区农村公路养护成本进行测算，建立公路养护数据库，制订符合本地实际的农村公路管理养护制度、技术规范、养护定额、质量评定标准和验收标准。市、县交通主管部门也要建立相应的数据库，制订具体的管理制度和办法。

（二）加强组织领导和政策指导。各省、自治区、直辖市人民政府要加强对本地区农村公路管理养护体制改革工作的领导，按照改革的总体要求和基本原则，紧密结合当地实际，制订具体的实施方案，并报交通部、发展改革委备案。交通部、发展改革委要加强对各地改革工作的指导，地方各级交通主管部门和公路管理机构要认真组织落实改革方案，并做好职工的思想政治工作，确保改革的顺利进行。

7.9 《农村公路建设管理办法》

第一章 总 则

第一条 为加强农村公路建设管理，促进农村公路健康、持续发展，适应建设社会主义新农村需要，根据《中华人民共和国公路法》，制定本办法。

第二条 本办法适用于各级人民政府和有关部门投资的农村公路新建和改建工程的建设管理。

本办法所称农村公路，包括县道、乡道和村道。

第三条 农村公路建设应当遵循统筹规划、分级负责、因地制宜、经济实用、注重环保、确保质量的原则。

第四条 农村公路建设应当由地方人民政府负责。其中，乡道由所在乡（镇）人民政府负责建设；在当地人民政府的指导下，村道由村民委员会按照村民自愿、民主决策、一事一议的方式组织建设。

第五条 农村公路建设项目应当依据农村公路建设规划和分阶段建设重点，按照简便适用、切合实际的原则和国家规定的程序组织建设。

第六条 农村公路建设应当保证质量，降低建设成本，节能降耗，节约用地，保护生态环境。

国家鼓励农村公路建设应用新技术、新材料、新工艺。

第七条 交通部负责全国农村公路建设的行业管理。

省级人民政府交通主管部门依据职责负责本行政区域内农村公路建设的管理。

设区的市和县级人民政府交通主管部门依据职责负责本行政区域内农村公路建设的组织和管理。

第二章 标准与设计

第八条 各级人民政府交通主管部门应当按照因地制宜、实事求是的原则，合理确定农村公路的建设标准。

县道和乡道一般应当按照等级公路建设标准建设；村道的建设标准，特别是路基、路面宽度，应当根据当地实际需要和经济条件确定。

第九条 农村公路建设的技术指标应当根据实际情况合理确定。对于工程艰巨、地质复杂路段，在确保安全的前提下，平纵指标可适当降低，路基宽度可适当减窄。

第十条 农村公路建设应当充分利用现有道路进行改建或扩建。桥涵工程应当采用经济适用、施工方便的结构型式。路面应当选择能够就地取材、易于施工、有利于后期养护的结构。

第十一条 农村公路建设应当重视排水和防护工程的设置，提高公路抗灾能力。在陡岩、急弯、沿河路段应当设置必要的安全、防护设施和警示标志，提高行车安全性。

第十二条 二级以上的公路或中型以上的桥梁、隧道工程项目应当按照国家有关规定，分初步设计和施工图设计两个阶段进行；其他工程项目可以直接采用施工图一阶段设计。

第十三条 四级以上农村公路工程和大桥、特大桥、隧道工程的设计，应当由具有相应资质的设计单位承担；其他农村公路工程的设计，可以由县级以上地方人民政府交通主管部门组织有经验的技术人员承担。

第十四条　农村公路建设的工程设计，应当按照有关规定报县级以上人民政府交通主管部门审批。

第三章　建设资金与管理

第十五条　农村公路建设资金应当按照国家有关规定，列入地方人民政府的财政预算。

第十六条　农村公路建设逐步实行政府投资为主、农村社区为辅、社会各界共同参与的多渠道筹资机制。

鼓励农村公路沿线受益单位捐助农村公路建设；鼓励利用冠名权、路边资源开发权、绿化权等方式筹集社会资金投资农村公路建设，鼓励企业和个人捐款用于农村公路建设。

第十七条　农村公路建设不得增加农民负担，不得损害农民利益，不得采用强制手段向单位和个人集资，不得强行让农民出工、备料。确需农民出资、投入劳动力的，应当由村民委员会征得农民同意。

第十八条　中央政府对农村公路建设的补助资金应当全部用于农村公路建设工程项目，并严格执行国家对农村公路补助资金使用的有关规定，不得从中提取咨询、审查、管理、监督等费用。补助资金可以采用以奖代补的办法支付或者先预拨一部分，待工程验收合格后再全部支付。

地方政府安排的建设资金应当按时到位，并按照工程进度分期支付。

第十九条　农村公路建设不得拖欠工程款和农民工工资，不得拖欠征地拆迁款。

第二十条　各级地方人民政府交通主管部门应当依据职责，建立健全农村公路建设资金管理制度，加强对资金使用情况的监管。

农村公路建设资金使用应当接受审计、财政和上级财务部门审计检查。

任何单位、组织和个人不得截留、挤占和挪用农村公路建设资金。

第二十一条　各级人民政府和村民委员会应当将农村公路建设资金使用情况，向公路沿线乡（镇）、村定期进行公示，加强资金使用的社会监督。

第四章　建设组织与管理

第二十二条　农村公路建设用地依法应当列入农用地范围的，按照国家有关规定执行。

第二十三条　农村公路建设需要拆迁的，应当按照当地政府确定的补偿标准给予补偿，补偿标准应当公开。

第二十四条　农村公路建设项目符合法定招标条件的，应当依法进行招标。

含群众集资、农民投劳或利用扶贫资金的农村公路建设项目，以及未达到法定招标条件的项目，可以不进行招标。

第二十五条　县级以上地方人民政府交通主管部门应当加强对农村公路建设项目招标投标工作的指导和监督。

省级人民政府交通主管部门可以编制符合农村公路建设实际的招标文件范本。

第二十六条　对于规模较大、技术复杂的农村公路建设项目以及大桥、特大桥和隧道工程应当单独招标，其他农村公路建设项目可以在同一乡（镇）范围内多项目一并招标。

第二十七条　县道建设项目的招标由县级以上地方人民政府交通主管部门负责组织。乡道、村道建设项目的招标，可以由县级人民政府交通主管部门统一组织，也可以在县级人民政府交通主管部门的指导下由乡（镇）人民政府组织。

招标结果应当在当地进行公示。

第二十八条　沥青（水泥）混凝土路面、桥梁、隧道等工程，应当选择持有国家规定的资质证书的专业队伍施工。路基改建和公路附属工程在保证工程质量的条件下，可以在专业技术人员的指导下组织当地农民参加施工。

第二十九条　二级以上公路或中型以上桥梁、隧道工程项目应当依法办理施工许可；其他列入年度建设计划的农村公路建设项目，完成相应准备工作并经县级以上地方人民政府交通主管部门认可的，即视同批准开工建设。

第三十条　农村公路路面和桥梁、隧道工程应当主要采用机械化施工。

第三十一条　农村公路建设单位对工程质量负管理责任。施工单位对施工质量负责。

建设单位和施工单位要依据职责，明确质量责任，落实质量保证措施，加强质量与技术管理。

第三十二条　农村公路建设项目应当建立工程质量责任追究制和安全生产责任制。

第三十三条　铺筑沥青（水泥）混凝土路面的公路、大桥、特大桥及隧道工程应当设定质量缺陷责任期和质量保证金。质量缺陷责任期一般为1年，质量保证金一般为施工合同额的5%。

质量保证金由施工单位交付，由建设单位设立专户保管。质量缺陷责任期满、质量缺陷得到有效处置后，质量保证金应当返还施工单位。

第三十四条　农村公路建设过程中，发生工程质量或者安全事故，应当按照有关规定及时上报，不得隐瞒。

第三十五条　县级以上人民政府交通主管部门要加强对农村公路建设质量和安全生产的监督管理。

第三十六条　省级人民政府交通主管部门所属的质量监督机构应当加强对农村公路建设质量监督工作的指导。

设区的市级地方人民政府交通主管部门可以委托所属的质量监督机构负责组织农村公路建设的质量监督工作。未设置质量监督机构的，可以成立专门小组负责组织农村公路建设的质量监督工作。

第三十七条　地方人民政府交通主管部门可以聘请技术专家或群众代表参与监督工作。

农村公路施工现场应当设立工程质量主要控制措施的告示牌，以便社会监督和质量问题举报。

第三十八条　农村公路工程监理可以由县级人民政府交通主管部门以县为单位组建一个或几个监理组进行监理。有条件的，可通过招标方式，委托社会监理机构监理。

农村公路工程监理工作应当注重技术服务和指导，配备必要的检测设备和检测人员，加强现场质量抽检，确保质量，避免返工。

第五章　工程验收

第三十九条　农村公路建设项目中的县道、大桥、特大桥、隧道工程完工后，由设区的市级人民政府交通主管部门组织验收；其他农村公路建设项目由县级人民政府交通主管部门组织验收。

省级人民政府交通主管部门应当对农村公路工程验收工作进行抽查。

第四十条 农村公路建设项目的交工、竣工验收可以合并进行。

县道一般按项目验收；乡道和村道可以乡（镇）为单位，分批组织验收。

第四十一条 农村公路建设项目验收合格后，方可正式开放交通，并按规定要求开通客运班车。

第四十二条 农村公路建设项目验收合格后，应当落实养护责任和养护资金，加强养护管理，确保安全畅通。

第四十三条 省级人民政府交通主管部门可以根据交通部颁布的《公路工程竣（交）工验收办法》和《公路工程质量检验评定标准》，规定具体的农村公路建设项目验收办法与程序。

第六章 法律责任

第四十四条 违反本办法规定，在筹集农村公路建设资金过程中，强制向单位和个人集资，强迫农民出工、备料的，由上一级人民政府交通主管部门或者本级人民政府对责任单位进行通报批评，限期整改；情节严重的，对责任人依法给予行政处分。

第四十五条 违反本办法规定，农村公路建设资金不按时到位或者截留、挤占和挪用建设资金的，由上一级人民政府交通主管部门或者本级人民政府对责任单位进行通报批评，限期整改；情节严重的，停止资金拨付，对责任人依法给予行政处分。

第四十六条 违反本办法规定，擅自降低征地补偿标准，拖欠工程款、征地拆迁款和农民工工资的，由上一级人民政府交通主管部门或者本级人民政府对责任单位进行通报批评，限期整改；情节严重的，对责任人依法给予行政处分。

第四十七条 违反本办法规定，未经验收或者质量鉴定不合格即开放交通的，由上一级人民政府交通主管部门责令停止使用，限期改正。

第四十八条 农村公路建设项目发生质量和安全事故隐瞒不报、谎报或拖延报告期限的，由上一级人民政府交通主管部门对责任单位给予警告，对责任人依法给予行政处分。

第四十九条 农村公路建设项目未依法招标的，依据《中华人民共和国招标投标法》、《公路工程施工招标投标管理办法》等有关规定，对相关责任单位和责任人给予处罚。

第五十条 农村公路建设发生质量违法行为的，依据《建设工程质量管理条例》、《公路建设市场管理办法》、《公路工程质量监督规定》等有关规定对相关责任单位和责任人给予处罚。

第七章 附 则

第五十一条 本办法自2006年3月1日起施行。

7.10 《中央车购税投资补助农村公路建设计划管理暂行办法》

第一章 总 则

第一条 为规范中央车购税投资补助农村公路建设计划管理，确保国家资金的安全和有效使用，依据国家有关法规，特制定本办法。

第二条　农村公路建设要贯彻"以地方政府为主，中央扶持，社会各方参与"的方针，按照"统筹规划，分级负责；因地制宜，分类指导；村民自愿，民主决策；建养并重、协调发展"的原则组织实施。

第三条　本办法适用于用中央车购税投资补助安排的通达工程、乡镇客运站、渡口改造等农村公路建设项目的计划管理。关于农村公路建设项目的设计、施工、招投标、竣工管理等内容，按照部其他有关规定执行。

通达工程原则上只安排通乡（镇）公路和通建制村公路建设。通乡（镇）公路包括县城（或国省干线）通达乡（镇）或连接乡（镇）与乡（镇）之间的公路，通建制村公路包括由乡镇（或国省干线）通达建制村或连接建制村之间的公路。

乡镇客运站原则上只安排乡镇等级站建设。中央车购税投资补助资金不能用于乡镇简易站、招呼站建设。

渡口改造原则上只安排县道、乡道或村道上的渡口改造建设。包括渡口码头改造、渡改桥永久性桥梁改造、人行桥改造等。

第二章　机构职责

第四条　交通部负责确定各省、自治区、直辖市、计划单列市及新疆生产建设兵团农村公路建设中央车购税投资补助规模，并会同有关部门通知各省、自治区、直辖市、计划单列市及新疆生产建设兵团交通主管部门及有关部门；负责审核、汇总各省、自治区、直辖市、计划单列市及新疆生产建设兵团上报的中央车购税投资补助农村公路建议计划；下达中央车购税投资补助的年度计划；监督、检查计划执行情况，组织经验交流，收集、整理和反馈建设信息。

第五条　省级交通主管部门负责确定各地（市）、县农村公路建设中央车购税投资补助规模；审核、确定、并会同有关部门上报本省区中央车购税投资补助农村公路建议计划；转发中央车购税投资补助计划；监督、检查计划执行情况，总结、交流经验，收集、整理和上报建设信息。

第六条　地（市）、县级交通主管部门负责在已确定的本地区中央车购税投资补助规模内遴选、编制并上报本级农村公路建议计划；开展前期工作；监督、检查计划执行情况，落实建设单位。

第七条　建设单位负责农村公路建设计划的具体执行。

第三章　前期工作和计划管理

第八条　各省、自治区、直辖市、计划单列市及新疆生产建设兵团交通主管部门应加强管理基础工作，指导并协助县级交通主管部门及乡镇人民政府编制和完善农村公路建设规划，确定分阶段建设目标和实施重点。县级交通主管部门及乡镇人民政府要以普查或专项调查为基础，制定具体的农村公路建设项目规划，并根据情况实施动态管理。

第九条　各省级交通主管部门可根据本地实际情况自行制订项目纳入农村公路建设规划（含陆岛交通建设规划）的条件和程序，原则上已列入农村建设规划（含陆岛交通建设规划）的项目应认真做好前期工作，二级以上公路、大中型以上桥梁和隧道工程应编制工程可行性研究报告，其他农村公路建设项目可直接开展设计工作，具体审批办法按部及各省、自治区、直辖市、计划单列市及新疆生产建设兵团交通主管部门有关管理规定执行。

第十条　各地区要遵循"因地制宜、量力而行"的原则确定本地区农村公路建设项目的技术标准。原则上通乡（镇）公路要采用等级公路标准，通建制村公路有条件的可采用等级公路标准。

第十一条　中央车购税投资补助资金只能用于农村公路工程直接费用，不得用于项目咨询、审查、管理、监督等方面支出。

第十二条　各级交通主管部门要加强项目审核，严禁多渠道、重复申报中央车购税投资补助计划。凡申请纳入年度中央车购税投资补助计划的农村公路建设项目，必须同时具备下列三个条件：

——项目已纳入农村公路建设规划或符合中央车购税投资补助适用范围；

——施工图设计或简易设计已经批准；

——建设单位和资金构成方案明确；

不同时具备上述三个条件的项目不得申列入年度计划。通达工程项目还必须通过"一事一议"，并解决征地、拆迁等问题。

实行"以奖代补"政策的地区，其上一年度完工的未安排过车购税补助资金的项目经交通主管部门验收合格后，也可申请纳入年度中央车购税投资补助计划。

第十三条　农村公路建设计划一经下达，必须严格执行，不得擅自更改项目、变更投资、减少建设规模、降低技术标准，确需调整变更的，需经省级交通主管部门会同有关部门批准，并于8月底前报交通部备案。

第十四条　农村公路建设实行月报制度。各地应在每月初前将截至上月底的工程建设进度、资金到位报表以及其他有关情况报交通部。

第十五条　农村公路建设项目除中央车购税资补助外，地方应安排必要的资金，并保证按时、足额到位。

第四章　项目监督检查和有关责任

第十六条　列入中央车购税投资补助的农村公路建设项目，各地应采取适当方式向社会公开，接受有关部门和群众的监督。

第十七条　各级交通主管部门按照有关规定对中央车购税投资补助农村公路建设进行监督检查。地方各级交通主管部门负责接受单位或个人对农村公路建设在项目审批、资金使用和建设管理等方面违规、违纪行为的举报，并按照有关规定进行查处，举报和查处情况由省级交通主管部门每年9月底前报告交通部。

第十八条　有关单位有下列行为之一的，交通部将责令其限期整改并商财政部核减、收回或停止拨付中央车购税投资补助：

（一）提供虚假情况，骗取中央车购税投资补助的；

（二）同一项目多渠道、重复申报中央车购税投资补助的；

（三）擅自更改项目、变更投资、减少建设规模、降低技术标准的；

（四）挪用中央车购税投资补助用于工程直接费用以外的；

（五）无正当理由，未按计划建设实施的；

（六）其他违反国家法律法规和本办法规定的行为。

第十九条　凡出现第十八条前三种情况的，一经查实，除通报批准外，五年之内不再安排所在乡镇农村公路建设中央车购税投资补助，三年之内不再安排该县农村公路建设中央车购税投资补助。凡出现第十八条后三种情况的，部将视情况予以通报批评。

第五章 附 则

第二十条 用中央车购税和国债资金联合安排的 2006 年～2010 年农村公路改造工程管理按国家发展改革委和交通部联合印发的有关规定执行。

第二十一条 各省级交通主管部门可依据本办法制定本地区农村公路建设计划管理实施细则。

第二十二条 本办法由交通部负责解释。

第二十三条 本办法自发布之日起执行，此前有关规定与本办法不一致的，以本办法为准。

7.11 《2007年农村公路工作若干意见》（交通运输部）

为贯彻落实 2007 年中央 1 号文件和全国交通工作会议精神，进一步加大农村公路建设力度，加强农村公路养护和管理，更好地服务于社会主义新农村建设，现就做好 2007 年农村公路工作提出以下意见：

一、总体要求

（一）以落实科学发展观、构建和谐社会为统领，以服务现代农业、促进社会主义新农村建设为目标，以尊重农民意愿、维护群众利益为出发点，坚持"量力而行、好中求快"的指导思想，全面推进农村公路又好又快发展。

（二）继续抓好交通工作服务新农村建设"八件实事"的实施，确保完成新改建农村公路 30 万公里，加快实施农村渡口改造、渡改桥工程和农村客运场站建设，切实推进农村公路管理养护体制改革，扩大农村客运网络，推动城乡客运一体化进程。

（三）重点围绕"质量、资金、安全、技术、群众利益"等关键环节，加强领导，落实措施，强化监督，建立上下协调、信息通畅的部省农村公路工作协调机制，推动农村公路各项工作再上新台阶。

（四）按照现代农业的发展要求，进一步完善农村公路发展规划，明确各阶段目标和建设重点，做好农村公路规划与新农村建设总体规划的衔接。

（五）按照农村公路廉政建设的要求，坚持预防与惩处相结合，完善制度，加强监督，做好农村公路建设中的廉政工作。

二、落实建设资金，完成建设任务

（六）分解建设目标，建立考评体系。各地要按照部省共建意见要求，按年度对"十一五"建设目标进行分解（目标分解表附后），建立并完善项目库，明确建设重点，做好项目前期工作。建立农村公路建设目标考评制度，年底各省份要对目标完成情况进行考评，考评结果报部备案。在此基础上部将对各省份农村公路建设目标完成情况进行考评和通报，以确保整体规划目标的实现。

（七）完善投资政策，提高投资效益。各地要按照部提出的"四个重点"、"两个倾斜"的要求，进一步提高农村公路投资在公路建设总投资中的比重。建设资金要结合实际，有重点地向偏远地区、贫困地区、革命老区、少数民族地区倾斜，要优先解决没有通公路地区的通达问题。对特别贫困的地区要研究出台扶持政策，体现公共服务均等化和社会公平原则。在项目投资安排上，既要考虑主体工程，也要将桥梁、涵洞、排水和必要的安全防护设施纳入到项目中。在资金使用上，鼓励各地实行"以奖代补"政策，充分调动各方积极性。要落实政府对建设与养护资金的监督职责，加强资金监管，确保资金安全，提高投资效益。

（八）拓宽资金渠道，完善筹资体系。要加强融资政策研究，探索建立新的融资平台。在积极争取地方政府加大投入的同时，要充分发挥社会各界的力量，多渠道筹集农村公路资金，形成在公共财政框架下，政府投入为引导，农民积极筹资投劳，社会力量广泛参与的多元化筹资体系。

（九）高度重视乡村债务问题。要认真贯彻中央农村综合改革的要求，在推进农村公路建设中不得增加乡村债务，做到不安排有资金缺口的项目，不增加乡村负债建设农村路，不超规模、超标准搞建设，不由企业带资施工，不拖欠企业工程款。

三、加强监督管理，确保质量和安全

（十）完善农村公路"政府监督为主，群专结合"的质量监督体系。建立工程质量责任制和质量责任档案，明确工程各环节责任人。充分发挥各级质量监督机构的作用，加强质量抽检和技术指导。对发生重大质量安全事故的，要依法追究责任，通报处理结果。要创新质量管理制度，安排资金补助、考核单位绩效、评估企业信用应与工程质量挂钩。要充分发挥群众监督和社会监督的作用，各省级交通主管部门要公布农村公路质量监督电话，对举报反映的问题要进行调查处理。

（十一）加强技术研究，提高技术含量。要加强对农村公路设计标准、典型路面结构、防护与排水工程、安全设施等技术问题的研究，推广适合农村公路特点的新技术、新工艺、新材料，确保农村公路工程质量与安全。

（十二）推进农村渡口改造和渡改桥工程。要对农村渡口改造和渡改桥工程实施情况进行深入调研，分析存在的问题，制订相关措施。要通过渡口改造和以桥代渡等工程措施，切实解决农村特别是水网地区、江河两岸和岛屿居民过渡难和渡运安全问题，让农民群众过安全渡、乘放心船、走方便桥。

（十三）推进县乡公路安保工程和危桥改造。各地要在做好国省干线安保工程和危桥改造的基础上，逐步进行县乡公路安保工程和危桥改造。今年要摸清底数，开展试点工作，提出实施方案，并将试点结果报部。

四、深化管养体制改革，加强农村公路养护

（十四）各地要按照国办文件要求，确保在今年6月底前出台农村公路管理养护体制改革实施方案，做到养护责任到位、资金到位，健全机制，完善制度，逐步实现农村公路"有路必养"。部将会同有关部门，对各地农村公路管理养护体制改革推进工作进行专项督察。

（十五）加强农村公路养护技术指导，推进养护标准化、规范化、制度化。各地要认真总结养护示范点经验，扩大示范范围，完善相关制度，切实加强农村公路的养护管理工作。今年部将出台《农村公路养护管理办法》和《农村公路养护技术指南》，并推广各地的好经验、好做法。

五、推进乡镇客运场站建设，发展农村公路运输

（十六）实施农村公路"路、站、运一体化"。按照"统筹规划、同步实施、加强协

调"的原则，以及发展现代农业的新要求，深入研究，制定措施，积极推进农村公路运输的发展。要采取措施，认真解决当前农村客运场站建设征地难、补助标准低、工程进度迟缓等问题。

（十七）扩大农村客运覆盖范围。要合理安排农村客运线路，对已通路未通客运班车的，应创造条件，尽快通车。要推广安全、经济、适用的农村客运车型，扩大覆盖范围，统筹城乡交通发展，推进城乡交通一体化。要培育农村客运市场，积极协调有关部门，落实扶持政策，加强市场管理和安全监管，确保农村客运班车开得通、留得住、有效益。

六、维护群众利益，促进农民增收

（十八）尊重农民意愿，实行民主决策。各地要学习借鉴一些地区创造的好的经验和做法，充分发挥政府主导、群众主体作用，建立完善基层民主议事制度，增加工作的透明度和公开性。

（十九）采取有效措施，严格控制农民负担。要做到"四个不准、三多三少"。即：不准违反"一事一议"原则强行集资；不准将多年需征集的集资款一次性征集；不准拖欠农民工工资；不准代扣应给农民的各类补助款。鼓励农民多投工投劳，少让农民集资出钱；集资标准要多考虑农民的实际承受能力，少搞"一刀切"；路线设计要多利用老路改建，少占地拆迁。要鼓励施工单位多用当地农民工，增加他们的现金收入。

（二十）广泛吸引农村富余劳动力，促进农民就业。各地要结合行业特点，采取各种措施，积极动员农民参与农村公路建设、养护和客货运输，加强对农民工、养路工，以及从事公路运输业的驾驶员、维修工的交通技能和实用技术培训，提高他们的从业能力。

（二十一）依托公路事业发展，促进农民增收。农村公路建设要尽可能使用当地农民工和运输工具，积极发动农民参与农村公路养护，增加农民收入。各地要对农民参与农村公路建设和养护情况建立抽样调查制度，定量分析农村公路促进农民就业和增加农民收入情况并进行通报。

七、做好行业指导，加强舆论宣传

（二十二）深入基层，开展调研。各地要高度重视调研工作，了解基层政府和农民群众的意见，总结推广好的经验和做法，拓宽工作思路，调整完善政策，更好地为基层服务。今年要重点对农村公路工程质量、工程造价、农民负担以及养护管理机制等问题进行调研。

（二十三）加强人员培训与技术指导。各地要充分发挥行业的技术和人才优势，加大对基层农村公路建设管理人员的技术指导和培训力度。要做好人员培训的组织与规划，制订具体措施，提高培训质量。

（二十四）依托示范工程，总结新经验，探索新举措，解决新问题。各地要继续依托示范工程，探索总结农村公路建设标准、施工技术、质量控制、资金筹措、政策创新、服务"三农"、建管养运并重等多方面的经验和做法，组织交流与学习，以点带面，整体推进。

（二十五）加强农村公路的统计工作。各地要健全农村公路统计工作制度，完善统计指标体系，提高统计工作的准确性和时效性。要将农村公路通达、通畅进展情况，纳入统计范畴，为全面分析农村公路建设形势和发展趋势提供基础资料。

（二十六）加强农村公路宣传工作。要继续将农村公路宣传列为交通宣传工作的重点，突出典型事例宣传，做到日常宣传与重点宣传相结合，日常宣传常态化，重点宣传有影响。要切实增强宣传工作的主动性，加强与有关方面的沟通与协调，整合宣传资源，形成强大的宣传合力。不断丰富宣传报道形式，提高报道深度，扩大宣传效果，为农村公路的健康快速发展创造良好的舆论环境。

发展农村公路是一项长期而艰巨的任务。各地交通主管部门要认真贯彻中央1号文件精神，从加强行政能力建设入手，树立新理念，采取新举措，与时俱进，开拓进取，全面完成2007年农村公路各项工作，为建设社会主义新农村、构建和谐社会做出应有的贡献。

7.12 《2008年农村公路工作若干意见》（交通运输部）

为贯彻落实2008年中央1号文件和全国农村公路工作电视电话会议精神，稳步推进农村公路建设，大力发展农村公共交通，更好地服务于社会主义新农村建设，现就做好2008年农村公路工作提出以下意见：

一、总体要求

（一）认真贯彻党的十七大精神，深入落实科学发展观，按照统筹城乡发展、区域发展和经济社会发展的要求，量力而行，突出重点，全面提升农村公路建设质量，健全路站养运发展机制，推进城乡客运协调发展，努力实现农村公路交通又好又快发展目标。

（二）落实加强农业基础建设的新要求，稳步推进农村公路建设；落实促进城乡经济社会一体化发展的新要求，大力发展农村公共交通；落实改善民生、加强公共服务的新要求，服务农民群众安全便捷出行；落实建设创新型交通行业的新要求，着力推进理念、科技、体制机制和政策创新，努力解决制约农村公路发展的突出矛盾和问题，推动新时期农村公路稳中求进、好字优先、科学发展。

（三）认真落实部《关于加强农村公路建设廉政工作的意见》，坚持预防与惩处相结合，完善制度，加强监督，做好农村公路建设中的廉政工作。

二、加大投入，推进农村公路稳步发展

（一）按照今年中央1号文件要求，继续加大对农村公路的投入力度。各地交通主管部门要积极向当地政府汇报，争取更多的资金用于农村公路建设，使今年农村公路建设投资比去年有大幅度增长。

（二）调整投资结构，转变农村公路发展方式。要实现农村公路发展由速度型向质量型转变，正确处理好规模和结构、速度和质量、公平和效率的关系，调整和优化投资结构，突出建设重点，优先解决没有通公路地区的通达问题。部今年将在边疆地区、少数民族地区和贫困地区选择若干地州市进行试点，加大支持力度，加快特殊困难地区农村公路的发展。

（三）在资金使用上，鼓励各地实行"以奖代补"政策，充分调动各方积极性，提高资金使用效率。

三、加强组织领导，开展好农村公路建设质量年活动

（一）各省级交通主管部门要按照部制定的质量年活动总体方案的要求，制定本省份质量年活动实施方案，分解质量目标，落实质量责任，组织、指导省级以下交通主管部门及有关单位开展好质量年活动，确保今年质量目标的实现。

（二）各地交通主管部门要加强农村公路建设质量管理，建立和完善适合本地区实际的质量管理模式，健全质量管理的规章制度，完善质量与安全管理网络，加强质量监督，组织农村公路质量督查，分析本地区质量状况，每半年通报一次质量抽查情况。

四、以人为本，提升农村公路交通安全水平

（一）加强安全设施建设。农村公路新改建项目应按有关要求设置安全设施，并与主体工程同步设计、同步施工、同步验收。

（二）加强施工安全监管。各地要结合今年的"隐患治理年"活动，落实责任，抓住关键，针对当地施工安全的薄弱环节，组织专项督查，重点加强对山区农村公路路基高边坡和隧道开挖、满堂支架的石拱桥、梁桥施工的安全管理。

（三）加强危桥改造。今年要启动农村公路危桥改造工程，要用三年左右时间，逐步消灭县道中桥以上、乡道大桥以上的危桥。公路安保工程实施经验，安排必要资金，抓好试点，逐步推开。有条件的省份，要加大投资力度，加快实施步伐。

（四）加强渡改桥、渡口改造工程建设。各地要针对渡改桥、渡口改造工程建设特点，理顺管理体制，完善管理制度，加强质量管理，解决项目进展慢、投入不均衡等突出问题。

五、深化改革，加强农村公路管理养护

（一）推动农村公路管理养护体制改革向纵深发展。各地要认真落实省级政府出台的实施方案，做到责任落实、机构落实和资金落实；要加强规章制度建设，健全管理养护体系，建立协调、监管、考核机制。要按照部制定的《农村公路养护管理暂行办法》和《农村公路养护技术指南》的要求，抓紧制定适合本地实际的管理办法和技术规范。

（二）加强农村公路保护工作。各地要加强农村公路路政管理，加大对农村公路上超限超载车辆的治理力度，按照全国治超办的统一部署，在加强执法监管的同时，通过设置限高、限宽等设施，防止超重车辆行驶农村公路，保护好农村公路建设成果，提高农村公路服务水平。

六、发展客运，提高农村公路交通服务水平

（一）加强农村客运站点建设。农村客运站点要与农村公路同步规划、同步设计、同步建设、同步验收。要加强对农村客运站建设的管理，解决目前存在的征地难、成本高、管理不规范的问题。客运站建设标准要以满足需求为原则，合理确定，不要求一乡一站或都建等级站。

（二）加大对农村客运的政策扶持力度。要根据农村客运的公益性特点，按照"多予、少取、放活"的原则，积极争取地方政府财政补贴和优惠政策，使农村客运开得通，留得住，有效益。要采取有效措施，加强引导，改善服务，创造良好的政策环境和市场环境。

（三）加快完善农村客运网络。要根据农村公路通达、通畅情况，及时开通农村客运班线，科学调整、改造和延伸现有客运线路，适当增加班次密度，努力提高客运班车在农村地区的覆盖面。

（四）创新农村客运组织方式。要学习借鉴城市公交运输组织模式，在乡镇、村庄比较集中的地区，实施农村客运公交化改造，增加停靠站点，滚动发车，定线循环，促进农村客运网络和城市公交网络的合理衔接和有效融合，最大程度地减少中转次数，最大限度地方便群众出行。

（五）规范农村客运市场。要加强农村客运市场监管，严把客运市场准入关，维护运输市场秩序，优化农村客运运力结构，让农民群众坐上安全车、放心车。

七、完善措施，确保鲜活农产品"绿色通道"畅通

（一）落实政策，促进农产品流通。各地要进一步加强领导，加大监督力度，认真落实"绿色通道"通行费减免政策，特别是落实对省内外合法整车装载的鲜活农产品运输车辆无差别减免通行费政策，进一步完善"绿色通道"网络和标识，提高鲜活农产品运输车辆的通行能力和通行效率。

（二）加大源头监管力度。要从装载环节入手，确保鲜活农产品运输车辆按规定装车、配载和运输，严厉查处冒充鲜活农产品车辆和超限超载等扰乱运输市场秩序的不法行为。各省级交通主管部门要定期组织检查，对政策落实不到位的，要责令整改，并进行通报，为鲜活农产品快速进入市场提供强有力的运输保障。

（三）加强宣传，营造"绿色通道"运行的良好氛围。要进一步加大对鲜活农产品运输"绿色通道"相关政策、装载要求等方面的宣传，让更多的鲜活农产品运得出来，让更多的农民群众享受"绿色通道"政策带来的实惠。

（四）继续落实从事田间作业的拖拉机免征养路费和农机跨区作业免费通行的政策，促进农业发展、农产品流通和农民增收。

八、加强行业管理，促进农村公路可持续发展

（一）加强统筹协调，促进农村公路全面发展。要统筹城乡交通发展，统一规划，完善路网结构，发挥整体效益；统筹考虑农村公路路面、桥梁、安保设施、渡口改造工程的实施，全面提升农村公路建设质量和安全水平。要协调好农村公路建设速度、质量与效益的关系，实现又好又快发展；协调好建设、养护、运输的关系，推动路站运一体化。

（二）加强管理，提升行业管理水平。要针对农村公路交通的特点，落实环境友好、资源节约、以人为本的建设理念，研究加强行业管理的新政策、新措施。推广适合农村公路特点的新技术、新材料、新工艺，加快科技成果的转化。加强对基层人员的技术指导和培训。强化地方政府对农村公路交通的管理职能。加强对农村公路建设资金使用情况的监管与审计。

（三）加强宣传，树立行业形象。要继续加大对农村公路和农村客运网络建设的宣传力度，组织农村公路专题宣传，开展质量年宣传月活动，注重网络媒体作用，发挥行业媒体专业优势，进一步丰富报道形式、深化报道内容、扩大宣传效果。

稳步推进农村公路建设，大力发展农村公路交通是一项长期而艰巨的任务。各地交通主管部门要认真贯彻中央1号文件精神，从加强行政能力建设入手，落实新要求，采取新举措，求真务实，开拓进取，全面完成2008年农村公路各项工作，为推进社会主义新农村建设和全面建设小康社会做出应有的贡献。

7.13 《农村公路养护管理暂行办法》（交通运输部）

第一章 总 则

第一条 为加强农村公路养护管理，提高农村公路养护质量和投资效益，促进农村经济社会发展和社会主义新农村建设，特制定本办法。

第二条 农村公路的养护管理工作适用本办法。

本办法所称农村公路包括县道、乡道和村道及其所属的桥梁、隧道。其中，村道是指经地方交通主管部门认定，连接乡镇与建制村或建制村与建制村的公路。

第三条 农村公路养护管理遵循"统一领导、分级负责、因地制宜、注重实效、全面养护、保障畅通"的原则，逐步建立责权明确、管养分离的养护管理体制，实行专业化养护和个人承包养护等多种方式，推进农村公路养护的市场化。

第四条 地方人民政府及其交通主管部门和公路管理机构的职责按国务院办公厅《农村公路管理养护体制改革方案》执行。

第五条 鼓励农村公路养护管理应用新技术、新材料、新工艺、新设备，不断提高农村公路养护管理水平。

第二章 资金筹措与管理

第六条 农村公路养护资金筹措与管理应遵循"政府投入为主、多渠道筹资、统筹安排、专户储存、专款专用、强化监管"的原则。

第七条 资金来源

（一）地方各级人民政府按照国家有关规定，为确保农村公路正常养护，财政预算安排的农村公路小修保养资金。随着农村公路里程的增加，财政资金应当逐年增加；

（二）中央财政对一些特殊困难地区，通过转移支付安排的农村公路养护资金；

（三）拖拉机、摩托车养路费用于农村公路养护的资金；

（四）省级交通主管部门汽车养路费用于农村公路养护大、中修和改建工程的资金，其标准不得低于：县道每年每公里 7000 元，乡道每年每公里 3500 元，村道每年每公里 1000 元。已高于上述标准的，应维持原标准，不得降低；

（五）受益企业或个人捐助的农村公路养护资金；

（六）村民委员会通过"一事一议"方式筹集的农村公路养护资金。

第八条 计划编制

（一）农村公路养护工程计划编制应遵循"先重点、后一般，先县道、后乡道和村道"的原则。

（二）农村公路养护工程的建议计划由县级交通主管部门编制。

（三）农村公路养护工程计划由省级交通主管部门根据《公路养护工程管理办法》编制下达，并监督检查计划执行及养护质量情况。

第九条 资金使用

（一）汽车养路费和省级财政用于农村公路养护的资金，由省级交通主管部门根据农村公路养护计划拨付县级交通主管部门；市、县两级财政用于农村公路养护的财政资金，由其财政部门拨付县级交通主管部门；拖拉机、摩托车养路费用于农村公路养护的资金，由相应的财政部门拨付县级交通主管部门，由县级交通主管部门按养护计划安排使用。农村公路养护资金纳入国库集中支付改革范围的，按照国库集中支付的有关规定办理。

（二）企业和个人捐助的资金，由县级交通主管部门统筹安排使用。

（三）村民委员会通过"一事一议"筹集的养护资金，由村民委员会按照公路养护计划，专项用于村道的小修保养。

第十条 资金管理与监督

（一）县级交通主管部门应建立健全农村公路养护资金使用管理制度，规范资金的使用和管理。

（二）农村公路养护资金的使用应当接受当地审计、财政部门和上级交通主管部门的审计和监督检查。任何单位、组织和个人不得截留、挤占和挪用。

第三章 养护工程管理

第十一条 农村公路养护工程管理工作要以工程质量为中心，建立、健全工程质量控制体系，严格检查验收制度，提高投资效益。

农村公路养护工程的分类及管理按《公路养护工程管理办法》的规定办理。

第十二条 农村公路小修保养要按照有关的公路养护技术规定、操作规程组织实施。加强对路面、沿线设施及绿化的养护管理，做到全面养护。

第十三条 农村公路小修保养的管理应实行检查、考核、评定、报告制度，具体办法由省级交通主管部门制定。

各管养单位应建立各类管理台账，填写生产原始记录，严格实行成本核算。

第十四条 农村公路日常保养可根据交通量、路面类型、地形特点等实际情况，采取个人承包养护、群众集中进行季节性养护、专业养护等方式。

农村公路小修宜选择专业化养护单位承担，实行合同管理，计量支付。小修保养可以签订长期合同，一般为2～5年，对养护质量好的养护单位可以续签合同。

第十五条 农村公路大、中修和改建工程，应按有关规范和标准进行设计，履行基本建设程序，并按有关规定进行竣工验收。

第十六条 农村公路大、中修和改建工程，应按路段或区域通过竞争或招标方式选择专业化养护单位。鼓励面向社会公开招标，择优选定具备资格条件的养护公司。

省级交通主管部门应制订农村公路养护工程招标文件范本和合同示范文本。

第十七条 县、乡（镇）人民政府对农村公路养护需要的挖砂、采石、取土以及取水，应当给予支持和协助。

第十八条 养护人员在养护作业时，应按有关规定穿着统一的安全标志服，在公路和作业车辆上设置明显的作业标志，必要时安排专人进行交通秩序维护，确保作业和行车安全。

第十九条 地方各级交通主管部门和公路管理机构要建立本地区农村公路养护信息数据库，建立路况信息收集管理制度。

第二十条 养护作业单位要定期进行路况巡查，对发生的自然灾害、道路交通事故、路产损害案件应按有关规定及时上报处理。

第二十一条 地方各级交通主管部门及其公路管理机构应当依据有关规定，制订农村公路养护技术规范、检查考核办法，定期进行检查、评定和考核。

县道的养护质量考核指标按照现行《公路技术状况评定标准》执行，乡道和村道的养护质量考核指标由省级交通主管部门结合各自实际参照《公路技术状况评定标准》制定。

第四章 路政管理

第二十二条 县道、乡道的路政管理由地方交通主管部门和公路管理机构按《路政管理规定》执行。村道的路政管理由县级交通主管部门和公路管理机构参照《路政管理规定》执行。

第二十三条　地方各级交通主管部门和公路管理机构要结合当地实际，建立健全各项管理制度，加强路政管理队伍建设，提高路政管理人员执法水平，严格管理，维护好路产路权，保障农村公路畅通。

第二十四条　县级交通主管部门及其公路管理机构应结合养护工作，充分发挥乡镇人民政府、村委会的作用和沿线村民的积极性，共同做好农村公路保护工作。

第二十五条　地方各级交通主管部门及其公路管理机构应会同有关部门加强对农村公路上超限超载车辆的治理。可根据农村公路技术等级设置相关设施，限制超过限载、限高、限宽、限长标准的车辆在农村公路上行驶。

第二十六条　任何单位和个人不得在农村公路及公路用地范围内摆摊设点、堆放物品、倾倒垃圾、设置障碍、挖沟引水、利用公路边沟排放污物或者进行其他损坏、污染公路和影响公路畅通的行为。

任何单位和个人不得损坏、擅自移动、涂改农村公路附属设施。

第二十七条　地方各级交通主管部门及其公路管理机构依法负有管理和保护公路的责任，有权检查、制止各种侵占、损坏公路、公路用地、公路附属设施及其他违法行为。

第五章　附　　则

第二十八条　本办法由交通运输部负责解释。

第二十九条　各省级交通主管部门可依据本办法，制订实施细则。

第三十条　本办法自发布之日起施行。

7.14 《关于做好 2010 年农村公路工作的若干意见》

各省、自治区、直辖市、新疆生产建设兵团交通运输厅（局、委），天津市市政公路管理局：

为贯彻落实 2010 年中央 1 号文件、全国交通运输工作会议和全国农村公路工作电视电话会议精神，全面完成"十一五"农村公路建设任务，落实农村公路管理养护责任，推进城乡客运交通一体化，现就做好 2010 年农村公路工作提出以下意见：

2010 年农村公路工作的总体要求是：深入贯彻党的十七届三中、四中全会精神，落实科学发展观，服务社会主义新农村建设，以"农村公路建设质量年活动"为载体，以第三批农村公路建设示范工程为导向，继续加快农村公路建设，推进管理养护工作的常态化、规范化，确保全面完成"十一五"农村公路建设任务，为统筹城乡经济社会发展作出新的贡献。

一、加强责任落实，全面完成"十一五"建设任务

1. 各地要按照部省"共建意见"要求，紧紧围绕本省份"十一五"农村公路建设目标，进一步加大工作力度，责任落实到位，确保建设任务全面完成。特别是建设任务较重的省份，更要认真查找差距，细化各项措施，严格奖惩，逐级落实建设任务。

2. 已全面或基本完成"十一五"建设任务的省份，要重点加强农村公路上的危桥、安保工程和排水设施建设，兼顾农村公路乡际、村际联网公路建设。具备条件又确有需求的地区，可实施通自然村沥青（水泥）路建设。

3. 四川、陕西、甘肃等省级交通运输主管部门要按照中央要求，基本完成地震灾后

农村公路恢复重建工作。

二、加大落实力度，推动管理养护常态化、规范化

4. 各地要进一步提高对做好农村公路管理养护工作重要性的认识，把加强管养工作作为转变发展方式、加快发展现代交通运输业的重要内容，作为延长农村公路使用寿命、降低资源消耗的实际举措，真正实现"有路必养，管必到位"。

5. 各地要按照国办发〔2005〕49号文件和本省（区、市）出台的管理养护体制改革实施方案，在落实上狠下功夫，继续做好管理体制"三落实"和运行机制"三结合"。

6. 各地要建立公共财政用于农村公路管理养护的稳定的资金渠道，形成公共财政用于农村公路管养的投入机制。农村公路养护工程费用除按国办发〔2005〕49号文件规定的标准，在中央转移支付地方的燃油税中列支外，不足部分和日常养护费用由地方各级人民政府财政统筹解决，纳入财政预算支出。

7. 各地要加强对农村公路管养工作的考核，加强行业管理，完善规章制度，健全技术标准体系，强化质量监督，做好技术指导和日常培训。要建立健全考评体系，落实奖惩措施，根据实际情况组织开展养护检查工作，并将检查结果与建设项目安排、资金拨付挂钩。

8. 各地要继续加强养护大中修工程的实施，特别是对早期建成的县乡公路出现"油返砂"路段，及时安排养护大中修工程。

9. 各地要加大农村公路路政管理力度，进一步完善管理机构，充实人员力量，重视并做好农村公路治超工作。

三、加强指导监管，确保质量年活动取得实效

10. 各地要加强农村公路质量监督和质量检测工作。今年农村公路质量监督覆盖面要达到90％以上，每个县必须落实一个具有相应资格的工程试验室，负责农村公路试验检测工作。

11. 各地要做好质量年活动的总结工作。要按照质量年活动总体方案要求，认真总结质量年活动中的好经验、好做法，将成熟的质量管理经验上升为规章制度，进一步规范质量管理工作。

12. 各地要组织开展好质量年活动评比表彰工作。要制定办法，表彰奖励质量年活动中的先进单位和个人，并加强对质量年活动成效的宣传工作。

13. 各地要高度重视农村公路交通安全问题。要加强农村公路交通安全设施、安保工程、危桥改造、渡口改造和渡改桥等专项工程的实施，全面提升农村公路交通安全服务水平。

四、抓好示范工程，促进"少边穷"地区农村公路加快发展

14. 各省级交通运输主管部门要加强对示范工程单位农村公路建设目标完成情况的督促检查，通过组织人员培训等方式加强对示范工程单位技术支持。

15. 各示范工程单位要加大工作力度，在确保完成本地区"十一五"农村公路建设任务的同时，要按照示范工程实施方案的要求，总结适合"少边穷"地区农村公路发展的经验和做法。2010年10月底前将示范经验成果报部。

五、规范客运发展，加快推进城乡客运交通一体化

16. 各地要统筹规划，因地制宜建设乡镇客运站场，满足农村道路客运运营和广大农

民群众安全方便的乘车需要。客运场站要与农村公路同步规划、同步设计、同步建设，做到"路、站、运"协调发展。

17. 各地要整合资源，鼓励和引导农村客运主体进行公司化改造，优化和调整农村客运市场结构。要高度重视农村客运安全生产，不符合安全条件的客车，不准投入客运班线经营。对违规经营行为，要坚决予以查处。要推进农村客运车辆的标准化，加快推广农村客运经济适用车型。

18. 各地要加快推进城乡客运一体化进程，形成城乡公共客运资源共享、相互衔接、布局合理、方便快捷、畅通有序的新格局。有条件的地方要用公交化的管理理念推进农村客运班线改造，用便捷化的管理理念支持城际客运资源整合，用一体化的管理理念优化城乡客运网络衔接，促进城市公交扩大服务范围，推进公共交通服务均等化。

19. 各地要积极争取各级财政资金对农村客运进行政策性补贴，研究建立扶持农村客运发展的公共财政奖励制度。要与财政部门共同落实好成品油价格补贴工作，加强农村客运车辆用油统计，保证对农村道路客运的燃油补贴足额、及时发放到位。

六、加大工作力度，做好宣传工作

20. 2010年是"十一五"农村公路发展成就宣传报道的重要一年。各地要进一步解放思想，拓宽思路，继续加大农村公路宣传力度。在宣传方法上做到日常宣传和重点宣传相结合，日常宣传常态化，重点宣传有影响，在加强日常宣传的同时重点抓好重大事件、重要时段的宣传工作。在宣传组织上要加强沟通协调，整合宣传资源，形成宣传合力，扩大宣传效果。在宣传模式上要进一步丰富宣传手段，提高宣传报道深度。

七、进一步完善和落实鲜活农产品运输"绿色通道"政策

21. 各地要严格按照部印发的《关于进一步完善和落实鲜活农产品运输绿色通道政策的通知》（交公路发〔2009〕784号）要求，进一步完善鲜活农产品运输"绿色通道"政策，明确界定"绿色通道"政策中鲜活农产品的范围，着力构建由国家和区域性"绿色通道"共同组成的、覆盖全国的鲜活农产品运输"绿色通道"网络，同时采取措施全力确保鲜活农产品运输"绿色通道"网络畅通，坚决落实免收整车合法装载运输鲜活农产品车辆通行费的相关政策。

八、深入调查研究，编制好"十二五"发展规划

22. 各地交通运输部门要在总结经验、查找问题的基础上加强调查研究，进一步了解需求，准确把握"十二五"农村公路发展的阶段性特征。按照"突出重点、巩固成果、政府主导、协调发展"的原则，科学制定"十二五"农村公路发展规划，有序推进农村公路持续健康发展。

23. 各地要坚持量力而行、尽力而为，在确定"十二五"农村公路建设目标和重点上突出三个层次任务：一是通达、通畅任务，要以2020年全国农村公路建设规划目标为依据，确定"十二五"需要完成的通达和通畅任务；二是改造提高任务，包括危桥改造、渡改桥工程、安保工程等，保障农村公路的行车安全；三是优化网络任务，包括县乡道改造、乡村联络线建设等，以提高农村公路的网络化水平。

今年，部将依据部省"共建意见"，对农村公路建设任务较重的省份进行专项调研和督查，并组织召开部分省份农村公路建设座谈会。将会同国家有关部委对各省（区、市）落实国办发〔2005〕49号文件情况进行检查和评估，适时召开农村公路管理养护经验交

流会。将制定印发进一步加强农村公路建设质量管理的若干意见,采取省区市互检等方式,加大对建设质量的督查力度,将对质量年活动中工作成绩突出的单位和个人进行表彰。将继续加大对示范工程的指导,组织召开示范工程现场会,编辑出版示范工程经验汇编,交流推广示范工程建设经验。

二〇一〇年三月五日

7.15 《公路安全保护条例》

第一章 总 则

第一条 为了加强公路保护,保障公路完好、安全和畅通,根据《中华人民共和国公路法》,制定本条例。

第二条 各级人民政府应当加强对公路保护工作的领导,依法履行公路保护职责。

第三条 国务院交通运输主管部门主管全国公路保护工作。

县级以上地方人民政府交通运输主管部门主管本行政区域的公路保护工作;但是,县级以上地方人民政府交通运输主管部门对国道、省道的保护职责,由省、自治区、直辖市人民政府确定。

公路管理机构依照本条例的规定具体负责公路保护的监督管理工作。

第四条 县级以上各级人民政府发展改革、工业和信息化、公安、工商、质检等部门按照职责分工,依法开展公路保护的相关工作。

第五条 县级以上各级人民政府应当将政府及其有关部门从事公路管理、养护所需经费以及公路管理机构行使公路行政管理职能所需经费纳入本级人民政府财政预算。但是,专用公路的公路保护经费除外。

第六条 县级以上各级人民政府交通运输主管部门应当综合考虑国家有关车辆技术标准、公路使用状况等因素,逐步提高公路建设、管理和养护水平,努力满足国民经济和社会发展以及人民群众生产、生活需要。

第七条 县级以上各级人民政府交通运输主管部门应当依照《中华人民共和国突发事件应对法》的规定,制定地震、泥石流、雨雪冰冻灾害等损毁公路的突发事件(以下简称公路突发事件)应急预案,报本级人民政府批准后实施。

公路管理机构、公路经营企业应当根据交通运输主管部门制定的公路突发事件应急预案,组建应急队伍,并定期组织应急演练。

第八条 国家建立健全公路突发事件应急物资储备保障制度,完善应急物资储备、调配体系,确保发生公路突发事件时能够满足应急处置工作的需要。

第九条 任何单位和个人不得破坏、损坏、非法占用或者非法利用公路、公路用地和公路附属设施。

第二章 公路线路

第十条 公路管理机构应当建立健全公路管理档案,对公路、公路用地和公路附属设施调查核实、登记造册。

第十一条 县级以上地方人民政府应当根据保障公路运行安全和节约用地的原则以及公路发展的需要,组织交通运输、国土资源等部门划定公路建筑控制区的范围。

公路建筑控制区的范围，从公路用地外缘起向外的距离标准为：

（一）国道不少于 20 米；

（二）省道不少于 15 米；

（三）县道不少于 10 米；

（四）乡道不少于 5 米。

属于高速公路的，公路建筑控制区的范围从公路用地外缘起向外的距离标准不少于 30 米。

公路弯道内侧、互通立交以及平面交叉道口的建筑控制区范围根据安全视距等要求确定。

第十二条　新建、改建公路的建筑控制区的范围，应当自公路初步设计批准之日起 30 日内，由公路沿线县级以上地方人民政府依照本条例划定并公告。

公路建筑控制区与铁路线路安全保护区、航道保护范围、河道管理范围或者水工程管理和保护范围重叠的，经公路管理机构和铁路管理机构、航道管理机构、水行政主管部门或者流域管理机构协商后划定。

第十三条　在公路建筑控制区内，除公路保护需要外，禁止修建建筑物和地面构筑物；公路建筑控制区划定前已经合法修建的不得扩建，因公路建设或者保障公路运行安全等原因需要拆除的应当依法给予补偿。

在公路建筑控制区外修建的建筑物、地面构筑物以及其他设施不得遮挡公路标志，不得妨碍安全视距。

第十四条　新建村镇、开发区、学校和货物集散地、大型商业网点、农贸市场等公共场所，与公路建筑控制区边界外缘的距离应当符合下列标准，并尽可能在公路一侧建设：

（一）国道、省道不少于 50 米；

（二）县道、乡道不少于 20 米。

第十五条　新建、改建公路与既有城市道路、铁路、通信等线路交叉或者新建、改建城市道路、铁路、通信等线路与既有公路交叉的，建设费用由新建、改建单位承担；城市道路、铁路、通信等线路的管理部门、单位或者公路管理机构要求提高既有建设标准而增加的费用，由提出要求的部门或者单位承担。

需要改变既有公路与城市道路、铁路、通信等线路交叉方式的，按照公平合理的原则分担建设费用。

第十六条　禁止将公路作为检验车辆制动性能的试车场地。

禁止在公路、公路用地范围内摆摊设点、堆放物品、倾倒垃圾、设置障碍、挖沟引水、打场晒粮、种植作物、放养牲畜、采石、取土、采空作业、焚烧物品、利用公路边沟排放污物或者进行其他损坏、污染公路和影响公路畅通的行为。

第十七条　禁止在下列范围内从事采矿、采石、取土、爆破作业等危及公路、公路桥梁、公路隧道、公路渡口安全的活动：

（一）国道、省道、县道的公路用地外缘起向外 100 米，乡道的公路用地外缘起向外 50 米；

（二）公路渡口和中型以上公路桥梁周围 200 米；

（三）公路隧道上方和洞口外 100 米。

在前款规定的范围内，因抢险、防汛需要修筑堤坝、压缩或者拓宽河床的，应当经省、自治区、直辖市人民政府交通运输主管部门会同水行政主管部门或者流域管理机构批准，并采取安全防护措施方可进行。

第十八条　除按照国家有关规定设立的为车辆补充燃料的场所、设施外，禁止在下列范围内设立生产、储存、销售易燃、易爆、剧毒、放射性等危险物品的场所、设施：

（一）公路用地外缘起向外100米；

（二）公路渡口和中型以上公路桥梁周围200米；

（三）公路隧道上方和洞口外100米。

第十九条　禁止擅自在中型以上公路桥梁跨越的河道上下游各1000米范围内抽取地下水、架设浮桥以及修建其他危及公路桥梁安全的设施。

在前款规定的范围内，确需进行抽取地下水、架设浮桥等活动的，应当经水行政主管部门、流域管理机构等有关单位会同公路管理机构批准，并采取安全防护措施方可进行。

第二十条　禁止在公路桥梁跨越的河道上下游的下列范围内采砂：

（一）特大型公路桥梁跨越的河道上游500米，下游3000米；

（二）大型公路桥梁跨越的河道上游500米，下游2000米；

（三）中小型公路桥梁跨越的河道上游500米，下游1000米。

第二十一条　在公路桥梁跨越的河道上下游各500米范围内依法进行疏浚作业的，应当符合公路桥梁安全要求，经公路管理机构确认安全方可作业。

第二十二条　禁止利用公路桥梁进行牵拉、吊装等危及公路桥梁安全的施工作业。

禁止利用公路桥梁（含桥下空间）、公路隧道、涵洞堆放物品，搭建设施以及铺设高压电线和输送易燃、易爆或者其他有毒有害气体、液体的管道。

第二十三条　公路桥梁跨越航道的，建设单位应当按照国家有关规定设置桥梁航标、桥柱标、桥梁水尺标，并按照国家标准、行业标准设置桥区水上航标和桥墩防撞装置。桥区水上航标由航标管理机构负责维护。

通过公路桥梁的船舶应当符合公路桥梁通航净空要求，严格遵守航行规则，不得在公路桥梁下停泊或者系缆。

第二十四条　重要的公路桥梁和公路隧道按照《中华人民共和国人民武装警察法》和国务院、中央军委的有关规定由中国人民武装警察部队守护。

第二十五条　禁止损坏、擅自移动、涂改、遮挡公路附属设施或者利用公路附属设施架设管道、悬挂物品。

第二十六条　禁止破坏公路、公路用地范围内的绿化物。需要更新采伐护路林的，应当向公路管理机构提出申请，经批准方可更新采伐，并及时补种；不能及时补种的，应当交纳补种所需费用，由公路管理机构代为补种。

第二十七条　进行下列涉路施工活动，建设单位应当向公路管理机构提出申请：

（一）因修建铁路、机场、供电、水利、通信等建设工程需要占用、挖掘公路、公路用地或者使公路改线；

（二）跨越、穿越公路修建桥梁、渡槽或者架设、埋设管道、电缆等设施；

（三）在公路用地范围内架设、埋设管道、电缆等设施；

（四）利用公路桥梁、公路隧道、涵洞铺设电缆等设施；

（五）利用跨越公路的设施悬挂非公路标志；

（六）在公路上增设或者改造平面交叉道口；

（七）在公路建筑控制区内埋设管道、电缆等设施。

第二十八条　申请进行涉路施工活动的建设单位应当向公路管理机构提交下列材料：

（一）符合有关技术标准、规范要求的设计和施工方案；

（二）保障公路、公路附属设施质量和安全的技术评价报告；

（三）处置施工险情和意外事故的应急方案。

公路管理机构应当自受理申请之日起20日内作出许可或者不予许可的决定；影响交通安全的，应当征得公安机关交通管理部门的同意；涉及经营性公路的，应当征求公路经营企业的意见；不予许可的，公路管理机构应当书面通知申请人并说明理由。

第二十九条　建设单位应当按照许可的设计和施工方案进行施工作业，并落实保障公路、公路附属设施质量和安全的防护措施。

涉路施工完毕，公路管理机构应当对公路、公路附属设施是否达到规定的技术标准以及施工是否符合保障公路、公路附属设施质量和安全的要求进行验收；影响交通安全的，还应当经公安机关交通管理部门验收。

涉路工程设施的所有人、管理人应当加强维护和管理，确保工程设施不影响公路的完好、安全和畅通。

第三章　公路通行

第三十条　车辆的外廓尺寸、轴荷和总质量应当符合国家有关车辆外廓尺寸、轴荷、质量限值等机动车安全技术标准，不符合标准的不得生产、销售。

第三十一条　公安机关交通管理部门办理车辆登记，应当当场查验，对不符合机动车国家安全技术标准的车辆不予登记。

第三十二条　运输不可解体物品需要改装车辆的，应当由具有相应资质的车辆生产企业按照规定的车型和技术参数进行改装。

第三十三条　超过公路、公路桥梁、公路隧道限载、限高、限宽、限长标准的车辆，不得在公路、公路桥梁或者公路隧道行驶；超过汽车渡船限载、限高、限宽、限长标准的车辆，不得使用汽车渡船。

公路、公路桥梁、公路隧道限载、限高、限宽、限长标准调整的，公路管理机构、公路经营企业应当及时变更限载、限高、限宽、限长标志；需要绕行的，还应当标明绕行路线。

第三十四条　县级人民政府交通运输主管部门或者乡级人民政府可以根据保护乡道、村道的需要，在乡道、村道的出入口设置必要的限高、限宽设施，但是不得影响消防和卫生急救等应急通行需要，不得向通行车辆收费。

第三十五条　车辆载运不可解体物品，车货总体的外廓尺寸或者总质量超过公路、公路桥梁、公路隧道的限载、限高、限宽、限长标准，确需在公路、公路桥梁、公路隧道行驶的，从事运输的单位和个人应当向公路管理机构申请公路超限运输许可。

第三十六条　申请公路超限运输许可按照下列规定办理：

（一）跨省、自治区、直辖市进行超限运输的，向公路沿线各省、自治区、直辖市公路管理机构提出申请，由起运地省、自治区、直辖市公路管理机构统一受理，并协调公路沿线各省、自治区、直辖市公路管理机构对超限运输申请进行审批，必要时可以由国务院交通运输主管部门统一协调处理；

（二）在省、自治区范围内跨设区的市进行超限运输，或者在直辖市范围内跨区、县进行超限运输的，向省、自治区、直辖市公路管理机构提出申请，由省、自治区、直辖市公路管理机构受理并审批；

（三）在设区的市范围内跨区、县进行超限运输的，向设区的市公路管理机构提出申请，由设区的市公路管理机构受理并审批；

（四）在区、县范围内进行超限运输的，向区、县公路管理机构提出申请，由区、县公路管理机构受理并审批。

公路超限运输影响交通安全的，公路管理机构在审批超限运输申请时，应当征求公安机关交通管理部门意见。

第三十七条　公路管理机构审批超限运输申请，应当根据实际情况勘测通行路线，需要采取加固、改造措施的，可以与申请人签订有关协议，制定相应的加固、改造方案。

公路管理机构应当根据其制定的加固、改造方案，对通行的公路桥梁、涵洞等设施进行加固、改造；必要时应当对超限运输车辆进行监管。

第三十八条　公路管理机构批准超限运输申请的，应当为超限运输车辆配发国务院交通运输主管部门规定式样的超限运输车辆通行证。

经批准进行超限运输的车辆，应当随车携带超限运输车辆通行证，按照指定的时间、路线和速度行驶，并悬挂明显标志。

禁止租借、转让超限运输车辆通行证。禁止使用伪造、变造的超限运输车辆通行证。

第三十九条　经省、自治区、直辖市人民政府批准，有关交通运输主管部门可以设立固定超限检测站点，配备必要的设备和人员。

固定超限检测站点应当规范执法，并公布监督电话。公路管理机构应当加强对固定超限检测站点的管理。

第四十条　公路管理机构在监督检查中发现车辆超过公路、公路桥梁、公路隧道或者汽车渡船的限载、限高、限宽、限长标准的，应当就近引导至固定超限检测站点进行处理。

车辆应当按照超限检测指示标志或者公路管理机构监督检查人员的指挥接受超限检测，不得故意堵塞固定超限检测站点通行车道、强行通过固定超限检测站点或者以其他方式扰乱超限检测秩序，不得采取短途驳载等方式逃避超限检测。

禁止通过引路绕行等方式为不符合国家有关载运标准的车辆逃避超限检测提供便利。

第四十一条　煤炭、水泥等货物集散地以及货运站等场所的经营人、管理人应当采取有效措施，防止不符合国家有关载运标准的车辆出场（站）。

道路运输管理机构应当加强对煤炭、水泥等货物集散地以及货运站等场所的监督检查，制止不符合国家有关载运标准的车辆出场（站）。

任何单位和个人不得指使、强令车辆驾驶人超限运输货物，不得阻碍道路运输管理机构依法进行监督检查。

第四十二条　载运易燃、易爆、剧毒、放射性等危险物品的车辆，应当符合国家有关安全管理规定，并避免通过特大型公路桥梁或者特长公路隧道；确需通过特大型公路桥梁或者特长公路隧道的,负责审批易燃、易爆、剧毒、放射性等危险物品运输许可的机关应当提前将行驶时间、路线通知特大型公路桥梁或者特长公路隧道的管理单位,并对在特大型公路桥梁或者特长公路隧道行驶的车辆进行现场监管。

第四十三条　车辆应当规范装载,装载物不得触地拖行。车辆装载物易掉落、遗洒或者飘散的,应当采取厢式密闭等有效防护措施方可在公路上行驶。

公路上行驶车辆的装载物掉落、遗洒或者飘散的,车辆驾驶人、押运人员应当及时采取措施处理;无法处理的,应当在掉落、遗洒或者飘散物来车方向适当距离外设置警示标志,并迅速报告公路管理机构或者公安机关交通管理部门。其他人员发现公路上有影响交通安全的障碍物的,也应当及时报告公路管理机构或者公安机关交通管理部门。公安机关交通管理部门应当责令改正车辆装载物掉落、遗洒、飘散等违法行为;公路管理机构、公路经营企业应当及时清除掉落、遗洒、飘散在公路上的障碍物。

车辆装载物掉落、遗洒、飘散后,车辆驾驶人、押运人员未及时采取措施处理,造成他人人身、财产损害的,道路运输企业、车辆驾驶人应当依法承担赔偿责任。

第四章　公　路　养　护

第四十四条　公路管理机构、公路经营企业应当加强公路养护,保证公路经常处于良好技术状态。

前款所称良好技术状态,是指公路自身的物理状态符合有关技术标准的要求,包括路面平整,路肩、边坡平顺,有关设施完好。

第四十五条　公路养护应当按照国务院交通运输主管部门规定的技术规范和操作规程实施作业。

第四十六条　从事公路养护作业的单位应当具备下列资质条件:

(一) 有一定数量的符合要求的技术人员;

(二) 有与公路养护作业相适应的技术设备;

(三) 有与公路养护作业相适应的作业经历;

(四) 国务院交通运输主管部门规定的其他条件。

公路养护作业单位资质管理办法由国务院交通运输主管部门另行制定。

第四十七条　公路管理机构、公路经营企业应当按照国务院交通运输主管部门的规定对公路进行巡查,并制作巡查记录;发现公路坍塌、坑槽、隆起等损毁的,应当及时设置警示标志,并采取措施修复。

公安机关交通管理部门发现公路坍塌、坑槽、隆起等损毁,危及交通安全的,应当及时采取措施,疏导交通,并通知公路管理机构或者公路经营企业。

其他人员发现公路坍塌、坑槽、隆起等损毁的,应当及时向公路管理机构、公安机关交通管理部门报告。

第四十八条　公路管理机构、公路经营企业应当定期对公路、公路桥梁、公路隧道进行检测和评定,保证其技术状态符合有关技术标准;对经检测发现不符合车辆通行安全要求的,应当进行维修,及时向社会公告,并通知公安机关交通管理部门。

第四十九条　公路管理机构、公路经营企业应当定期检查公路隧道的排水、通风、照明、监控、报警、消防、救助等设施,保持设施处于完好状态。

第五十条　公路管理机构应当统筹安排公路养护作业计划,避免集中进行公路养护作业造成交通堵塞。

在省、自治区、直辖市交界区域进行公路养护作业，可能造成交通堵塞的，有关公路管理机构、公安机关交通管理部门应当事先书面通报相邻的省、自治区、直辖市公路管理机构、公安机关交通管理部门，共同制定疏导预案，确定分流路线。

第五十一条　公路养护作业需要封闭公路的，或者占用半幅公路进行作业，作业路段长度在2公里以上，并且作业期限超过30日的，除紧急情况外，公路养护作业单位应当在作业开始之日前5日向社会公告，明确绕行路线，并在绕行处设置标志；不能绕行的，应当修建临时道路。

第五十二条　公路养护作业人员作业时，应当穿着统一的安全标志服。公路养护车辆、机械设备作业时，应当设置明显的作业标志，开启危险报警闪光灯。

第五十三条　发生公路突发事件影响通行的，公路管理机构、公路经营企业应当及时修复公路、恢复通行。设区的市级以上人民政府交通运输主管部门应当根据修复公路、恢复通行的需要，及时调集抢修力量，统筹安排有关作业计划，下达路网调度指令，配合有关部门组织绕行、分流。

设区的市级以上公路管理机构应当按照国务院交通运输主管部门的规定收集、汇总公路损毁、公路交通流量等信息，开展公路突发事件的监测、预报和预警工作，并利用多种方式及时向社会发布有关公路运行信息。

第五十四条　中国人民武装警察交通部队按照国家有关规定承担公路、公路桥梁、公路隧道等设施的抢修任务。

第五十五条　公路永久性停止使用的，应当按照国务院交通运输主管部门规定的程序核准后作报废处理，并向社会公告。

公路报废后的土地使用管理依照有关土地管理的法律、行政法规执行。

第五章　法律责任

第五十六条　违反本条例的规定，有下列情形之一的，由公路管理机构责令限期拆除，可以处5万元以下的罚款。逾期不拆除的，由公路管理机构拆除，有关费用由违法行为人承担：

（一）在公路建筑控制区内修建、扩建建筑物、地面构筑物或者未经许可埋设管道、电缆等设施的；

（二）在公路建筑控制区外修建的建筑物、地面构筑物以及其他设施遮挡公路标志或者妨碍安全视距的。

第五十七条　违反本条例第十八条、第十九条、第二十三条规定的，由安全生产监督管理部门、水行政主管部门、流域管理机构、海事管理机构等有关单位依法处理。

第五十八条　违反本条例第二十条规定的，由水行政主管部门或者流域管理机构责令改正，可以处3万元以下的罚款。

第五十九条　违反本条例第二十二条规定的，由公路管理机构责令改正，处2万元以上10万元以下的罚款。

第六十条　违反本条例的规定，有下列行为之一的，由公路管理机构责令改正，可以处3万元以下的罚款：

（一）损坏、擅自移动、涂改、遮挡公路附属设施或者利用公路附属设施架设管道、悬挂物品，可能危及公路安全的；

（二）涉路工程设施影响公路完好、安全和畅通的。

第六十一条 违反本条例的规定，未经批准更新采伐护路林的，由公路管理机构责令补种，没收违法所得，并处采伐林木价值3倍以上5倍以下的罚款。

第六十二条 违反本条例的规定，未经许可进行本条例第二十七条第一项至第五项规定的涉路施工活动的，由公路管理机构责令改正，可以处3万元以下的罚款；未经许可进行本条例第二十七条第六项规定的涉路施工活动的，由公路管理机构责令改正，处5万元以下的罚款。

第六十三条 违反本条例的规定，非法生产、销售外廓尺寸、轴荷、总质量不符合国家有关车辆外廓尺寸、轴荷、质量限值等机动车安全技术标准的车辆的，依照《中华人民共和国道路交通安全法》的有关规定处罚。

具有国家规定资质的车辆生产企业未按照规定车型和技术参数改装车辆的，由原发证机关责令改正，处4万元以上20万元以下的罚款；拒不改正的，吊销其资质证书。

第六十四条 违反本条例的规定，在公路上行驶的车辆，车货总体的外廓尺寸、轴荷或者总质量超过公路、公路桥梁、公路隧道、汽车渡船限定标准的，由公路管理机构责令改正，可以处3万元以下的罚款。

第六十五条 违反本条例的规定，经批准进行超限运输的车辆，未按照指定时间、路线和速度行驶的，由公路管理机构或者公安机关交通管理部门责令改正；拒不改正的，公路管理机构或者公安机关交通管理部门可以扣留车辆。

未随车携带超限运输车辆通行证的，由公路管理机构扣留车辆，责令车辆驾驶人提供超限运输车辆通行证或者相应的证明。

租借、转让超限运输车辆通行证的，由公路管理机构没收超限运输车辆通行证，处1000元以上5000元以下的罚款。使用伪造、变造的超限运输车辆通行证的，由公路管理机构没收伪造、变造的超限运输车辆通行证，处3万元以下的罚款。

第六十六条 对1年内违法超限运输超过3次的货运车辆，由道路运输管理机构吊销其车辆营运证；对1年内违法超限运输超过3次的货运车辆驾驶人，由道路运输管理机构责令其停止从事营业性运输；道路运输企业1年内违法超限运输的货运车辆超过本单位货运车辆总数10%的，由道路运输管理机构责令道路运输企业停业整顿；情节严重的，吊销其道路运输经营许可证，并向社会公告。

第六十七条 违反本条例的规定，有下列行为之一的，由公路管理机构强制拖离或者扣留车辆，处3万元以下的罚款：

（一）采取故意堵塞固定超限检测站点通车道、强行通过固定超限检测站点等方式扰乱超限检测秩序的；

（二）采取短途驳载等方式逃避超限检测的。

第六十八条 违反本条例的规定，指使、强令车辆驾驶人超限运输货物的，由道路运输管理机构责令改正，处3万元以下的罚款。

第六十九条 车辆装载物触地拖行、掉落、遗洒或者飘散，造成公路路面损坏、污染的，由公路管理机构责令改正，处5000元以下的罚款。

第七十条 违反本条例的规定，公路养护作业单位未按照国务院交通运输主管部门规定的技术规范和操作规程进行公路养护作业的，由公路管理机构责令改正，处 1 万元以上 5 万元以下的罚款；拒不改正的，吊销其资质证书。

第七十一条 造成公路、公路附属设施损坏的单位和个人应当立即报告公路管理机构，接受公路管理机构的现场调查处理；危及交通安全的，还应当设置警示标志或者采取其他安全防护措施，并迅速报告公安机关交通管理部门。

发生交通事故造成公路、公路附属设施损坏的，公安机关交通管理部门在处理交通事故时应当及时通知有关公路管理机构到场调查处理。

第七十二条 造成公路、公路附属设施损坏，拒不接受公路管理机构现场调查处理的，公路管理机构可以扣留车辆、工具。

公路管理机构扣留车辆、工具的，应当当场出具凭证，并告知当事人在规定期限内到公路管理机构接受处理。逾期不接受处理，并且经公告 3 个月仍不来接受处理的，对扣留的车辆、工具，由公路管理机构依法处理。

公路管理机构对被扣留的车辆、工具应当妥善保管，不得使用。

第七十三条 违反本条例的规定，公路管理机构工作人员有下列行为之一的，依法给予处分：

（一）违法实施行政许可的；
（二）违反规定拦截、检查正常行驶的车辆的；
（三）未及时采取措施处理公路坍塌、坑槽、隆起等损毁的；
（四）违法扣留车辆、工具或者使用依法扣留的车辆、工具的；
（五）有其他玩忽职守、徇私舞弊、滥用职权行为的。

公路管理机构有前款所列行为之一的，对负有直接责任的主管人员和其他直接责任人员依法给予处分。

第七十四条 违反本条例的规定，构成违反治安管理行为的，由公安机关依法给予治安管理处罚；构成犯罪的，依法追究刑事责任。

第六章 附 则

第七十五条 村道的管理和养护工作，由乡级人民政府参照本条例的规定执行。

专用公路的保护不适用本条例。

第七十六条 军事运输使用公路按照国务院、中央军事委员会的有关规定执行。

第七十七条 本条例自 2011 年 7 月 1 日起施行。1987 年 10 月 13 日国务院发布的《中华人民共和国公路管理条例》同时废止。

7.16 《关于"十二五"农村公路建设的指导意见》

（交通运输部文件交公路发〔2011〕723 号）

各省、自治区、直辖市、新疆生产建设兵团交通运输厅（局、委），天津市市政公路管理局：

为加强"十二五"时期全国农村公路建设工作，进一步提升建设能力和发展质量，更好服务于农村经济社会发展，根据《交通运输"十二五"发展规划》，现对"十二五"时期全国农村公路建设提出如下指导意见。

一、重要意义

农村公路是广大农村地区生产生活的先导性、基础性、服务性设施，是我国公路网的主要组成部分。经过"十一五"时期的快速发展，我国农村公路总量不断攀升，结构持续优化，管理不断加强，服务能力显著提升，在农村经济社会发展中发挥了重要支撑作用。但同时，也存在发展不均衡、附属设施不完善、建设能力和管理水平亟待提升等问题。"十二五"时期国家将推进农业现代化，加快社会主义新农村建设，对农村公路交通基础设施提出了新要求。加强"十二五"时期农村公路建设，提高建设管理能力，既是农村公路转变发展方式、实现又好又快发展的客观要求，也是交通运输行业支持农业现代化、加快社会主义新农村建设的重要举措。

二、指导思想、基本原则、发展目标和建设重点

（一）指导思想。

深入贯彻落实科学发展观，服务于农民群众便捷出行，服务于农村经济社会发展。按照"扩大成果、完善设施、提升能力、统筹城乡"的基本要求，深化前期工作，提升建设能力，消除薄弱环节，提高发展质量，构筑安全、耐久、便捷、畅通的农村公路网络。

（二）基本原则。

——坚持政府主导，社会参与。强化地方政府在农村公路建设中的主体地位和导向作用，健全农村公路作为政府公共服务的工作运行机制和责任考核体系，加大公共财政投入。鼓励引导全社会参与，调动激发农民群众的积极性和创造力，继续保持和营造有利于农村公路发展的社会环境。

——坚持统筹兼顾，协调发展。统筹区域发展，资金、政策向薄弱地区倾斜，缩小地区差别。统筹城乡发展，路网形成与城乡辐射功能相结合，加快城乡交通一体化进程。健全农村公路协调发展机制，在协调中促发展，在发展中促协调。

——坚持以人为本，惠及民生。加快构筑结构合理、功能完善的农村公路网络，提供安全、耐久、便捷、畅通的农村交通保障条件，为广大农村地区提供更广泛、更完善的公路交通服务。加大安全设施投入，改善安全状况，让人民群众走上安全路、放心路。

——坚持实事求是，因地制宜。合理制定发展目标，既立足实际，避免资源浪费，又坚持适度超前，满足农村经济社会快速发展的需要。综合考虑当地经济社会需求和路网功能定位，因地制宜确定发展目标、路网规模、建设重点、技术标准，坚持发展与财力相统筹、速度与能力相匹配、需求与民意相结合。

——坚持深化改革，探索创新。探索完善适应新时期农村发展的公路建设模式，着力健全符合农村公路特点的质量保证体系和建设管理机制，完善有利于提高发展质量和培育建设能力的政策措施，努力提高工程实体质量和管理能力。注重典型示范，注重经验总结，以深化改革调整完善制度，以制度创新解决各种矛盾和问题。

（三）发展目标。

——提高通达深度和通畅程度，增强网络覆盖能力。到"十二五"末，农村通行条件明显改善，服务能力显著增强，基本形成结构合理、功能完善、安全便捷的农村公路网络，农村公路总里程达到390万公里。

——提高建设管理能力，改善工程质量状况。到"十二五"末，农村公路建设体制更加完善，管理措施更加规范，制度体系更加健全，使用政府投资的农村公路项目质量监督

覆盖率达到100％，工程实体总体合格率稳定在95％以上，县道、乡道建设项目优良率稳定在85％以上。

（四）建设重点。

——西部地区重点实施以乡（镇）、建制村通沥青（水泥）路的通达、通畅工程。

——东中部地区重点实施县道、乡道改造和县、乡、村连通工程。

——实施危桥改造和渡改桥工程，基本完成县道、乡道中桥及以上现有危桥改造，在此基础上启动村道中桥及以上危桥改造工程。

——完善安全保障等附属设施，改善安全运行状况。

三、政策措施

（一）注重源头管理，优化前期工作。

1. 科学编制和实施规划。农村公路区域规划编制应综合考虑国土资源的有效开发和当地山、水、林、田的综合治理，根据对农村经济社会发展的重要程度、资金供给、交通需求等因素，区分重点地区、一般地区，合理确定规划目标和数量，防止因盲目追求规划数量而导致建设资金的不足，影响耐久性。应与村镇规划和易地扶贫搬迁（生态移民）相结合，与小城镇建设相结合，注重与其他路网和运输方式的衔接互补。坚持统筹编制规划、按轻重缓急实施，实施过程中应充分调查研究，对因村镇规划、农经社情发生变化或其他特殊原因确需调整规划的，在履行必要的审核程序后可作适度调整。规划一经确定，应保持严肃性和稳定性，严格执行。

2. 加强计划管理。充分发挥计划调控作用，促进农村公路建设均衡、协调发展。在项目计划安排上，既要兼顾公平，重视农民群众诉求，优先安排未通公路地区的通达工程，加快实施对出行需求迫切、交通条件急需改善地区的项目，确保有一条出行通道，又要注重效益，优先安排对区域经济促进作用大、交通量增长快的项目和断头路项目。要提高年度计划管理水平，进一步完善农村公路项目库，做好项目排序和储备，纳入计划的项目须符合规划要求且能够保证完成前期工作，并对社会公布。协调好项目实施与资金的关系，确保项目资金最大程度地满足，最大程度地发挥效益。协调好农村客运站（亭）等配套设施建设和农村公路建成后的管理养护问题，把管养工作作为年度计划安排的重要依据，对管养主体不明确、管养责任不落实的地区应减少计划项目安排和资金支持。

3. 强化资金保障。完善以政府公共财政投入为主、多渠道筹措为辅、社会各界参与的资金筹措机制，中央补助资金应全额用于农村公路建设，严格用于备案的项目，不得挪作他用或分解使用。在中央加大支持力度的同时，地方要积极落实主体责任，同步加大财政投入。按照责权统一的原则，统筹项目计划和资金安排，实现事权和财权统一、权利和责任匹配。推动建立和完善多种方式筹资和资金多元化的机制，鼓励地方投资实行奖补结合的政策，发挥补助资金的激励杠杆作用，调动地方的积极性。

（二）严格控制，提升建设能力和工程质量。

1. 合理确定建设标准。农村公路建设标准按照"因地制宜、实事求是、量力而行"的原则，结合农村地区生产生活、农业经营开发、客货运输、城乡一体化建设等因素合理确定，对交通量增长快的地区应适当考虑提高建设标准，预留发展空间。东中部地区县道、重要的乡道和西部地区的县道新改建工程宜采用三级及以上公路标准，西部地区通乡公路宜采用四级（双车道）以上公路标准。通村油（水泥）路除受到地形、地质等自然条件和经济条件限制外，应采用等级公路标准。

2. 深化设计管理。农村公路设计应遵循"安全、实用、经济、环保、耐久"的原则，在具体技术指标选择时，既要立足当前需要，又要考虑远期改造升级的需要。要加强经济技术论证，禁止超越经济条件追求高指标和高标准，严格控制工程造价。交通安全、排水防护设施要与主体工程同步设计、同步实施，农村公路改造扩建应充分利用原有线位资源和道路设施，减少征地拆迁和土地占用。穿越场镇、学校等人员、交通相对密集的路段，可适当增加路基、路面宽度，完善交通安全设施，提高安全性。桥涵等构造物宜采用施工简便、经济适用、适合养护的型式，提倡采用标准跨径，路面结构应选择当地耐久的材料。

3. 规范招投标工作。符合法定招标条件的农村公路建设项目应当公开招标，对采用施工图一阶段设计的简易项目可适当简化招标程序。为便于施工组织和减少招标工作量，对工程规模不大、技术相对简单的同区域或临近项目，可采用多项目捆绑式招标。加强招投标监督指导和基层招标工作人员的业务培训，各地可根据《公路工程标准施工招标文件》和《简明标准施工招标文件》编制符合当地实际的简易招标文件范本。对于由乡（镇）组织的农村公路招标活动，县级交通运输主管部门可派人现场监督和指导。鼓励在施工和监理单位中开展"优质优价"、"优监优酬"活动，发挥激励引导作用。

4. 严格建设管理。农村公路除规模较小的村道外，应按国家规定履行基本建设程序。要增强质量意识，加强建设管理，完善质量保证体系，落实参建单位责任。建设单位应具备与项目管理相适应的机构和人员，健全管理制度，加强组织协调，强化过程管控，促进参建各方认真履约。施工和监理单位应配备必要的人员、机械设备和试验检测仪器，优化施工组织和施工工艺，强化过程控制和中间验收，确保施工质量。要全面推行信用管理，加大对违法违规行为的查处，建立市场清退机制和"黑名单"制度。农村公路建设项目实行公示制度，工地现场应设置公告牌或采用媒体刊登等方式公布项目名称、责任单位、工程规模、建设工期、投资额等项目信息及举报方式，接受社会监督。

5. 鼓励专业化施工。稳步提高农村公路机械化、专业化施工水平，加强技术、人员保障，推动农村公路建设向精细化方向转变。东中部地区农村公路和西部地区的县道、乡道建设应主要由专业化队伍承担，采用机械化方式施工。西部地区的通村油（水泥）路建设，除路基改建或简易的附属工程可在技术人员指导下由当地村民实施外，也要逐步由专业队伍实施。鼓励农村公路路面和桥梁采用标准化方法施工，保证工程质量和耐久性。认真实施工程质量责任登记制度，落实岗位质量责任，做到各工作环节、各分部工程有管理措施、技术要求和人员责任，使各工序衔接不断档、不缺位。重视安全生产工作，构筑安全管理网络，落实岗位安全职责，增强防范意识，把安全生产工作抓实、抓好。

6. 强化质量监管。坚持和完善农村公路"政府监督，专群结合"的质量监督模式，县道、乡道建设以交通运输主管部门和质量监督机构的政府监督为主，村道建设继续坚持"专群结合"模式，在政府监督的基础上发挥社会监督和群众监督的作用，形成重点突出、控制有效、全面覆盖的质量监督机制。每个县级单位宜建立或指定一个具有相应资格的工程试验室，开展工程质量抽检和检验评定工作，使质量监督工作专业化、制度化、规范化。加强建设过程中的质量监管，强化巡查和重点抽检，严格原材料质量控制，发现问题及时整改。

7. 加强项目验收。农村公路建设项目交付使用前应履行验收程序，验收不合格的项目不得开放交通。县道和投资额较大的乡道原则上按项目进行验收，其他项目可通过以乡（镇）为单位分批捆绑验收，技术简单的小型农村公路项目可将交工验收和竣工验收合并进行。地市级和县级交通运输主管部门应通过验收工作认真总结项目建设的经验和不足，落实管养主体和责任。验收不合格的项目应责令整改。技术简单的小型农村公路项目的具体标准由省级交通运输主管部门结合本地情况研究提出。

（三）消除薄弱环节，提高服务能力。

1. 推进危桥改造和渡改桥、渡口改造工程。加大农村公路危桥改造、渡改桥、渡口改造的实施力度，逐步减少危桥数量。加强桥梁巡查，及时更新病危桥梁数据库，对仍具有一定使用能力但受制于资金等因素暂时不能改造的，应进行技术检测评估并采取加固措施。科学实施渡改桥、渡口改造工程，统筹考虑，优先改造有安全隐患和交通流量大的渡口，努力解决农村水网地区、江河两岸和岛屿居民的过渡难和渡运安全问题。

2. 完善农村公路安保等附属设施。新改建农村公路应根据需要同步实施安保等附属设施。已建成的农村公路应按照"安全、有效、经济、实用"的原则，逐步完善安保等附属设施，实施前应科学分析，认真排查安全隐患点，按照轻重缓急的顺序分期分批整治。总结推广既有的安保等附属工程建设经验，鼓励探索既能够节约成本又能有效解决问题的新方法，使有限资金发挥最大效益，提升安全防护水平。鼓励有条件的地区实施农村公路绿化工程。

3. 加强地质灾害防治。高度重视地质灾害防治工作，加强灾害易发地区农村公路的环境特点分析，制定符合实际的防治标准和技术指南，加大防护、排水等设施建设，加强组织抢修和保通工作，提高农村公路基础设施防灾抗灾能力。

（四）坚持科学发展，提高发展质量。

1. 重视节约资源和环境保护。农村公路建设应贯彻集约节约用地的要求，尽可能利用原有路基，避让基本农田和经济作物区。积极采用符合当地实际的路面结构型式，科学选择筑路材料，注重与沿线环境和农田水利设施的协调。山区农村公路建设要做好生态保护和水土保持工作，加强排水和防护设施建设，避免大挖大填、扰动山体、破坏植被。

2. 强化技术支撑保障。加强农村公路宏观政策、战略规划、法规制度、标准体系的研究，及时总结建设经验，归集工作亮点，把行之有效的做法上升为规章制度或标准规范。发挥科学技术对农村公路发展的支撑作用，注重新工艺、新材料、新技术的推广和普及应用，提高农村公路建设技术含量。加强基层人才的培养和专业技能培训，提高一线人员的业务素养和责任心，带动整体素质提高。

3. 切实维护农民利益。农村公路建设资金应主要由公共财政解决，避免增加乡村债务和农民负担，规范使用"一事一议"政策，充分尊重农民群众意愿，不强制参与建设。农村公路立项、计划、实施等工作要广泛征求农民意见，使农村公路适合农村地区，贴近农民需求。工程建设中应尽可能使用当地劳动力和运输工具，增加农民收入。农村公路建设不得拖欠工程款和农民工工资。

四、保障措施

（一）强化组织领导。积极争取地方人民政府和有关部门支持，构建由地方人民政府领导、交通运输部门牵头、有关部门参与的农村公路联合发展机制。加强对农村公路建设的组织领导，县级地方人民政府要将其纳入政府目标考核，各地交通运输部门要纳入单位绩效考核，以效能推动农村公路建设的规范化、标准化。要逐级分解建设目标，完善工作制度，落实相关执行机构和人员，细化责任，建立以单位和个人为责任主体的考核体系，形成管理硬约束和良性循环。

（二）强化指导协调。要按照职责分工，明确发展重点，制定和完善相关政策措施，加强对本地区农村公路建设情况的跟踪分析和调查研究，重视发展差异性，做好分类指导和示范引导。要加强业务指导，通过组织培训班、发放技术指南、实地技术指导等方式，培养基层人才，普及基本常识，帮助基层和农村解决建设中的技术难题，提高工作水平。

（三）强化宣传引导。农村公路建设离不开广大人民群众的理解和支持，省级交通运输主管部门应在政府门户网站开辟农村公路专栏，重点报道本地区农村公路工作动态，宣传先进经验，加强政策引导。各地要充分利用新闻媒体、宣传横幅、村务公告等，通过集中宣传、专题报道的方式，分阶段、有重点地宣传农村公路，让基层政府、社会各界和农民群众了解农村公路发展的重要性和有关政策措施，营造全社会关心、支持农村公路建设的良好氛围。

（四）强化监督检查。各省级交通运输主管部门应建立健全农村公路建设考核监督机制，加强信息沟通和协调，定期对农村公路年度建设目标完成情况、实体质量及实施效果等进行综合督查，重点督查农村公路项目在质量、安全、资金、廉政等方面的制度执行情况，及时协调解决问题。要构建多层次的监督体系，采取明察暗访、重点督办、公示举报等方式，加大农村公路建设的监督检查力度，使监督检查常态化。

"十二五"时期农村公路建设工作任务艰巨，责任重大，各地交通运输主管部门要加强组织领导，认真履行职责，制定具体的工作目标和措施，狠抓落实，推动"十二五"时期农村公路建设再上新台阶。各地在农村公路建设中的意见和建议，请及时报部。

中华人民共和国交通运输部（章）
二〇一一年十二月五日

第8章 建造师管理相关知识

8.1 建造师执业工程规模标准

8.1.1 建造师执业工程规模

建造师职业工程规模标准将公路工程分为四个类别，即高速公路工程、桥梁工程、隧道工程、单项合同额。每个类别又进一步划分为大型、中型、小型。

2007年7月4日，中华人民共和国建设部印发了《注册建造师执业工程规模标准》（试行）（建市〔2007〕171号文），公路工程注册建造师执业工程规模划分如表8-1。

公路工程注册建造师执业工程规模划分　　　　表8-1

序号	工程类别	单位	规模		
			大型	中型	小型
1	高速公路各工程类别	米	>0		
2	桥梁工程	米	单跨≥50	13≤单跨<50	单跨<13
			桥长≥1000	30≤桥长<1000	桥长<30
3	隧道工程	米	长度≥1000	0≤长度<1000	
4	单项合同额	万元	>3000	500~3000	<500

8.1.2 建造师执业范围

一级注册建造师可担任大中小型工程项目负责人，二级注册建造师担任中小型工程项目负责人。

不同工程类别所要求的注册建造师执业资格不同时，以较高资格执行。

8.1.3 建造师执业工程规模标准解读

（1）工程类别

《注册建造师执业工程规模标准》（试行）将公路工程划分为高速公路各工程类别、桥梁工程、隧道工程、单项合同额四个类别。

高速公路各工程类别包括所有新建高速公路的路基工程、路面工程、桥梁工程、隧道工程、交通安全设施工程、交通机电系统工程，以及高速公路大修工程，这类工程只有一级建造师才能担任。

桥梁工程包括一级及一级以下公路的桥梁工程、桥上桥下设施。

隧道工程包括一级及一级以下公路的隧道工程、隧道内设施。该划分忽视了隧道跨度对于建造技术难度的影响，由于一级公路路面宽度已经达到高速公路双车道单幅宽度，意味着中型隧道也包括15m以上跨度的隧道，显然是不合理的，有待进一步修改《注册建造师执业工程规模标准》（试行）完善。

单项合同额包括任何公路工程，不论公路等级，以工程造价大小确定工程规模。是指单项工程规模不大的混合性工程，一个工程项目可以包括路基、路面、桥梁、隧道、交通安全设施工程、交通机电系统工程中的一项或几项，工程可以是新建、改建、养护。

（2）工程规模

《注册建造师执业工程规模标准》（试行）将公路工程规模划分为大型、中型、小型。其中新建高速公路工程不同类别无论大小均为大型工程，桥梁工程按照单座桥梁长度和单跨跨径大小分为大型、中型、小型；隧道工程按长度分为大型、中型；其他混合性工程则按照工程造价分为大型、中型、小型。

《建造师执业工程规模标准》规模标准是不同级别的建造师的执业范围标准，有别于公路工程技术标准等级划分，比如桥涵，公路工程技术标准划分为特大桥、大桥、中桥、小桥、涵洞五类，中桥的划分标准为：20≤单跨<40，30<桥长<100，意味着二级建造师能担当中桥技术难度的项目负责人，而经济规模上则已经是大桥了。

《建造师执业工程规模标准》规模标准与建筑业企业资质等级标准相适应，即特级、总承包一级企业可以从事所有的公路工程，企业的一级注册建造师可以担任任何规模、类型公路工程的项目负责人，二级注册建造师则可以担任二级公路施工企业的任何项目的负责人。

8.2 建造师签章文件

8.2.1 注册建造师施工管理文件签章的意义

（1）我国推行注册建造师制度，是将我国项目管理与世界接轨重要举措，本质是以制度的方式强调注册建造师在工程项目管理中的核心地位。为此，必须明确注册建造师和企业法定代表人及组织管理层的关系，给注册建造师以必要的责、权、利，利用好项目管理目标责任书等施工管理签章文件，强化注册建造师责任制是项目管理成功的基本保证。

（2）注册建造师执业管理的关键是状态管理，而不是结果管理。建造师的执业管理应遵循公开、便民和高效的原则。进行状态公开包括初始状态公开、进行状态公开和历史状态公开。初始状态主要包括执业人员的姓名、注册单位、注册专业、执业的工程范围、可否执业等，执业状态主要注册人员目前是否处于执业状态以及执业的工程名称、执业的工程规模、执业的地点、执业的岗位等，历史状态主要包括注册人员的注册变更记录、已经完成的执业项目及对项目的评价情况等。状态管理必须建立在注册建造师执业成果和能力的考核与评价基础上，注册建造师施工管理签章文件正是注册建造师执业成果和能力的考核与评价的依据。

（3）注册建造师施工管理签章文件时注册建造师执业的动态信息，对这些动态信息的管理有助于社会对执业人员及其所在企业进行客观的评价，可以较好地解决信息的不对称性问题，有助于建立个人和企业的信用体系。执业状态不公开使得一些管理要求就难以落到实处，将之公诸于社会接受社会的监督尤其是接受市场的监督，借助社会、借助市场去规范执业人员的行为、规范企业的有关行为是最有效的管理措施。

（4）建立建造师执业资格制度，必须建立运作体系或者运作模式，国家对建造师执业资格管理提出的法律责任要求。虽然作为在市场运行当中的一个主体,企业永远是负民事责任的主体。企业负主要的民事责任,企业反过来可以追究项目负责人的责任。建造师执业签章文件反映出注册建造师执业过程所负有相应的责任,即在施工项目管理过程中施工组织、进度、质量、安全和成本控制管理等方面的责任。

8.2.2 公路工程注册建造师签章文件组成

中华人民共和国建设部于2008年2月21日印发关于《注册建造师施工管理签章文件目录》(试行)(建市〔2008〕42号),公路工程注册建造师的施工管理签章文件目录如表表8-2。

公路工程注册建造师施工管理签章文件由施工组织管理、合同管理、进度管理、质量管理、安全管理、现场环保文明、成本费用管理7类68种文件组成。其中,施工组织管理30种、合同管理6种、进度管理17种、质量管理9种、安全管理3种、现场环保文明施工管理1种、成本费用管理2种。

公路工程注册建造师施工管理签章文件目录　　　　表8-2

序号	项目名称	文件类别	文件名称	编码
1	公路工程	施工组织管理	施工组织设计审批单	CB101
			工程施工进度计划报批单	CB102
			总体工程开工申请单	CB103
			动员预付款支付申请表	CB104
			专项施工技术方案报审表	CB105
			建筑材料报审表	CB106
			进场设备报验表	CB107
			工程分包申请审批单	CB108
			分包意向申请	CB109
			单位工程开工报告	CB110
			首件工程开工报告	CB111
			首件工程总结报告	CB112
			变更费用申请单	CB113
			材料价格调整申请表	CB114
			月计量报审表	CB115
			月支付报审表	CB116
			总体计量支付报审表	CB117
			索赔申请表	CB118
			复工申请	CB119
			设计变更报审表	CB120
			付款申请	CB121
			延长工期申请表	CB122
			业主、监理、社会往来文件	CB123
			工程交工验收申请表	CB124
			交通机电设施工程交工报告	CB125
			交工工程报告	CB126
			交工工程数量表	CB127
			未完工程一览表	CB128
			工程缺陷一览表	CB129
			工程交工验收证书	CB130

续表

序号	项目名称	文件类别	文件名称	编码
1	公路工程	施工进度管理	总体施工工程进度计划表	CB201
			阶段施工工程进度计划表	CB202
			月施工工程进度计划表	CB203
			工程进度统计表	CB204
			工程形象进度统计表	CB205
			月工程进度报告	CB206
		合同管理	合同协议书	CB301
			廉政合同	CB302
			安全生产合同	CB303
			材料采购合同	CB304
			机械设备租赁合同	CB305
			工程变更合同	CB306
			工程延期合同	CB307
			工程费用索赔及价款调整合同	CB308
			争端与仲裁合同	CB309
			分包、转让或指定分包合同	CB310
			保险合同	CB311
			清单核算	CB312
			变更单价测算表	CB313
			月变更支付月报	CB314
			月增补清单支付月报	CB315
			工程变更令	CB316
			工程变更一览表	CB317
		质量管理	分项工程质量检验评定汇总表	CB401
			分部工程质量检验评定表	CB402
			单位工程质量检验评定表	CB403
			设计交底记录	CB404
			工程质量事故报告单	CB405
			变更设计申请单	CB406
			工程竣工总结	CB407
			竣工资料编制	CB408
			竣工资料移交表	CB409
		安全管理	项目安全生产管理制度	CB501
			安全施工报批单	CB502
			企业职工伤亡事故月（年）报表	CB503
		现场环保文明施工管理	现场文明施工报批单	CB601
		成本费用管理	项目财务报表	CB701
			用款计划单	CB702

注：1. 公路工程根据项目不同类型以及大小，对项目的管理程序会略有差异，所需签章的表格由监理工程师视项目管理需要取舍。
2. 对于表中未涵盖的内容，应按相关行政主管部门要求、业主及监理工程师对项目管理的规定，补充表格，并签章生效。

8.2.3 公路工程注册建造师签章文件使用说明

（1）总体说明

公路工程注册建造师施工管理签章文件，是根据目前我国公路工程施工管理承包人与业主、监理、社会往来文件整理汇编而成。公路工程的项目类型、工程规模以及所在地区的差异，对项目的管理程序会有所差异，签章的表格可由监理工程师视项目管理需要进行取舍。对《公路工程注册建造师施工管理签章文件目录》表中未涵盖的内容，要按交通行政主管部门的要求，以及业主及监理工程师对项目管理的规定，补充签章文件表格。

在公路工程管理关键环节上，设计一些建造师签章表格，规定表格必须由受聘的、具有注册证书和执业印章的注册建造师签署，旨在建造师执业资格制度下，落实工程质量和施工安全的责任。项目经理是注册建造师，可以以建造师的名义签署"公路工程注册建造师施工管理签章文件"。其他施工管理关键岗位上的注册建造师对"公路工程注册建造师施工管理签章文件"的签署权，目前国家具体规定未出台，可根据业主合同、监理规则和承包人的授权确定。

（2）分类说明

公路工程注册建造师施工管理签章文件，根据管理性质分类如下：

① 施工组织管理

施工组织管理这部分表格涉及目前高速公路施工管理用表的施工单位用表、施工监理用表、质量检验评定表、交竣工验收用表。

签章文件通过在项目组织策划（施工组织设计审批单）、工程开工、计量支付、工程分包、材料设备进场、工程停工与复工、设计变更、工程索赔、工程交工验收等环节由建造师签章，向监理、业主取得批准，确保建造师在施工管理过程中权利与责任得到落实。

② 施工进度管理

施工进度管理这部分表格，包含计划、统计、月度报告。强调施工项目应给监理报送总体施工工程进度计划、阶段施工工程进度计划、月度施工工程进度计划、工程进度统计、工程形象进度统计，并且每月还得编制一份施工月工程进度报告，签章的目的就是强化项目经理对施工项目的进度计划与统计意识。

月工程进度报告，采取由项目部专业人员编写，项目经理签章认可外报的形式，便于建造师掌握项目部的综合管理情况。

③ 合同管理

合同协议书，主要是指施工期间业主与承包人达成的一些有关工程的增补协议，由建造师代表施工企业签章，同时承包人加盖公章生效，有利于建造师掌握工程的变化情况，在企业与建设单位的合同洽谈中发挥作用。

廉政合同、安全生产合同是目前建筑施工领域建设单位为防止施工各方腐败行为，加强施工安全而与项目施工负责人签订的责任合同。

材料采购合同、机械设备租赁合同是建造师为完成施工项目代表承包人与外部签订的经营合同。

工程变更合同、工程延期合同、工程费用索赔及价款调整合同、争端与仲裁合同、分包转让与指定分包合同是建造师代表承包人与建设单位就工程变化而签订的合同。

保险合同是建造师代表承包人与提供保险的公司签订的合同。

清单核算、变更单价测算、月变更支付月报、工程变更令、工程变更一览表是建造师对工程变化事实的确认。

④ 质量管理

分项工程质量检验评定汇总表、分部工程质量检验评定表、单位工程质量检验评定表、工程质量事故报告单，体现了建造师是施工项目的第一责任人，通过建造师签章强化质量责任，随时了解工程质量情况，也是建造师对自己负责完成的工程质量的确认。

设计交底记录，强调施工项目施工方应参加设计交底，并且签章确认。

变更设计申请单，不涉及工程费用索赔，有的地方用工程变更洽商，是施工项目对图纸的澄清、是建造师按图施工的体现。

工程竣工总结、竣工资料编制、竣工资料移交，是工程结束后工程资料得以编制完成的保证，建造师应对工程资料移交负责，施工过程中才能保证资料得以及时积累。

⑤ 安全管理

项目安全生产管理制度，强调建造师应组织编写与项目相适应的安全生产管理制度，并批准在项目内部实施，以保证项目施工生产安全。

安全施工报批单，是施工项目接受施工监理的监督管理，认真建立安全保证体系与安全技术措施的体现。

企业职工伤亡事故月（年）报表，是企业内部管理、国家安全生产统计的一部分，通过建造师签章确认，保证报表的真实性，也体现建造师对施工安全负全面责任。

⑥ 现场环保文明施工管理

现场文明施工报批单，是施工项目接受施工监理的监督管理，认真建立环境保护体系、制定环境保护技术措施的体现。

⑦ 成本费用管理

项目财务报表，是企业对项目内部财务管理的体现，一方面企业通过财务报表了解项目经营状况，同时也是建造师对项目经营情况的确认。

用款计划单，是建造师对工程项目未来一个阶段资金使用的计划要求，是建造师完成项目的基本资金保障，建造师施工单位应保证。